网络与新媒体传播核心教材系列

丛书主编　尹明华　刘海贵

网络传播法规与伦理教程

主　编　黄　瑚
副主编　徐　剑　郑　雯
本书撰写人员（按拼音顺序排列）
陈晓彦　胡欣立　黄　瑚　孟　笛　吴　静
徐　剑　杨桃莲　杨　秀　郑　雯　邹　军

复旦大学出版社

丛书序

尹明华　刘海贵

互联网对新闻传播业的影响之深、之大、之广，我们有目共睹。不仅业界深感忧虑，学界亦坐立不安。互联网的迅猛发展甚至引发了国家层面的系列行动，如互联网＋战略、工业4.0计划等，旨在在新的环境中谋求长治久安之道。

就新闻传播教育来说，2011年教育部开始启动新的专业建设，如网络与新媒体专业、数字出版专业等，短短五六年，前者已经超过百家。

然而，招生容易，培养不易。从全国范围看，新的专业面临着三难：课程不成体系、教材严重滞后和师资非常匮乏。以复旦大学新闻学院为例，近几年来，通过充实教师队伍、兴建新媒体实验室、资助新的研究项目等手段，尽管情况有所改善，但面对快速变化的网络和新媒体实践，仍然有些力不从心。

如何破解互联网所带来的冲击？面对这一时代命题，作为教育战线工作者，我们认为，以教材优化驱动课程升级，以课程升级带动教学改革，应该是一条良策。基于这一设想，我们推出了"网络与新媒体传播核心教材系列"丛书。

经过审慎细致的思考和评估，这套教材的编写遵循四个原则。

第一，系统性。表现在两个方面：一方面，整个系列既包括理论和方法教材，也包括业务操作教材，兼顾业界新变化；另一方面，每种教材尽量提供完整的知识体系，摒弃碎片化、非结构化的知识罗列。

第二，开放性。纸质教材的一大不足就是封闭化的知识结构，难以应对快速发展的网络与新媒体实践。为此，在设计教材目录之时，将新的现象、新的变化以议题的方式列入其中，行文则留有余地，同时配以资料链接，方便延伸阅读。

第三，实践性。网络世界瞬息万变，本系列尽量以稳定和成熟的观点为主，同时撷取鲜活、典型的案例，以贴近网络与新媒体一线。

第四，丰富性。从纸质教材到课堂教学，是完全不同的任务。为方便教师授课，每本教材配套有教材课件、案例材料和延伸材料。

万事开头难，编著一套而且是首套面向全国的网络与新媒体教材丛书，任务艰巨，挑战很大。但是，作为全国历史最悠久的新闻学院之一，我们又有一种使命感，总要有人牵头来做这件事情，为身处巨变之中的新闻传播教育提供一种可能。这种责任感承续自我们的前辈。

早在1985年，复旦大学新闻学系（新闻学院前身）就在系主任徐震教授的带领下，以教研组的名义编写出版了一套新闻教材，对于重建新闻传播教学体系影响深远，其中的一些品种在经历了数次修订后，已经成为畅销不衰的经典教材。

参加编写这套网络与新媒体核心教材系列丛书的人员，来自复旦大学新闻学院的10位教授、3位副教授等，秉承同样的传统和理念，他们尽己所能为新时期的新闻传播教育贡献智慧。我们不敢奢望存世经典，只期待抛砖引玉，让更多的专家、学者参与其中，为处于不确定中的新闻业探索未来提供更明晰的思考。

目 录

导言　从社会规范说起 ……………………………………………… 1

第一章　网络空间主权与安全 ……………………………………… 9
　第一节　网络空间主权的概念 …………………………………… 9
　第二节　网络空间主权面临的问题 ……………………………… 18
　第三节　维护网络空间主权,保障网络空间安全 ……………… 26

第二章　网络与新媒体治理 ………………………………………… 38
　第一节　基于互联网资源的网络治理 …………………………… 39
　第二节　网络空间治理问题 ……………………………………… 49
　第三节　网络治理的中国实践 …………………………………… 56

第三章　网络虚假信息问题及治理 ………………………………… 64
　第一节　互联网与新闻真实性 …………………………………… 64
　第二节　网络虚假信息的内涵与表现形式 ……………………… 71
　第三节　网络虚假信息的法律规制 ……………………………… 76
　第四节　网络虚假信息的治理 …………………………………… 83

第四章　网络泄密问题及治理 ……………………………………… 86
　第一节　网络泄密问题及表现 …………………………………… 86
　第二节　网络泄密的治理 ………………………………………… 97
　第三节　网络泄密的典型案例 …………………………………… 104

第五章　网络传播淫秽、色情信息问题及治理 …… 108
 第一节　网络传播淫秽、色情信息问题及表现形式 …… 108
 第二节　网络传播淫秽、色情信息典型案例 …… 114
 第三节　网络传播淫秽、色情信息的治理及问题 …… 121

第六章　网络传播危害社会安定信息问题及治理 …… 134
 第一节　网络传播危害社会安定信息问题及表现形式 …… 134
 第二节　网络传播危害社会安定信息典型案例 …… 142
 第三节　网络传播危害社会安定信息的治理及问题 …… 144

第七章　网络侵犯名誉权问题及治理 …… 155
 第一节　网络侵犯名誉权问题及表现形式 …… 155
 第二节　网络侵犯名誉权的综合治理 …… 169
 第三节　网络侵犯名誉权的典型案例 …… 173

第八章　网络侵犯隐私、个人信息问题及治理 …… 179
 第一节　隐私权与个人信息权的概念 …… 179
 第二节　网络侵犯个人信息的表现 …… 184
 第三节　网络侵犯个人信息典型案例 …… 188
 第四节　网络侵犯个人信息的治理与讨论 …… 195

第九章　网络侵犯著作权问题与治理 …… 201
 第一节　关于著作权的基本常识 …… 202
 第二节　网络侵犯著作权问题及表现形式 …… 209
 第三节　网络侵犯著作权典型案例 …… 214
 第四节　网络侵犯著作权的治理 …… 220

第十章　网络传播虚假、违法广告问题及治理 …… 229
 第一节　互联网传播虚假广告行为 …… 230
 第二节　网络广告不正当竞争行为 …… 235

第三节　网络传播垃圾电子邮件广告及防治 …………………… 239
　　第四节　网络传播违法广告防治及讨论 ………………………… 244

第十一章　香港、澳门地区网络传播法规与伦理概述 ……………… 252
　　第一节　香港地区网络与新媒体中的自由与限制 ……………… 252
　　第二节　香港地区网络与新媒体中的诽谤问题 ………………… 256
　　第三节　香港地区网络与新媒体中的隐私与个人资料保护 …… 258
　　第四节　香港网络与新媒体中的淫亵与不雅内容 ……………… 260
　　第五节　香港网络与新媒体中的版权问题 ……………………… 263
　　第六节　澳门网络传播伦理与法制建设及主要成果 …………… 268

第十二章　台湾地区网络传播法规与伦理概述 ……………………… 282

后记 ……………………………………………………………………… 304

导言

从社会规范说起

黄 瑚

(一)

人出现在地球上已有数百万年。马克思主义对人的界定是:"人的本质不是单个人所固有的抽象物,在其现实性上,它是一切社会关系的总和。"①

在人类发展史上,先民们通过劳动(生产)获取或满足自身生存与发展的各种需要,离不开人与人之间的合作。而这些必须通过劳动(生产)才能获取或满足的需要,亦称"利益"。换言之,利益是指基于劳动或生产、具有社会性的需要。因此,人与人之间的关系,体现为各种不同的社会利益,因而可被称为"社会利益关系"。

在现实社会中,人各不同,各有各的需求,因而社会利益的内容极为丰富、多元。当然,在任何一种形态的社会里,物质生产是其他一切生产的基础,因而以物质利益为主要内容的经济利益是其他各种利益的基础,影响着政治利益、文化利益等其他各种利益的形成和发展。在此还须指出的是,在阶级社会中,经济利益首先表现为阶级利益,阶级利益是制约其他利益的主导利益。此外,从社会结构视角考察,社会利益还可分为个人利益、群体利益、阶层利益、民族利益、国家利益等各种表现形式。正是因为这些不同的社会利益的共生、共存,社会上的各类冲突也由此而生,并随着社会利益日趋多元而日益加剧。

但是,社会要向前发展,就必须使各种社会利益得到制衡,从而使这些

---

① 《马克思恩格斯选集(第2版)》(第1卷),人民出版社1995年版,第60页。

社会冲突得到控制（减少、减弱）乃至消除。正是为了制衡社会利益，控制乃至消除社会冲突，各种用来引导、控制、约束社会上各种不同的个体、群体、阶层、阶级的社会行为的指南、准则或规则应运而生。这些指南、准则或规则，被称为"社会规范"。

社会规范，即社会控制手段，有的是成文的，有的是不成文的，其表现形式有习俗、道德、宗教、礼制、法律等。就其约束力或控制力而言，社会规范可以归纳为两大类型。一类是权力性社会规范，主要有法律、制度、纪律等。其基本特性有三：一是强制性，即其背后有强力支撑，以保证其实施；二是普适性，即具有普遍适用性；三是确定性，即其内容与形式都十分明白、准确，并具有可操作性。另一类是非权力性社会规范，主要有道德、习俗、宗教等。其基本特性有二：一是自觉性，即依靠归属群体欲等内心信念来维系；二是觉他性，即依靠社会舆论、社会习俗等社会反应来维系。在当今社会，法律规范与伦理规范已发展成为最普遍、最重要的两种社会规范。

新闻信息传播活动，包括当下方兴未艾的网络信息传播活动，与其他社会活动和社会现象一样，在其实践中也会发生各种利益冲突，也需要借助各种社会规范加以调整与管控，以保证这一传播活动的正常运作与和谐发展。在这些社会规范中，以新闻信息传播伦理规范和新闻信息传播法律规范最为常用、普遍与有效。

（二）

"伦理"一词，最早见之于《礼记》。《礼记》中有一篇《乐记》，内云："乐者，通伦理者也。"此处的伦理，指的是事物的条理。后来，伦理逐渐演变为调整君臣、父子、夫妇、朋友之间关系的一整套行为规范，接近于今天所说的伦理。与"伦理"一词相通、可交释互训的，还有"道德"一词。此词也是古已有之，最早见之于《礼记·曲礼》："道德仁义，非礼不成。"其中所谓的道德是指人们应当遵循的事物发展规律和顺应规律而产生的行为规则。在现代伦理学中，"伦理"与"道德"两词在绝大多数语境下可以通用，但在阐述具体现象时一般使用"道德"一词。

伦理，亦称道德。根据马克思主义的观点，是在一定的社会经济基础上产生，并为其相应的经济基础服务的社会意识形态，属于上层建筑范畴，在阶级社会中还具有阶级性。作为一种调整人们行为的特殊规范，它是社会关系的反映。当人们之间发生利益冲突时，伦理规范，亦称道德规范，因应调整冲突之需而产生。伦理规范渗透于整个社会生活的方方面面，以善与恶、真实与虚假等概念评价人的行为，调整人与人之间的各种关系，并通过舆论和教育手段影响人们的内心信念，利用传统习惯和规章制度管控、约束人的社会行为。

在包括网络信息传播在内的所有新闻信息传播活动中，新闻信息传播者一般都自觉或不自觉地遵循与其职业活动相适应的伦理规范。新闻信息传播活动有别于其他职业活动的特点，不仅决定了新闻信息传播伦理的基本理念、要求与规范，还决定了新闻信息传播伦理较其他职业伦理具有更为重要的意义与作用。一个完整的伦理规范体系，就其结构而言，一般由一条基本原则和若干条具体规范组成，其中一条基本原则是整个伦理规范体系的核心与标杆。新闻信息传播伦理规范体系也同样如此。

新闻信息传播伦理的基本原则，最先奉行的是资产阶级在反封建专制斗争中提出，并在建立资本主义制度后通过法律确立的新闻自由原则。之后，由于新闻自由原则被滥用而变质，社会责任思想开始出现并发展为社会责任原则。根据社会责任原则，新闻信息传播者在行使新闻信息传播自由权利时，必须对社会和公众恪尽责任。社会主义运动兴起后，无产阶级新闻信息传播伦理随之形成与发展。它不仅强调社会责任，还提出为民众服务这一全新理念。无产阶级夺取政权并建立起社会主义制度后，全心全意为人民服务被确立为社会主义新闻信息传播伦理的基本原则。在社会主义中国，该基本原则强调，全心全意为人民服务、一切对人民负责，是社会主义新闻信息传播工作的根本宗旨、出发点和落脚点。坚持全心全意为人民服务原则，就是要站在党的立场上、站在社会主义立场上，正确处理好宣传党的方针政策与反映人民群众意愿的关系，坚持对党负责和对人民负责的一致性。

纵览世界各国实践，新闻信息传播伦理的主要规范可概括为五条：一是真实、客观与公正，就是要坚持新闻真实性原则，报道要做到真实、准确、全面、客观。二是清正、廉洁、正当，就是要以正当的方式与手段从事本职工作，坚持职业独立性，不屈服于邪恶势力；不以权谋私，不搞"有偿新闻""有偿不闻"，严禁将新闻传播活动和商业经营活动混为一体。三是自觉守法、不损害公共利益和公民权利,就是要维护国家安全和社会安定团结,维护司法尊严与司法公正,不得伤风害俗,不得宣扬色情、凶杀、暴力、愚昧、迷信及其他格调低劣、有害人们身心健康的内容;不诽谤他人,不揭他人隐私等。四是提倡公平竞争、坚决反对恶意竞争,加强同行之间的协作与交流,特别是要加强国家之间的双边或多边新闻交流与合作。五是同情弱者、保护易受伤害者,就是要同情可能因报道而遭受不利影响的人们,谨慎报道儿童、罪犯亲友、被性侵害者及病人、精神病患者等。

(三)

"法"在古汉语中写作"灋"。《说文解字》解释道:"灋,刑也,平之如水,从水;廌,所以触不直者去之,从去。"可见,对法的理解与解释,古代中国与古代希腊极为相似。在古希腊,象征法律精神的是正义女神,其雕像的左手拿着天平(Libra)以象征权衡和平等,右手拿着宝剑以象征裁决和力量,两眼被布遮蒙以象征公正无私。

法是什么?根据马克思主义的观点,法是由社会物质生活条件所决定的、体现国家意志并由国家制定或认可的、由国家强制力保证实施的、有关人们的权利与义务的规定。法治,英文是 rule of law,作为一种先进的治国理念,已为当今世界几乎所有的国家所认可与采用。法治,即依法治国,强调要依照体现人民意志和社会发展规律的法律治理国家,国家的政治、经济运作和社会各方面的活动都要依照法律进行,而不受任何个人意志的干预、阻碍或破坏。1997 年 9 月,中国共产党第十五次全国代表大会在北京召开,"依法治国"被确立为治国基本方略,"建设社会主义法治国家"被确定为社会主义现代化的重要目标。1999 年 3 月 15 日,第九届全国人民代表大会第二次会议通过并公布施行的《宪法修正案》第十三条规定:在《宪法》第五条中增加一款:"中华人民共和国实行依法治国,建设社会主义法治国家。"并将此款作为《宪法》第五条的第一款。

由国家制定并由国家强制力保证其实施的、体现国家意志的、用于调整新闻信息传播活动中各种关系的法律规范,就是新闻信息传播法律规范。在中国,它的法律渊源主要包括宪法、法律、行政法规、行政规章、地方性法规与规章、特别行政区的法律与法规、法律解释、中国已参加的国际条约与协定等。具体而言,《宪法》作为国家根本大法,为我国新闻信息传播活动作了原则性的规定;《刑法》《民法通则》等法律以及《政府信息公开条例》等行政法规和规章,虽并非专门适用于新闻信息传播活动,但其中含有大量与新闻信息传播活动直接相关的规定;《全国人民代表大会常务委员会关于处理违法的图书杂志的决定》《广告法》《全国人民代表大会常务委员会关于维护互联网安全的决定》《全国人民代表大会常务委员会关于加强网络信息保护的决定》《网络安全法》等法律,《出版管理条例》《广播电视管理条例》等行政法规和《报纸出版管理规定》等行政规章,则专门适用于新闻信息传播活动,并且数量甚多。正是上述法律、行政法规等文件的颁行,初步建构起一个具有中国特色的新闻信息传播法律制度。

中国新闻信息传播法律制度的基本原则有两条:一是新闻信息传播自由的原则,二是"两个服务"方向的原则。新闻信息传播自由,最初被称为言论出版自由,在封建社会末期由新兴的资产阶级所提出,在资产阶级革命时期被用作同封建统治阶级进行斗争的主要思想武器,在资产阶级夺取政权后被确立为资本主义新闻信息传播法制的基本原则。社会主义社会建立后,无产阶级并没有抛弃新闻信息自由这一基本原则,而是赋予它以新的涵义,旨在使广大人民群众能真正获得新闻信息自由权利。当下世界,包括中国在内的几乎所有的国家都在法律上明确规定保障新闻信息传播自由权利,同时也明确规定不得滥用此项自由权利。"两个服务",即"为人民服务、为社会主义服务"。这是中国特色社会主义新闻信息传播法律制度所特有的基本原则。《宪法》第二十二条明确规定:"国家发展为人民服务、为社会主义服务的文学艺术事业、新闻广播电视事业、出版发行事业、图书馆博物馆文化馆和其他文化事业,开展群众性的文化活动。"据此,现行国务院发布行政法规《出版管理条例》《广播电视管理条例》均把"两个服务"明确为"方向":"出版活动必须坚持为人民服务、为社会主义服务的方向","广播电视事业应当坚持为人民服务、为社会主义服务的方向"。可见,为人民服务、为社会主义服务是我国新闻广播电视事业以及其他一切新闻信息传播活动的基本方向。

中国新闻信息传播法律制度的主要内容包括:新闻传播媒体的行政管理;新闻、广告等各类信息的发布;新闻传播与维护国家安全;新闻传播与维护公序良俗;新闻传播与维护公民权利;新闻传播与维护司法独立;等等。

由于内容较多，兹不详述。

（四）

新闻信息传播伦理规范与新闻信息传播法律规范，作为调整新闻信息传播活动的各种关系、维护新闻信息传播正常秩序的两种规范系统，在新闻信息传播实践中既有许多共同性，也有不少重要的区别，构成一种相互作用与影响的互动关系。

新闻信息传播伦理规范与新闻信息传播法律规范的共性，主要有以下几点：第一，都是由一定的社会的经济基础所决定的上层建筑，都是人类新闻信息传播活动的产物。作为社会现象，有什么样的经济基础，就有什么样的新闻信息传播伦理规范与法律规范。社会经济基础变更了，新闻信息传播伦理规范与法律规范的内容也会跟着变化。第二，具有相似的社会功能与作用。它们之所以有其存在的价值，是因为它们可以对新闻信息传播者的职业行为进行有效的干预。两者都具有对新闻信息传播者职业行为的约束力量和鼓励力量，即通过对新闻信息传播者职业行为的约束与鼓励，引导新闻信息传播者该做什么、不该做什么。

新闻信息传播伦理规范与新闻信息传播法律规范的区别，主要有以下几点：第一，两者产生的历史条件与历史命运不同。从历史上看，新闻信息传播伦理规范的形成先于新闻信息传播法律规范。早在人类进入阶级社会之前，诚实、不讲假话已成为人们传播新闻信息的基本伦理原则，新闻信息传播伦理规范的萌芽已经出现。而新闻信息传播法律规范则是在社会被划分为各种不同利益的阶级之后才开始出现的，是一个社会中占统治地位的阶级出于维护与其政治统治相适应的新闻信息传播秩序而制定的社会行为规范。第二，两者的表现形式、强制方式与强制力量各不相同。新闻信息传播伦理规范通常存在于新闻信息传播者的意识和社会舆论中，其要求也往往是概括、笼统和比较抽象的，大多是不成文的。而新闻信息传播法律规范则有着比较明确和严格的表现形式，通常表现为国家制定或认可的法律、条例等规范性文件，具有明确性、可操作性。第三，两者所调整的对象和范围不完全相同。新闻信息传播伦理规范所适用的范围，几乎涉及新闻信息传播活动中的一切伦理关系与伦理行为，而新闻信息传播法律规范仅要求对新闻信息传播者的职业行为是否违法、是否构成犯罪以及违法犯罪所达到的程度作出相应的评判,仅对在法律、法规中作出明确规定的东西具有约束力。

在新闻信息传播实践中,新闻信息传播伦理规范与新闻信息传播法律规范的共性与区别,决定了两者之间存在着相互配合、相互协调、相互影响、相互补充的密切关系。正确认识这种相互关系,把两者协调配合起来,使之相互加强、相互补充,才能使它们的作用发挥得更为充分、更为有效。

（五）

自20世纪90年代互联网崛起以来,人类新闻信息传播环境发生了颠覆性的巨变。就新闻信息传播而言,互联网可以与文字、印刷术一起并列为人类新闻信息传播史上的三个里程碑。当下,随着信息传播技术的突飞猛进,基于网络的各类新媒体纷纷问世。各类新媒体的问世,不仅使诸多传播媒介之间的界限越来越模糊,而且还水到渠成地使传统的传播手段与数字化、网络化的传播手段融为一体,彻底改变了传统的新闻信息传播的结构、手段与方法。尤其令人惊叹的是,基于互联网等高新技术的微博、微信等自媒体不仅悄然而至,还迅速发展成为时效性最强、内容最丰富的新闻信息传播手段,彻底改变了传统的传者与受众的关系,传者与受众开始合二为一,舆论场由单一转向多元,原先由新闻信息专业人员垄断的新闻信息传播活动,已经成为人们日常生活的一部分。此外,基于大数据技术、算法技术等高科技的人工智能也开始介入新闻信息行业,"写稿机器人"(亦称"机器新闻写手",英文名 robot story writers)也已登上新闻信息传播的舞台,一批由机器人自行撰写的新闻信息稿出现,至少在时速上已为人类所望尘莫及。2016年5月29日,四川绵阳发生地震,国家地震台网研发的智能机器人仅花了6秒钟就撰写出一篇题为"绵阳安州发生4.3级地震"的新闻稿。

这一切,使人类的新闻信息传播活动发生了翻天覆地的变化,使人类的新闻信息传播水平提高到一个前所未有的高度。但是,它也带来了诸多前所未有的问题,把我们带进了一个很难摆脱的困境。由于互联网具有虚拟性、开放性和无国界性等特点,国家的网络空间主权如何保卫、网络空间安全如何维护？海量的、呈爆炸式增长态势的网络信息鱼龙混杂,如何维护新闻信息的真实性原则、如何抵制虚假新闻信息？信息化的发展使国家机密存在形态和运行方式发生巨变,国家机密泄露风险增大,如何防范已严重威胁着国家安全和利益的计算机网络泄密?无限性链接、瞬时复制与粘贴、海量收纳储存、网页或网站设立的零成本等技术手段,为淫秽、色情、凶杀、暴力及其他有害信息的非法生产与传播提供了便利条件,使得网上有害信息泛滥成灾。如何清除这些严重败坏社会风气的精神污染物?在人人都能轻易地通过各种自媒体传播信息、发表观点的时代,侵犯他人名誉、泄露他人隐私等合法权益的概率呈几何级增长之势。如何使公民免遭这些非法侵害?大数据的广泛应用,数据挖掘技术的日益进步,如何保护已经上传到网络上的个人信息?盗版软件、盗版音乐、盗版影视、盗版图书等以边际成本为零的方式在互联网上传播,如何维护著作权人本该享有的著作权(版权)?凡此种种,不胜枚举。

　　由此可见,网络空间绝非世外桃源,由网络传播而引发的诸多问题,理应予以关注、重视与治理,而网络传播伦理规范与网络传播法律规范正是治理这些弊病之良药。这正是本教材编写之本意。在写作体例上,本教材融伦理规范与法律规范于一体,以问题为导向,探讨、阐述了网络空间主权与网络安全、网络虚假信息、网络泄密、网络传播淫秽色情信息、网络煽动危害社会安定信息、网络侵犯名誉与隐私、网络侵犯个人信息、网络侵犯著作权、网络传播违法广告等问题,并从伦理与法律的视角提出了治理之策,以期于当下治理网络与新媒体的诸多问题有所裨益。

　　此外,中国台湾、香港、澳门地区虽然在意识形态、政治制度上与中国内地不同,但作为中国的组成部分之一,理应在本教材中占有一席之地。因此,本教材还设了两个专章(即第十一章、第十二章),对台湾、香港、澳门地区网络与新媒体传播法制及伦理建设状况作了专题介绍与阐述。

第一章

网络空间主权与安全

网络空间主权是互联网时代国家主权的扩展,是国家主权在网络空间的延伸。网络空间主权的提出,缘于互联网已经发展成为社会结构的一部分。互联网通过自然存在的电磁频谱,让通信技术产品实现互联互通,从而实现信息的瞬间传递,也因此形成了一个人造的新型空间——网络空间。作为一个人造领域,网络空间并非先天存在,它集成了信息处理的各种先进技术,时时充斥着海量信息和数据,可以不断被复制、被改变,数以亿计的人聚集其中。这个空间虽然不像现实空间看得见、摸得着,却又客观存在,渗透于人们生活和社会的各个方面。正因为如此,网络空间已成为人类生活最具活力、影响力和发展潜力的新领域,也逐渐成为各国争夺的重要战略资源。随着国家安全越来越多地系于网络安全,网络空间的重要性凸显,网络空间主权也受到越来越多的重视。目前,世界各国都将网络空间作为保持国家繁荣、维护国家战略安全和拓展国家利益的新战略制高点,不同国家遵循不同的行动准则,在其间展开激烈的竞争。可以说,游刃自如于网络空间就意味着掌握了未来发展的主动权[1]。

第一节 网络空间主权的概念

网络空间主权(cyberspace sovereignty),亦称网络主权(cyber sovereignty)、互联网主权(Internet sovereignty),也有学者称之为"网络空

---

[1] 郭宏生:《网络空间安全战略》,航空工业出版社2016年版,"前言"第1页。

间国家主权"或"国家网络主权"。网络空间主权的概念是随着网络空间的崛起而慢慢进入决策者和公众视野的。这一过程伴随着国家之间复杂的利益博弈,掌握网络先进技术的发达国家与技术相对落后的发展中国家对此有着深刻的分歧。尽管网络空间主权的客观存在被普遍承认,但围绕概念本身的争议并未停止,欧美与中俄关于网络空间主权的争论构成了全球互联网政治的最根本分歧。

一、网络空间主权概念的提出与发展

互联网诞生于20世纪60年代末的美国,本身是冷战的产物。在进入20世纪90年代后,互联网迅速商业化,并向全球扩散,进而深刻地改变了人类生活的方方面面。但在很长一段时间里,网络主权并未被人们所认识,反而"网络不需要法律""网络空间应该在自然状态下成长""现实世界的政府没有任何正当理由介入网络世界"等极端自由主义论调大行其道。其中的一个代表人物就是美国人约翰·P. 巴洛(John Perry Barlow),他在1996年发表的《网络独立宣言》中宣称:虚假网络空间独立于现实空间,国家权力不能越界干预互联网,"在我们聚焦的地方,你们没有主权"①,进而提出了所谓的"网络自身主权论"。

但随着网络的发展,网络安全问题不断增多,从早期的黑客攻击到后来的网络侵权,网络违法犯罪行为日益猖獗,以至于国家安全也受到严重威胁。面对这样的现实,完全依靠技术规范和网络参与者的自律显然已经不够,如何实施对网络空间的管理便进入学者和公众的视野,网络主权的概念也开始被讨论。

1997年,哈佛大学法学院教授吴修铭(Tim Wu)在《网络空间主权?——互联网与国家体系中》率先使用了"网络空间主权"这一用语,他在文中质疑了那些认为互联网应该免除规制的假设②。1998年,毕业于斯坦福大学法学院的律师达雷尔·C. 芒特(Darrel C. Menthe)撰写《网络空间的管辖权:国际空间的理论视角》一文,正式提出网络空间的管辖权问题。

---

① 刘品新:《网络法学(第二版)》,中国人民大学出版社2015年版,第3页。
② Timothy S. Wu, "Cyberspace Sovereignty — The Internet and the International System", *Harvard Journal of Law & Technology*, 1997, 10(3): 647-666.

他认为,"南极洲、外太空、深海和网络空间是四种国际空间,它们具有不同寻常的特点,就管辖权而言,没有属地管辖权(territorial jurisdiction)。国籍是并且应该是网络空间确立管辖权的基本原则"①。事实上,如果认为国家拥有对网络空间的管辖权,也就意味着承认国家主权在网络空间的存在。

2001年,面对全球互联网治理出现的新问题,特别是一些国家对于全球互联网关键资源的管理系于美国一身的现实担忧,根据国际电信联盟的提议,联合国大会批准同意在国际电信联盟的领导下,召开信息社会世界峰会(WSIS)。由于瑞士和突尼斯争相主办,第一次峰会被分为两个阶段,自2002年开始,于2005年11月结束,分别被称为"日内瓦峰会"和"突尼斯峰会"。峰会于2003年发布的《贝鲁特宣言》(Beirut Declaration)提出,由合适的国际组织承担根目录和域名的责任,要考虑多语言域名系统。国家的顶级域名和IP地址分配应当属于国家主权,这些主权应当得到保护和尊重②。

2010年,美国基于修改《2002年国土安全法》及加强美国网络与通信基础设施安全的目的,审议了《2010年将网络空间视为国家资产保护法》。在这部法律中,网络空间被定义为"相互关联的信息基础设施网络",包括"互联网、通信网络、计算机系统,以及重要企业中的嵌入式处理器和控制器"③。在这里,网络空间更多地被视作信息基础设施,是一系列硬件设备组成的系统,属于应该被保护的国家资产。

2013年3月,北大西洋公约组织发布了关于国际法对网络战适用性问题的《适用于网络战争的塔林国际法手册》(简称《塔林手册》)。《塔林手册》分为网络安全法和网络武装冲突法两部分,其中"规则1:主权"写道:"一国可以对其主权领土范围内的网络基础设施和网络活动实施控制。"这是以美国为首的西方军事集团首次以文件的形式,公开承认一国政府对主权领土范围内的网络设施和网络活动有控制和管辖之权。这里虽然没有明确提出

---

① Darrel C. Menthe, "Jurisdiction In Cyberspace: A Theory of International Spaces", *Michigan Telecommunications and Technology Law Review*, 1998, 69: 101-102.
② 胡丽、乔爱民:《论"网络疆界"的形成与国家领网主权制度的建立》,《法学论坛》2016年第2期,第59—66页。
③ 方滨兴:《从网络大国走向网络强国》,《人民日报》2014年6月24日第23版。

网络主权的概念,但毫无疑问的是,网络主权事实上变相被承认。

但总体而言,以美国为代表的西方发达国家至今尚未明确宣称网络主权的存在。美国前总统克林顿在任时曾有过一个形象的说法:控制互联网就如同"试图把果冻钉在墙上"。直至今日,美国虽然事实上也在国内行使网络主权,但依然不承认各国享有网络主权。2018年2月6日,美国国会众议院外交委员会举行听证会,讨论如何通过外交努力确保互联网空间的开放。众议院外交委员会主席艾德·罗伊斯(Ed Royce)在听证会上说,网络主权概念强调国家对网络空间的控制,这与美国主张的个人自由和经济自由的价值观背道而驰。可见,网络主权之争在国际政治和全球互联网治理领域还将长期存在。

二、中国有关网络空间主权的立场与观点

中国主张主权原则适用于网络空间,是网络空间主权的倡导者和坚实支持者。网络主权原则已成为我国处理网络事务的根本原则和制度基石。

2015年7月1日第十二届全国人民代表大会常务委员会第十五次会议通过的《中华人民共和国国家安全法》第二十五条明确规定:"国家建设网络与信息安全保障体系,提升网络与信息安全保护能力,加强网络和信息技术的创新研究和开发应用,实现网络和信息核心技术、关键基础设施和重要领域信息系统及数据的安全可控;加强网络管理,防范、制止和依法惩治网络攻击、网络入侵、网络窃密、散布违法有害信息等网络违法犯罪行为,维护国家网络空间主权、安全和发展利益。"

2016年11月7日第十二届全国人民代表大会常务委员会第二十四次会议通过,并于2017年6月正式实施的《中华人民共和国网络安全法》更是在"总则"中明确宣称:"为了保障网络安全,维护网络空间主权和国家安全、社会公共利益,保护公民、法人和其他组织的合法权益,促进经济社会信息化健康发展,制定本法。"

何为网络空间主权?从概念上看,中国学者普遍支持网络空间的存在,将其视为国家主权在网络空间的自然延伸,也有人提出了网络空间中国家主权弱化或相对化的趋势。中国人民大学张新宝教授认为,将网络空间主权简单视为国家主权在网络空间的自然延伸,回避了虚拟空间和真实领土

的差异与矛盾,无法有效回应西方否定网络空间主权的种种主张①。但毫无疑问的是,网络空间主权同样包含国家主权的基本要素:领土、人口、资源和政权,以及基本权力:独立权、平等权、自卫权和管辖权②。由此,可以将网络空间主权界定为:国家对本国境内的网络空间信息传播活动、网络设施和网络数据享有的自主决定权。

国家行政学院教授汪玉凯认为,网络空间主权的确立,一方面把一个国家的公民所拥有的虚拟网络空间的自由权纳入国内法的轨道,另一方面也为网络参与者提供了一系列自由表达、参与的法治保障。同时,网络空间主权也为一个国家维护网络秩序,维护国家利益、公众利益提供了依法治网的法律依据③。可以认为,如果认同网络空间主权是国家主权在网络空间的延伸,按照主权构成的基本要素和权力,网络空间主权具体表现为网络管辖权、网络自卫权、网络空间独立权和网络资源平等共享权等四个方面④。

1. 网络管辖权

是指国家对本国的网络设施、网络信息及网络行为进行管理的权力。国家对本国网络硬件设备、网络数据信息和网络行为进行管理,是网络主权最基本的内容,也是国家主权对内最高权力的核心体现。网络管辖权意味着国家可以自主决定本国的网络管理理念、思路和机制,有权对位于本国境内的网络设备、网络经营企业和网络传播行为实施管理。事实上,网络管辖权在世界各国已成事实,没有一个国家不对本国的网络设施、网络信息和网络行为进行一定的管理,只不过各国国情不同,网络技术和应用的发展程度不同,管理的方式、关注点等方面有所不同而已。当然,网络管辖权是有边界的,应当以不侵犯他国网络主权为界,这也正是网络主权的题中应有之义。

2. 网络自卫权

这是国家面对来自域外的网络攻击实施的自我保护权。一国可以采取

---

① 张新宝:《网络空间主权的治理模式及其制度构建》,《中国社会科学》2016年第8期。
② 方滨兴、邹鹏、朱诗兵:《网络空间主权研究》,《中国工程科学》2016年第6期。
③ 《网络空间主权:国家主权的自然延伸和表现》,中华人民共和国国家互联网信息办公室网站,http://www.cac.gov.cn/2017-08/07/c_1121443864.htm,2018年6月27日。
④ 杜志朝、南玉霞:《网络主权与国家主权的关系探析》,《西南石油大学学报(社会科学版)》2014年第6期,第79—84页。

必要的防护和打击手段进行自我防卫,保护本国网络不受攻击或者避免本国网络陷入瘫痪的权利。网络自卫权的行使超越了网络的范围,它可以是现实世界的军事力量对攻击方进行打击,也不排除在网络空间中本身存在国家军事力量的可能性①。近年来,一些国家之间围绕网络攻击和自卫相互指责并展开了一系列对抗,进一步凸显了网络自卫权的重要性。

3. 网络空间独立权

网络空间独立权有两层意思:一方面,它要求一国的网络空间,无论是网络技术还是网络资源都不受制于其他任何国家或组织;另一方面,指一国要确保国家对本国范围内的网络空间实现独立管理,而不受任何其他国家或组织干涉的权利。事实上,由于互联网诞生于美国,目前全球互联网的关键资源管理权还主要掌握在美国手中,全球13组根域名服务器就有10个在美国(另外3个分别在英国、瑞典和日本),美国控制了世界上互联网最重要的硬件,而且还控制了域名的认定、设置和管理。这严重威胁了各国的网络空间独立权,也是未来全球互联网治理模式重构的重要方面。

4. 网络资源平等共享权

各国对网络资源共同享有平等使用的权利,各国的网络之间能够以平等的方式实现互联互通,从而实现资源在全球范围内的高度共享。网络空间已是人类交往最重要的场所,也是容量最大、发展最快、最有效率的公共空间,其间的信息自由流动对于促进人类交流、共建人类命运共同体具有重要意义。共享和自由是互联网的天生气质,互联网也是人类有史以来最大的全球性市场,除因国家安全因素对一些信息予以保护外,网络空间的信息资源应为各国平等共享。不应出现因为网络资源不平等而造成互联网地位的不平等的情况,各国应在全球互联网资源共享和全球互联网共治中享受平等权利。

三、关于网络空间主权的争议

网络空间主权这一概念被提出后即面临诸多争议。这一方面固然是因

---

① 杜志朝、南玉霞:《网络主权与国家主权的关系探析》,《西南石油大学学报(社会科学版)》2014年第6期,第79—84页。

为不同国家根据自己的利益需求,对网络空间主权采取了不同的主张,同时也应该看到,这也是因为网络空间本身异于传统的陆海空等人类生存空间带来的结果。网络空间的虚拟性、流动性、可复制性以及网络空间对传统的国与国界线的超越,让网络空间主权问题变得异常复杂,加上国际政治的复杂性,关于网络空间主权的争议是近些年来国际政治和国际关系的重要议题。

1. 美国主张网络空间"全球公域"说

所谓"全球公域",即"不为任何一个国家所支配而所有国家的安全与繁荣所依赖的资源或领域"。2005 年,美国首次将网络空间归入"全球公域",并在《2010 年四年防卫评估报告》中,进一步将网络空间明确为"信息环境中的全球领域",从而成为美国安全的重要支柱之一①。既然是"全球公域",当然要排斥国家主权的存在。因此,美国倡导网络自由主义,强调自由和共享的网络价值,认为网络空间信息的流动不受国家主权的控制和约束,反对国家在互联网上构建"信息国界",不接受任何可能妨碍网络空间信息在全球自由流动的举措。美国的逻辑是,如果每个国家都拥有各自的网络空间管理模式,就会使得国有或国家控制的公司业务重点放在该国家或地区,而不是为全球用户提供服务,这样的结果就是,互联网会变得支离破碎,网络效率严重降低,进而阻碍全球经济增长。在 2003 年 12 月的信息社会世界峰会上,美国表示互联网应是不受管辖和约束的自由空间。2010 年 1 月,美国国务卿在"互联网自由与全球言论自由的未来"演讲中强调网络自由,宣称不受国家主权约束的信息自由流动值得大力倡导,表示要将不受限制的互联网访问作为外交政策的首要任务。2011 年 2 月,美国再次宣称要将网络空间自由纳入美国外交政策框架②。

网络空间是否可列入"全球公域"? 正如很多学者指出的那样,联合国对于"全球公域"的界定仅限于自然资源空间,并不包括网络空间这样的"人造"空间。而且,"全球公域"的提出旨在保护权属不明的公共资源免于过度开发,而网络空间显然也不存在这样的担忧。但网络空间的无国界、网络传

---

① 张新宝:《网络空间主权的治理模式及其制度构建》,《中国社会科学》2016 年第 8 期。
② 张向宏、卢坦:《网络空间主权国际比较研究》,《信息技术与网络安全》2015 年第 14 期。

播的全球性确实为"全球公域"说提供了市场,也在现实中迷惑了不少人。实际上,美国的主张更多是为了维护本国在网络空间发展和网络技术的绝对优势,并希望通过网络的开放和自由将这种技术优势继续保持下去。

2017年12月18日,特朗普政府推出了首个美国国家安全战略报告,其中有很多内容涉及网络安全问题,表现出与以往政府,特别是民主党政府明显不同的网络安全观。特朗普一再强调"美国优先",主张美国的国家利益高于他国国家利益。特朗普的国家安全战略报告多次强调主权观念,认为主权是"美国优先"的基础,这在一定程度上是对网络主权的默认。尽管如此,美国仍然反对网络空间主权的提法,认为这会助长狭隘类型的网络空间,而不是一个开放、安全、创新的互联网。

与美国相似,欧盟同样强调网络空间的自由和开放,对网络空间持有信息自由流通和网络开放的基本理念,在处理网络空间的现实问题上也几乎不会提及网络主权问题。日本的立场也与美国相近,反对国家对网络空间的过度干预,认为传统的国际法应适用于网络空间,相关主张与美国亦步亦趋。

2. 俄罗斯和中国坚持网络空间的主权原则

俄罗斯主张网络空间的主权原则,坚持在联合国框架内处理国与国之间网络空间的纷争。在2011年11月的伦敦网络空间大会上,俄罗斯强调,网络空间的权利和自由应以尊重相关国内法律法规为前提,网络空间也应拥有国家主权。在2012年10月的布达佩斯网络空间国际会议上,俄罗斯代表强调了在网络空间对国家主权的尊重以及规制实施的必要性①。俄罗斯拒绝加入美欧日倡导的网络犯罪公约,认为跨国信息流动不能伤害一个国家的主权,而该公约中有出国相互援助的目的,"本国的计算机可登录他国计算机数据"等内容是俄罗斯不能接受的。俄罗斯对跨境信息流动中的信息主权问题、全球网络治理的国际合作中如何遵从国内法的问题有着明确的立场,即主张网络空间主权。

中国主张网络主权为国家主权在网络空间的延伸。全国人大常委会2015年7月1日通过的《中华人民共和国国家安全法》首次以法律形式明确了"网络空间主权"。2015年12月16日,国家主席习近平在乌镇召开的第

---

① 张向宏、卢坦:《网络空间主权国际比较研究》,《信息技术与网络安全》2015年第14期,第1—10页。

二届世界互联网大会上发表主旨演讲,提出全球互联网治理体系变革的四项原则,其中将"尊重网络主权"作为首要原则。他指出,《联合国宪章》确立的主权平等原则是当代国际关系的基本准则,覆盖国与国交往各个领域,其原则和精神也应该适用于网络空间①。2016年11月7日通过的《中华人民共和国网络安全法》第1条就提出本法的主旨是要"维护网络空间主权"。

中国主张的网络空间主权原则是一套完整的体系,强调国家对维护国家网络主权应该承担的责任,它对内表现为对国家范围内网络空间的信息生产和流动拥有最高的管理权力,对外表现为国家有权决定参与国际信息活动的方式程序,有权在网络空间利益受到侵犯时采取保护措施等,即对内的最高性和对外的独立性②。中国默认本国境内的网络基础设施和国家互联网域名等互联网关键资源属国家主权的管辖范围,体现属地管辖原则。网络空间作为人类共同的活动空间,对于国与国之间的网络交往和信息流动,各国应在充分尊重网络主权的基础上,加强沟通,扩大共识,深化合作,共同构建网络空间命运共同体。

与俄罗斯、中国类似,巴西也支持维护网络空间主权的主张。放眼世界,围绕网络空间主权争议基本分为两大阵营:美国、欧盟、日本等国家奉行网络自由主义原则,强调互联网的开放性、自由性和独立性,将互联网视为"全球公域",否认或弱化网络空间主权的存在;而中国、俄国、巴西等国家大多主张网络空间主权的存在,并希望在此基础上建立新的网络空间规则。美国等西方国家之所以否认网络空间的主权属性,首先是因为他们占据大部分网络空间和技术资源,在网络空间对抗中处于优势地位;而发展中国家则因为进入网络空间时间较短,占据网络空间资源较少,网络技术也较为落后,在网络空间对抗中处于弱势地位。其次,从技术上来说,网络是一种无边界的全球性技术,互联网的核心技术建构——传输控制协议/网络互联协议(TCP/IP协议)也常常被认为是高度去中心化的相对匿名的网络组织方法。这使很多评论家始终认为互联网从来就不应该被国家政府所控制。他

---

① 《习近平在第二届世界互联网大会开幕式上的讲话》,中华人民共和国国家互联网信息办公室网站,http://www.cac.gov.cn/2015-12/16/c_1117481112.htm,2018年7月1日。

② 张向宏、卢坦:《网络空间主权国际比较研究》,《信息技术与网络安全》2015年第14期,第1—10页。

们认为,互联网不是建立在一个单一的民族国家基础之上,所以传统形式的国家管制并不适合这个去中心化的、分散的媒介,即使是国际组织也不应该提供任何所谓有意义的方式来规训互联网①。事实上,虽然网络空间的确不同于现实世界,例如它是人造空间,具有虚拟性、流动性、无国界性等特点,但网络空间的前提——网络基础设施和硬件系统是建造在主权国家领土之上的,网络空间的活动主体——无论是管理者还是普通的参与者——都是属于主权国家的现实中人,网络空间并非脱离现实社会而独立存在。同时,网络空间面临着网络犯罪、网络攻击、网络本身的武器化甚至网络军备竞赛等与网络主权紧密相关的新问题,网络安全的维护也需要民族国家行使有效管辖权,建立必要的秩序和规范,以应对日益凸显的网络威胁和网络安全困境。因此,网络空间具有主权属性是毋庸置疑的,主张网络空间主权、维护网络空间安全势在必行。

第二节 网络空间主权面临的问题

尽管网络空间主权的存在逐渐为公众所接受,但不容忽视的是,网络空间主权还面临诸多问题和挑战。其中既有对网络空间主权缺乏思想认识的问题,客观上也存在对网络空间主权保障不力的问题。

一、网络空间主权意识淡漠

网络空间主权意识淡漠既有历史的原因,也有现实的因素;既有认识上的局限,也有利益上的考量;既有囿于传统主权理论的原因,也有被技术的迷障蒙住双眼的可能。网络空间主权意识淡漠具体表现为以下几个方面。

1. 不承认网络空间主权

随着互联网的发展,网络空间的重要性越来越明显,存在的问题、面临的困境越来越多,带来的危害也越来越大。为保障国家利益和网络安全,很

---

① 蔡翠红:《国家、市场、社会互动中网络空间的全球治理》,《世界经济与政治》2013年第9期,第90—112页。

多国家都开始主张网络空间主权,以实现对网络空间更有效的管理。但以美国为代表的西方发达国家为了维护自己的网络霸权,仍然不承认网络空间主权的存在,而是主张网络空间"全球公域"说,在诸多场合宣扬互联网的"全球公域性"或"全球属性",将网络空间视为与公海、外层空间类似的国际空间,反对中国等国家对网络空间主张国家主权。

美国之所以主张网络空间"全球公域"说,有其特定的背景和利益诉求。首先,作为互联网的发源地和技术大国,美国垄断着全球互联网关键资源的管理权。全球互联网的根域名服务器、域名体系和IP地址等互联网关键资源的管理工作,长期以来一直由美国商务部授权的"互联网名称与数字地址分配机构"(Internet Corporation for Assigned Names and Numbers,简称ICANN)统一管理,尽管这一机构近来有所调整,但总体未改变。ICANN有权分配国家顶级域名代码,在新兴国家和民族分离主义运动背景下,这些顶级域名在划定国家网络空间的同时也在一定程度上使主权空间合法化。反之,终止域名解析服务就意味着一国从互联网世界中消失。例如,ICANN曾因种种商业上的原因终止过伊拉克和利比亚顶级域名的申请和解析,这两个国家便因此在短时间内从互联网世界中消失。在美国商务部于2014年3月14日宣布放弃对ICANN的控制权时,又明确拒绝由联合国或其他政府间组织接管,只同意由ICANN董事会与全球"多利益攸关方"讨论接管问题。但事实证明,这种"多利益攸关方"的管理模式并非革命性的变迁,而在一定程度上维护了旧有的权力结构。它并不会损害美国在互联网治理领域的控制优势,相反,它延续和强化了这种霸权[1]。

其次,美国在否认网络空间的国家主权属性,对其他国家积极宣扬"网络自由"的同时,其政府行为却处处彰显网络空间的"主权属性"[2]。2010年,美国基于修改《2002年国土安全法》及加强网络与通信基础设施安全的目的,审议了《2010年将网络空间视为国家资产保护法》,将网络空间定义为"相互关联的信息基础设施网络",包括"互联网、通信网络、计算机系统,

---

[1] 邹军:《全球互联网治理的模式重构、中国机遇和参与路径》,《南京师范大学学报(社会科学版)》2016年第3期,第57—63页。

[2] 胡丽、乔爱民:《论"网络疆界"的形成与国家领网主权制度的建立》,《法学论坛》2016年第2期,第59—66页。

以及重要企业中的嵌入式处理器和控制器"[1]。2011年,奥巴马政府颁布了《网络空间国际战略》,第一次着眼于全球网络空间,并宣称将保留通过军事手段应对任何人对美国网络空间安全带来的任何威胁。此外,美国政府还采用各种技术和管理手段加大对网络空间的干预和控制,对内根据其反恐需要对民众的通信活动、电子邮件往来以及对网络信息予以全方位监控;对外则与大型网络公司合作,开展网络空间军事、情报活动[2]。例如,2013年,美国中央情报局前雇员斯诺登披露美国国家安全局的"棱镜计划",以无可辩驳的证据证实美国如何在全球网络空间实现具有进攻性意义的全面监控。而美国政府在2015年5月颁布的国防部网络行动战略中,将攻击和瘫痪主要竞争对手的关键信息基础设施作为一种战略选项,纳入美国网军的建设目标。2015年7月31日,在《纽约时报》发表的文章中,匿名的美国政府官员公然承认美国在中国大陆的计算机网络中放入了数以千计的植入装置,用于监控中国的网络[3]。这说明美国在网络主权上的态度采用双重标准,一方面加强自身网络技术发展和网络安全建设,以继续控制网络空间,保持其在网络空间的主导优势;另一方面又忽视其他国家的网络空间主权,为谋取经济和政治利益,不惜侵害别国网络空间安全甚至损害其他国家的主权。

由此可见,不承认网络空间主权、主张网络"全球公域"的做法具有很强的维护本国利益的政治色彩,并非这些国家真的认为网络主权不成立,其本质是为了维护网络空间既得利益和旧的国际秩序而牺牲其他国家的网络空间主权。事实上,网络空间主权客观存在,不承认并不代表网络空间主权不存在,它不过是为侵犯别国主权、谋求本国网络霸权提供了借口。

2. 不重视网络空间主权

很多发展中国家网络空间主权得不到保障,网络空间安全受到威胁,除了外部的原因外,也跟自己不重视网络空间主权、不采取措施维护网络空间主权有很大关系。之所以不重视网络空间主权,进而也不采取措施维护空间主权,有多方面的原因。首先,很多发展中国家经济较为落后,其发展的

---

[1] 方滨兴:《从网络大国走向网络强国》,《人民日报》2014年6月24日第23版。

[2] 曹锐:《浅析网络空间中国家主权的演变与争论》,《青春岁月》2013年第24期,第366—367页。

[3] 沈逸:《网络主权:全球网络空间新秩序的中国主张》,http://theory.gmw.cn/2015-12/19/content_18163410.htm,2015年12月19日。

重心在于实体经济,对网络空间安全无暇顾及;其次,大部分发展中国家互联网发展较晚,且相对落后,其重要性还没有得到体现,因而得不到重视;最后,与传统实体空间相比,网络空间主权的存在与捍卫不仅易被忽视,而且易遭侵犯,以至于见怪不怪、听之任之。人们总是对传统生存空间的风吹草动群情激愤、口诛笔伐,甚至不惜武力相向,然而对发生在网络世界里的"惊天大事",却没有足够重视。2010年7月,伊朗核电站大量关键设备(离心机)遭到疑似来自敌国的"震网"病毒攻击,损失惨重。这次攻击开启了通过网络战术"软手段"摧毁国家战略"硬设施"的先河,其背后的意义似乎仍没有受到足够重视①。对网络空间主权的不重视还主要体现为不主张国家网络空间主权,没有统一的国家网络空间安全战略,没有完善的网络空间安全立法等。对网络空间主权的忽视使得很多国家在网络主权遭受侵犯时不知情。试想,如果不是"棱镜计划"的曝光,许多国家恐怕难以想象本国的诸多活动和信息正在网络上遭受全面监控。

当然,对网络空间主权的重视也有一个发展的过程。在中国,随着网络应用的迅速发展,对网络空间主权的重视程度也逐渐增加。早在2010年6月,我国公布的《中国互联网状况》白皮书指出,互联网是国家重要基础设施,中华人民共和国境内的互联网属于中国主权管辖范围,中国的互联网主权应受到尊重和维护。尽管彼时没有提及网络主权或网络空间主权,但所持的价值立场一目了然。在2014年巴西国会的演讲以及发给乌镇首届互联网大会的贺词中,中国国家主席习近平系统阐述了在尊重网络主权的基础上构建网络空间新秩序的主张。2015年12月16日,在第二届世界互联网大会上,习近平指出推进全球互联网治理体系变革应该坚持一些原则,"尊重网络主权"排在首位。2016年4月19日,在网络安全和信息化工作座谈会上,习近平再次强调尊重网络主权,构建网络空间命运共同体。2016年6月25日签订的《中俄联合声明》中提到,"《联合国宪章》确定的不使用武力、尊重国家主权和基本人权及自由、不干涉他国内政原则,也适用于信息网络空间。网络主权是国家主权在信息网络空间的延伸和拓展,要恪守尊重网络主权的原则,支持各国维护自身安全和发展的合理诉求,反对

---

① 叶征、赵宝献:《关于网络主权、网络边疆、网络国防的思考》,《中国信息安全》2014年第1期,第28—30页。

通过信息网络空间干涉他国内政"。2016年12月27日,经中央网络安全和信息化领导小组批准,国家互联网信息办公室发布了《国家网络空间安全战略》,提出:"网络空间已经成为与陆地、海洋、天空、太空同等重要的人类活动新领域,国家主权拓展延伸到网络空间,网络空间主权成为国家主权的重要组成部分。""网络空间主权不容侵犯,尊重各国自主选择发展道路、网络管理模式、互联网公共政策和平等参与国际网络空间治理的权利。"

　　正如有美国学者指出:"21世纪掌握制网权和19世纪掌握制海权、20世纪掌握制空权一样具有决定意义。"①没有制定统一的网络空间发展战略是对网络空间不够重视的一种体现。随着网络渗透力的不断增强,网络空间主权和安全问题已成为关乎国家政治、经济、文化、军事等各个方面的重大议题,维护网络空间安全和主权不受侵犯已成为世界各国共识,域外国家纷纷从战略高度审视和着手解决网络空间安全问题②。早在2003年3月,美国就通过了《网络空间安全国家战略》,提出了信息基础设施安全保障的战略目标:把网络空间安全提到更加重要的地位③。奥巴马执政期间,美国政府先后出台《国家网络安全战略报告》《网络空间政策评估》《国家军事战略报告》等文件,多次强调美国21世纪的经济繁荣将依赖于网络空间安全,保护网络基础设施是国家安全的优先事项④。德国于2011年发布了《德国网络安全战略》并成立"国家网络安全委员会"。日本则在2013年6月出台《网络安全战略》,明确提出"网络安全立国"⑤。英国于2011年11月25日发布了新版《网络安全战略》,阐述了国家安全机构和国防、金融、通信等行业如何防范网络威胁,强调将加强政府与私有部门的合作,共同创造安全的网络环境和良好的商业环境。可以说,各国纷纷重视网络空间主权和安全,而一些相对落后的发展中国家在这一问题上则表现得仍然不够重视。

---

　　① 郭宏生:《网络空间安全战略》,航空工业出版社2016年版,"前言"第1页。
　　② 彭焕萍、黄先超:《我国网络空间战略的构建背景及提升策略》,《采写编》2015年第6期,第65—66页。
　　③ 张显龙:《中国网络科技战略》,电子工业出版社2015年版,第40页。
　　④ 侯嘉斌:《网络主权维护的法理挑战与制度完善》,《人民论坛》2013年第35期,第132—134页。
　　⑤ 彭焕萍、黄先超:《我国网络空间战略的构建背景及提升策略》,《采写编》2015年第6期,第65—66页。

二、网络空间主权保障不力

1. 网络空间技术落后

互联网具有很强的技术属性,互联网技术是网络空间主权保障的基础,没有核心关键技术的支持,网络空间主权安全将变得极为脆弱。由于历史的原因,世界各国在互联网技术上的发展极为不平衡。一方面,以美国为代表的西方发达国家不断开发和升级信息技术,对先进信息技术实行严格管制,基本上垄断了尖端信息技术;另一方面,大量的发展中国家缺少信息技术的研发力量,国家信息化水平不高,互联网普及率跟发达国家相比也有不小的差距,不得不长期依赖美国等发达国家的先进技术①。

网络空间技术落后首先导致对外国技术依赖度高。作为互联网大国,我国努力发展网络技术,也取得了巨大的成就。《2015年信息技术领域专利态势分析报告》显示,近五年我国信息技术领域专利申请继续保持较快的增长速度。截止到2015年12月31日,我国信息技术领域专利申请总量达到300.6万件,同比增长19%②。尽管如此,我国在互联网技术上与美国等发达国家依然存在着很大的差距,不得不在很多核心技术方面依赖外国产品。目前,我国网络安全产品和关键领域安全设备依赖进口,主流防火墙技术和杀毒技术大都来自国外,自主可控、高技术含量的网络安全产品匮乏。进口的计算机、交换机、路由器等产品,其密钥芯片上均可能被故意预留控制端口,存在着被非法入侵和窃听的可能。此外,随着引进技术设备的网络远程服务增加,包括核心军工企业引进技术设备的网络远程服务十分普遍,大型电力机组、高精尖的数控设备及生产线等都与国外企业技术联网,在进行网上远程诊断、技术升级、维修保养等售后服务的同时,外方也能时时监控设备运转和生产情况,不能不考虑在某些极端情况下,这些设备可能会接受指令而停止工作,从而对我经济命脉构成致命威胁。我国金融系统使用的是国际 VISA 系统,定期向国际金融机构自动报告业务流量,也极可能受

---

① 张显龙:《中国网络科技战略》,电子工业出版社2015年版,第149—150页。
② 中华人民共和国工业和信息化部:《2015年信息技术领域专利态势分析报告》,http://www.miit.gov.cn/newweb/n1146290/n1146402/n1146440/c4726271/content.html,2016年4月18日。

到恶意控制。在进行网上交易和业务服务时,也易被渗透入侵。据中国人民银行统计,目前我国已有几十家银行的几百个分支机构拥有网址和主页,其中开展实质性网络银行业务的分支机构近百家,金融信息资料被网上窃取、篡改的情况严重①。目前,互联网已成为连接其他各个基础设施部门的关键纽带的角色,其正常稳定运转为政府、金融、能源、交通运输、公共卫生、供水和应急服务等与国计民生密切相关的重要系统以及政府事务管理提供关键支撑。在互联网核心技术方面不能独立自主,过高地依赖外国产品,给网络空间主权安全乃至国家安全埋下了重大的安全隐患。2018年4月16日,美国商务部宣布7年内禁止本国企业向中国的电信设备制造商中兴通讯公司销售零件。由于对美国的芯片等核心技术的高度依赖,此举给中兴公司带来巨额损失,也暴露了中国在网络空间先进技术研发和生产方面与美国的巨大差距,其中暴露的依赖国外核心技术的问题教训深刻、令人警醒。

其次,网络空间技术落后还会导致无力应对其他国家的网络攻击。网络攻击是利用网络存在的漏洞和安全缺陷对网络系统的硬件、软件及其系统中的数据进行的攻击。国家间的网络攻击常用手段包括网络武器、分布式拒绝服务攻击(DDOS)和木马病毒等。网络攻击轻则导致国家秘密泄露或影响正常网络空间秩序,重则会给国家安全造成灾难性的后果。例如,2007年4月,爱沙尼亚遭受了旷日持久的网络攻击,大量来自全世界的僵尸网络瘫痪了该国的互联网。其中大多数都是通过汹涌而来的在线请求淹没服务器,让服务器无法接收新的通信,从而拒绝服务。攻击的主要目标是爱沙尼亚总统、政府部门和一些新闻组织的网站。一些银行也遭受了攻击,一家银行甚至因此损失了100万美元。爱沙尼亚政府为了终结这次网络攻击,不得不采取切断互联网这样的极端做法②。随着各行各业对互联网的依赖程度日益加深,对网络关键基础设施和主要资源进行网络攻击,会破坏国家供电、航空和航海系统,甚至影响食物和水的供应。如果技术上没办法应对这些网络攻击,就只能任由国家主权被侵犯。

---

① 叶征、赵宝献:《关于网络主权、网络边疆、网络国防的思考》,《中国信息安全》2014年第1期,第28—30页。

② 老吕IO:《史上最臭名昭著的20次网络攻击》,http://www.leiphone.com/photo/201508/etQMK8SRAiNDXIQs.html,2015年8月29日。

2. 网络安全立法滞后

网络安全法,是涉及与网络有关的国家安全、社会安全与个人安全的新兴法域,涵盖维护不同层次网络安全的法律①。网络空间主权安全面临很多方面的威胁,如网络监听、网络攻击、网络恐怖主义活动等行为。如果没有具体的法律来进行规范和威慑,各种各样侵害网络空间主权的行为必然会更加猖獗。目前,世界各国主要通过网络安全法来规范网络空间行为、维护网络空间主权。韩国从 1995 年起通过修改旧的法律如《电信商务法》,以及通过新的法律如《国家信息化基本法》《网络安全管理规定》等强化了政府在网络空间治理中不可动摇的地位。欧盟成立后陆续推出了《信息安全框架决议》《关于合法拦截电子通讯的指令》《网络犯罪公约》等 30 多项政策法规②。美国也于 2014 年通过了《国家网络安全保护法》,强化了国土安全部的国家网络安全和通信集成中心在联邦部门和私营部门共享网络安全信息方面的重要作用。日本于 2014 年颁布《网络安全基本法》,明确设立"网络安全战略本部"以统一协调各部门的网络安全政策,并对电力、金融等基础设施运营方落实网络安全的相关措施提出了要求。此外,俄罗斯于 2006 年制定《联邦信息、信息化和数据保护法》,加拿大于 2001 年出台《信息安全法》,作为保护本国网络安全的基本法律③。在世界各国和地区纷纷制定网络安全法的背景下,我国也加快了网络安全立法的步伐。

中国网络安全法律制度的早期建设可以追溯至 1994 年 2 月 18 日国务院颁布的《计算机信息系统安全保护条例》。这是我国首部针对计算机信息系统安全的法律文件,开启了我国网络安全立法的序幕,具有里程碑的意义。此后二十多年以来,我国网络安全法制建设获得了持续发展,迄今为止已经形成了单行法律与关联法律两个层次。前者是指名为网络安全(或信息安全、计算机安全)的专门法律规范,后者是指涉及网络空间安全的、宽泛意义上的法律规范。总的来说,我国的网络安全法律制度已经呈现出一个侧重于治

---

① 刘品新:《网络法学(第二版)》,中国人民大学出版社 2015 年版,第 79 页。
② 王明进:《全球网络空间治理的未来、主权、竞争与共识》,《人民论坛·学术前沿》2016 年第 4 期,第 15—23 页。
③ 张素伦:《网络安全法及其与相关立法的衔接——我国〈网络安全法(草案)〉介评》,《财经法学》2016 年第 3 期,第 26—33 页。

理网络犯罪和违法行为的庞杂体系①。2016年11月7日,全国人大常委会通过《中华人民共和国网络安全法》,我国关于网络空间安全终于有了一部基本法,标志着网络空间安全立法取得了标志性成果。但长期以来立法层级低、缺少基本法的问题不会随着《网络安全法》的诞生立即烟消云散。在互联网进入公众生活以来,我国的网络安全法律规范以部门规章和地方性法规居多,在法律层面上只有《关于维护互联网安全的决定》(2000)和《关于加强网络信息保护的决定》(2004)两部,难以满足国家主权维护的现实需要。而且,由于部门规章和地方性法规在制定过程中缺乏统筹和协调,往往是政出多门,导致规则不少但效用不高。立法层级低的直接后果是法律效力低、适用范围有限,尤其是地方性法规具有很强的地域性,效力范围仅限于本地区,直接影响实施的效果。此外,根据《行政处罚法》的规定,规章设定行政处罚受到严格限制。在没有上位法作为依据的情况下,部门规章设定的处罚主要是警告和少量的罚款,不足以震慑网络违法犯罪行为②。在很长一段时间里,我国都缺少一部完善的网络安全基本法以适应互联网技术和应用的飞速发展,因此遗留下来的问题也需要时间慢慢消化。

与此同时,世界上还有众多国家没有重视网络空间立法的工作,对网络空间主权的维护也就无从谈起。主权概念需要法律化,网络空间主权也不例外。为实现对网络空间主权的维护,必须"用网络空间主权建构法律制度,用法治框架落实网络空间主权"③。因此,在网络空间法治化的道路上,还需要为增进法律的可操作性和明晰性做更多具体的工作,从而实现对网络空间主权的有效维护。

第三节　维护网络空间主权,
　　　　保障网络空间安全

网络空间安全事关国家安全,也与人们的日常生活密切相关。维护网

---

① 刘品新:《网络法学(第二版)》,中国人民大学出版社2015年版,第86页。
② 谢永江、纪凡凯:《论我国互联网管理立法的完善》,《国家行政学院学报》2010年第5期,第94—98页。
③ 张新宝:《网络空间主权的治理模式及其制度构建》,《中国社会科学》2016年第8期。

络空间主权,保障网络空间安全,从而实现对网络空间的有效治理,既是国家安全之需,也是保持社会稳定、实现长治久安的现实需要。

一、推进网络空间技术发展

互联网技术是网络空间主权安全保障的基础,网络技术水平的高低直接影响一个国家的网络空间安全,没有技术的支撑,一个国家的网络空间主权就是空中楼阁,在网络空间只能受制于人。发达国家在当今互联网治理体系中占据主导地位,表面上看是因为互联网发展较早,但最根本的原因还是其对核心技术和关键资源的垄断。也就是说,在网络空间治理中的话语权,是以掌握和运用相关的网络技术和关键资源为基础的。只有消除了与网络发达国家之间的技术鸿沟,网络发达国家基于技术垄断而获得的巨大既得利益才会难以为继,发展中国家才能赢得平等的对话资格,发展中国家的意愿和要求才会得到尊重。目前看来,由于互联网是从美国扩散至全世界,根服务器等关键资源以及对这些关键资源的管理由美国主导的局面一时难以改变,而在网络技术乃至整个信息技术领域,发展中国家即便无法取得全面的进步,但在关键技术领域积极寻求局部突破还是有可能的。只有通过技术发展和突破,才能提升与发达国家对话的能力,在网络空间治理的全球合作中才有话语权,进而在整个网络治理体系中实现自己的目标[1]。

推进网络技术发展,首先要加大网络技术投入,减少在核心技术上对西方国家的依赖。中国要结合国内产业发展的时代要求,加大对互联网新技术、新应用以及安全防御体系等信息技术产业的投入和研发力度,特别是增加相关基础研究的资金投入,注重打造具有自主知识产权的软、硬件研发能力,努力实现自主创新、自主可控,为确保中国未来网络空间安全提供扎实过硬的技术保障[2]。在核心技术受制于人的情况下,若发生敌对情况,就只能任人宰割,网络安全无从谈起。加快自主创新的步伐,争取尽快在核心技术上有所突破,逐步降低对发达国家的技术依存度,提升网络安全的技术保

---

[1] 王明进:《全球网络空间治理的未来:主权、竞争与共识》,《人民论坛·学术前沿》2016年第4期,第15—23页。
[2] 檀有志:《网络空间全球治理:国际情势与中国路径》,《世界经济与政治》2013年第12期,第25—42页。

障水平。

其次要加强网络空间安全人才建设。网络空间的竞争表面上体现为网络信息技术的竞争,实则为网络空间安全人才的竞争。在世界各国积极抢占网络空间控制权和制高点的当下,加强人才队伍建设,打造高水平的网络空间专业人才团队,成为网络空间安全保障体系的关键环节和推进网络空间安全治理的重要途径。虽然我国近年来不断加大网络空间安全人才培养的投入,但在该领域的人才培养与发达国家相比仍然差距很大,面临着网络空间安全人才匮乏、人才供需失衡、网络空间人员素质偏低等困境①。2014年2月27日,习近平总书记在中央网络安全和信息化领导小组第一次会议上指出,建设网络强国,要把人才资源汇聚起来,建设一支政治强、业务精、作风好的强大队伍。"千军易得,一将难求",要培养造就世界水平的科学家、网络科技领军人才、卓越工程师、高水平创新团队②。总之,人才是根本,要想在激烈的网络空间竞争中赢得主动,就必须加强网络空间安全人才建设,为维护网络空间主权、保障网络安全提供强有力的智力支持。

二、增强网络空间主权意识

网络主权直接关系国家安全与稳定。互联网已如同巨人神经一样渗透到人类生活的各个角落,承载了经济、政治、军事、文化、交通和人类交往等大量内容,成为整个社会高效运转和信息流通的基础设施。一旦丧失网络主权,首先可能导致网络舆情走向失控,甚至可能直接对国家政权造成威胁。2011年年初,突尼斯的民众骚乱、埃及的民众示威迫使各自国家的独裁者下台,就显示了网络聚合民众的巨大能量。其次可能导致国家工业、交通、能源等国民经济命脉行业控制系统失控,这带来的不仅仅是经济损失,更可能引发社会不安与动荡。网络主权的丧失还可能导致军事信息网络失控,尤其是战时指挥信息网络失控,直接导致军事力量被肢解,军事体系被

---

① 张显龙:《中国网络科技战略》,电子工业出版社2015年版,第195—197页。
② 《习近平:把我国从网络大国建设成为网络强国》,http://www.xinhuanet.com/politics/2014-02/27/c_119538788.htm,2018年7月1日。

瘫痪,最终出现兵败国破的惨痛结局①。正因为网络如此重要,丧失网络主权会带来灾难性的后果,世界各国特别是各大国之间围绕网络主权展开了激烈角逐,力求掌控网络主权,进而实现有效控制和利用网络空间。所以,我们必须增强网络空间主权意识,将网络空间主权原则作为一项基本原则贯彻到我国内政外交的方方面面。

增强网络空间主权意识,应该从国家和个人两个方面着手。

1. 国家层面

从国家层面来说,增强捍卫网络主权的意识,首先应该大力提倡国家网络主权。美、欧、日等发达国家在互联网领域有着巨大的技术和资源优势,一个完全自由开放的网络空间更符合他们的利益,因此他们不承认网络空间存在主权。而众多发展中国家却常常陷入网络空间主权得不到保障甚至国家安全也受到威胁的地步。如果网络主权不能得到确认,就意味网络空间只能是有利于网络发达国家的"全球公域",在发展中国家既缺乏核心技术又缺乏关键资源的情况下,就只能受制于人,失去参与国际合作的资格②。中国应该团结众多发展中国家,利用各种机会积极发声,主张网络空间存在主权,寻求国际社会对自己网络主权的尊重。争取在国际上形成共识,将尊重各国的网络空间主权提升到尊重各国的陆海空主权同等重要的位置,将网络主权原则作为国家间交流的基本原则。

其次,贯彻网络空间安全战略,维护网络空间主权与安全。网络安全并非单纯的技术问题,它构成了对国家安全的综合挑战,这就要求我们将网络主权,尤其是网络安全的维护上升到国家战略的高度。2016年12月27日,经中央网络安全和信息化领导小组批准,国家互联网信息办公室发布了《国家网络空间安全战略》,提出"以总体国家安全观为指导,贯彻落实创新、协调、绿色、开放、共享的发展理念,增强风险意识和危机意识,统筹国内国际两个大局,统筹发展安全两件大事,积极防御,有效应对,推进网络空间和平、安全、开放、合作、有序,维护国家主权、安全、发展利益,实现建设网络强国的战略目标"。该战略的制定将国家网络空间安全上升到国家战略的高

---

① 叶征、赵宝献:《关于网络主权、网络边疆、网络国防的思考》,《中国信息安全》2014年第1期,第28—30页。

② 王明进:《全球网络空间治理的未来:主权、竞争与共识》,《人民论坛·学术前沿》2016年第4期,第15—23页。

度,也适应了国家有效参与国际互联网治理的需要。《国家网络空间安全战略》提出,中国愿与各国一道,加强沟通、扩大共识、深化合作,积极推进全球互联网治理体系变革,共同维护网络空间和平安全。参与互联网治理的四项原则为:尊重维护网络空间主权,和平利用网络空间,依法治理网络空间,统筹网络安全与发展。这些战略和原则的确立为我国有效参与网络空间国际治理活动提供了必要的战略目标和相关制度设计。《国家网络空间安全战略》提出了九大战略任务:坚定捍卫网络空间主权,坚决维护国家安全,保护关键信息基础设施,加强网络文化建设,打击网络恐怖和违法犯罪,完善网络治理体系,夯实网络安全基础,提升网络空间防护能力,强化网络空间国际合作。这些战略的提出体现了国家维护网络空间安全的国家意志和捍卫网络空间的决心,现在要做的就是认真贯彻上述战略,切实维护网络主权和安全。

最后要坚决反对任何对网络主权的侵犯行为。要依据《中华人民共和国网络安全法》等相关法律法规,对网络间谍、网络黑客入侵、网络恐怖主义等侵犯网络主权、破坏网络安全的行为必须坚决惩处,毫不手软。对于任何侵犯我国网络主权的行为,不仅要在网络空间予以反制和回击,必要时可打出政治、经济、外交甚至军事等"组合拳"给予还击,以示坚定捍卫网络主权的决心。

2. 个人层面

维护网络主权和网络安全,不仅需要国家层面的部署,更需要每个公民个体的参与,特别是网民群体的身体力行。

一是普及网络主权和安全的知识,提升民众参与的积极性。《国家网络空间安全战略》提出要"办好网络安全宣传周,提高全民网络安全意识",这对于普及网络主权和安全知识、提升民众参与度非常必要。一般网民使用互联网只是出于表达或生活的需要,很少有人考虑其中的主权和安全问题。因此,普通民众对网络主权和网络问题知之甚少,也不会对此予以特别关注。为提高他们捍卫网络主权的积极性和参与度,在国防教育中适当增加网络空间主权和安全的教育,使民众认识到,网络空间跟有形的海陆空域一样重要,必须像捍卫国家陆地、海洋、天空主权那样捍卫国家网络主权,才能保证国家稳定、社会有序,人民才能安居乐业。采取各种教育和鼓励措施,引导民众关注网络主权和安全,积极参与到捍卫网络主权和安全的全民运动中来,让网络时代的网络主权和安全问题成为民众家喻户晓的议题。

二是要提高民众网络空间安全意识。首先要提高民众的网络保密意识,防止网络泄密行为。国家秘密,是指关系国家的安全和利益,依照法定程序确定,在一定时间内只限一定范围的人员知悉的事项。网络泄密行为是指通过网络传播媒体泄露国家秘密的违法犯罪行为。每个公民都有保守国家秘密的基本义务。我国网民每天都要在自媒体上发布海量信息,由于缺乏网络保密意识,很容易无意识地泄露国家秘密。例如,1999年5月北大西洋公约组织轰炸南联盟期间,一位前航空工业总公司某研究所的研究人员为了表现自己在军事领域的权威,竟将其曾经掌握的国产某型先进战斗机的专业技术水准编写到一篇名为《最新消息》的文章中,发布到"威震四方"BBS论坛上,泄露了我国空军新研制的高技术装备等重要机密。文章发表后,先后被多家媒体转载,致使国防重点工程秘密被迅速扩散,造成了恶劣后果[①]。网上泄露的国家秘密扩散速度快、范围广、影响大,因此一定要提高民众的网络保密意识。其次要提高民众甄别信息的能力,不要被网络上的虚假信息所迷惑。由于网络空间具有开放性,境内外的敌对势力会时时利用互联网发布、传播有害信息,蛊惑人心、挑拨离间,企图制造乱局,破坏团结稳定的大好局面。因此,网民要绷紧意识形态安全这根弦,提高防范意识,避免被图谋不轨者煽动和诱导。

三、完善网络空间安全立法

1. 在立法层面体现网络空间主权

作为国家主权在网络空间的延伸,网络主权是国家主权的重要组成部分,应该在国家法律中得到确立。在立法层面体现网络空间主权,是国家维护网络空间安全的必然要求,也是在国际上主张网络主权的重要依据。《中华人民共和国国家安全法》明确提出要"维护国家网络空间主权、安全和发展利益",这是我国第一次在法律中使用"网络空间主权"这一概念。《中华人民共和国网络安全法》第一条就指出:"为了保障网络安全,维护网络空间

---

① 黄瑚、邹军、徐剑:《网络传播法规与道德教程》,复旦大学出版社2006年版,第144页。

主权和国家安全、社会公共利益,保护公民、法人和其他组织的合法权益,促进经济社会信息化健康发展,制定本法。"在法律中明确规定"维护国家网络空间主权",表明我国主张网络空间活动应遵循主权原则的坚定立场。它既是对我国网络空间主权的宣示,也意味着中国在处理网络空间的国际交流与合作中,也会严格尊重他国主权,同时反对任何国家在网络空间侵害别国主权。有了网络安全法的明确规定,未来以网络为主要规制对象的法律法规,都应体现网络空间主权的原则,以贯彻国家意志,体现中国的一贯主张。

2. 完善网络安全的相关配套法规

《中华人民共和国网络安全法》自2017年6月1日正式生效以来,改变了我国长期缺乏综合性的网络安全基本法的状况,相关配套法规也陆续出台。经不完全统计,仅由国家互联网信息办公室制定的法规就有:《互联网信息内容管理行政执法程序规定》(2017年6月1日开始实施)、《互联新闻信息服务管理规定》(2017年6月1日开始实施)、《互联网新闻信息服务许可管理实施细则》(2017年6月1日开始实施)、《互联网跟帖评论服务管理规定》(2017年10月1日开始实施)、《互联网论坛社区服务管理规定》(2017年10月1日开始实施)、《互联网群组信息服务管理规定》(2017年10月8日开始实施)、《互联网用户公众账号信息服务管理规定》(2017年10月8日开始实施)、《互联网新闻信息服务新技术新应用安全评估管理规定》(2017年12月1日开始实施)、《互联网新闻信息服务单位内容管理从业人员管理办法》(2017年12月1日开始实施)、《微博客信息服务管理规定》(2018年3月20日开始实施)等。根据《中华人民共和国网络安全法》的条文规定,网络关键设备和网络安全专用产品目录、关键信息基础设施的具体范围和安全保护办法、数据出境安全评估办法等都应有明确规定的配套法规或规定。但从目前情况看,涉及网络安全等级保护、关键信息基础设施安全保护、个人信息和重要数据保护、网络产品和服务管理、网络安全事件管理等方面的制度还有诸多盲点,亟须配套完善。

3. 调整和充实现有网络安全法律法规

为贯彻《网络安全法》和《国家网络空间安全战略》,需要进一步调整和完善现有网络安全立法。《网络安全法》需要配套的法规,网络安全战略提出了国家整体网络安全的理念、目标和任务,也需要通过配套的立法加以确认和贯彻,这样才能保证战略具有可执行性,战略任务和目标才有可能实现。从现有网络安全法律法规情况看,一些法律法规要么不能适应现实的需要,无法与国家战略相适应,需要进行调整和改造;要么缺乏与国家战略相对接的相关细化规定。例如,《国家网络空间安全战略》(简称《战略》)在阐述推进网络空间发展应达到"和平、安全、开放、合作、有序"五大目标时提出"核心技术装备安全可控",在九项战略任务的第三项中提出要"提高产品和服务的安全性和可控性",第七项中提出要"加快安全可信产品推广应用"。提出这些要求的背景当然是考虑到我国在信息技术领域与发达国家还存在着一定的差距,需要保证所使用的技术、产品、服务没有安全隐患,尤其是对于引进产品,安全风险要控制到最低。这就需要相关的法律法规来具体落实,如何在现有的市场经济和自由贸易环境下,实现《战略》规定的目标。再例如,《战略》指出企业的商业秘密是网络安全的保护对象,掌握着大量信息和网络资源的企业应和政府一起保护好国家关键信息基础设施,还鼓励网络安全企业做大做强,为保障国家网络安全夯实产业基础。要将这种指导思想落到实处,就需要完善配套法规和具体措施,督促相关企业尽职履责,同时促进网络安全企业发展壮大。《战略》在提出的第9项战略任务中,指出了14个属于国家关键信息基础设施的大行业领域,即公共通信、广播电视传输、能源、金融、交通、教育、科研、水利、工业制造、医疗卫生、社会保障、公共事业、国家机关、重要互联网应用(如淘宝、微信等),提出在加强关键信息基础设施风险评估的基础上,逐步实现先评估后使用。这意味着风险评估将制度化地成为关键信息基础设施投入运行的前置条件,同样需要相应的制度供应。

《国家网络空间安全战略》阐述了筑牢网络安全根基方面的诸多工作,包括创造创新政策环境和优化市场环境,加强基础理论和重大问题研究,加强标准化和认证认可,完善监测预警应急处置机制,实施网络内容建设、中华优秀文化网络传播、网络安全人才三个工程;提出要保护知识产权、名誉权、财产权,保护个人隐私,打击侵害公民个人信息行为;还提出要提高青少年网络文明素养和加强未成年人上网保护,弥合数字鸿沟等,都需要可操作性的细则和规定。此前的相关规定有的与上述表述和目标不相适应,需要加以调整;有的还属于空白地带,要尽快填补,进而完善网络安全法规体系。

四、加强网络空间国际合作

互联网发展给国家主权带来了新的问题,尤其是作为发展中国家,不得不在主权问题上面临发达国家强加的新的挤压。即便是发达国家,也一样面临网络犯罪、黑客攻击等网络安全的新课题。可以说,网络安全问题是各国需要共同面对的新兴课题,网络空间本身超越国界、互联互通,决定了这些问题单凭一国之力并不能有效解决,或者一个国家解决了,如果其他国家不予重视,问题只是转移到了别的国家,未来仍将通过网络渠道再行渗透,以至于重新爆发。在网络主权和网络安全问题上加强国际合作既有必要性,又有很强的现实性,世界各个国家只有在国际层面上进行通力合作,才能有效遏制网络的负面影响,保卫国家主权,同时也才能更好地发挥信息网络自由、共享的巨大优势。

中国在网络空间中是否具有话语权、具有多大程度的话语权与中国网络空间国际合作的参与度密切相关。网络空间安全已经深刻地影响到国家安全、政治安全、军事安全、经济安全和社会稳定,如果中国不能在网络空间安全国际治理制度的形成中掌握足够的话语权,那么所形成的网络空间安全国际治理标准和规则必定会使中国处于不利地位。从中国的经济实力和影响力来看,中国已经成为世界第二大经济体,网民规模居世界第一,国际影响力呈逐步上升态势,如果中国在包括网络合作规则在内的各项国际机制制定中缺位,既与中国的国家地位不相匹配,也不利于中国在国际发展中发挥应有的作用。因此,积极参与国际合作,争取在网络空间更大的话语权,推动建立公平合理的网络空间国际新秩序,能更好地保障我国的网络空间主权和安全。

1. 推动对网络主权理论的广泛的国际认同

互联网作为全球最大的共同市场,没有哪一个国家的互联网,而只有全球的互联网。一国的网络安全离不开国际互联网的整体安全,而国际互联网的整体安全需要各国通过国际合作共治来实现。实现有效全球共治的前提之一,就是国际社会特别是主要互联网国家对网络主权理论要有基本的共识。目前,国际社会对网络主权的认识还没有达成一致,这是网络治理难以实现有效的国际合作,以及尚没有各国普遍接受的网络安全国际规则的主要原因所在。要解决这一困境,离不开对网络主权理论的广泛国际认同,因为它事关全球合作治理的法理和信任基础。

有研究者认为,推动对网络主权理论的广泛国际认同,主要应从以下几个方面努力:一是不断完善网络主权理论体系,并逐步完善相关的配套制度,如网络空间管辖权的界定标准、网络主权让渡的标准与原则等;二是积极就网络主权问题与美国等国家进行对话与磋商,争取在不断的交流与对话中减少分歧、达成一致;三是积极开展双边或区域合作,在不断的合作交流中深入沟通彼此观点,形成共识,为网络主权理论广泛认同的形成奠定现实基础①。

2. 加强网络空间安全国际合作

网络空间安全对世界各国的国际利益都构成了巨大的挑战,使得各国在某种程度上形成了"命运共同体",各国对于保障网络空间安全的必要性是有共识的。但互联网的固有特点又决定了一个国家的信息安全和整个国际社会的安全紧密相连,网络空间安全建设并不是一国之责任或者依靠一己之力就能完成,而是必须形成国际合作的集体力量,构建国际网络空间安全的良好秩序,通过保障国际网络空间的共同安全来增强自身的网络空间安全。即使一国或少数国家实现了自身的信息安全,如果不能实现整个国际社会的信息安全,那么也可能因为其他国家信息安全的波及而再次陷入信息安全的困境。而且,一国为了追求自身的绝对安全而忽视其他国家的安全也是注定不可能实现的。

中国一直是国际安全合作的积极参与者和推动者。2010年7月,为加强对不发达国家计算机网络的保护,包括中国和美国在内的15个国家在联合国签署合作意愿书,向联合国提出建立国家立法和网络安全战略交换信息平台、制定网络空间行为规范准则等建议。2011年9月,中国、俄罗斯、塔吉克斯坦、乌兹别克斯坦等国向联合国提交了"信息安全国际行为准则",提出了维护信息和网络安全的一系列基本原则,主张建立多边、透明和民主的互联网国际管理机制和合作开展打击网络犯罪活动等②。2015年3月,中国、俄罗斯、乌兹别克斯坦、吉尔吉斯斯坦、塔吉克斯坦、哈萨克斯坦再次

---

① 杜志朝:《论网络主权与网络安全的关系》,北京交通大学硕士论文,2015年,第34页。

② 张显龙:《中国网络科技战略》,电子工业出版社2015年版,第132页。

向联合国大会共同提交了"信息安全国际行为准则"更新草案,呼吁各国在联合国框架内就此展开进一步讨论,尽早就规范各国在信息和网络空间行为的国际准则和规则达成共识。

3. 加强网络空间安全国际技术合作

相对于美国等西方发达国家,中国的网络空间技术仍然比较落后。在鼓励企业自主创新,努力实现在网络核心技术上的局部乃至全面突破的同时,仍需要加强与西方发达国家和相关国际组织在网络技术研发和设备生产方面的合作,尽快提升国家的网络空间保障技术水平,加快国家网络技术的发展。事实证明,仅仅依靠一国的力量并不足以应对网络空间出现的各种技术问题,而必须依靠多个国家的协商和合作。

4. 加强网络空间立法国际合作

各国在网络空间存在矛盾和冲突,为谋取利益经常发生侵害他国主权的行为,因此需要完善的国际法来协调。我国也一直倡导在国际法框架内,在坚持国家主权平等、互利的原则下,按照国际法的要求,改变现有的以西方国家为主导的网络管理格局,推动网络发展新秩序的建立。加强网络空间国际立法合作可以从几方面开展:一是建议由联合国或主权国家组成的国际组织主导创建国际网络公约,制定出在国际上能够获得普遍承认的网络治理机制,并在网络管辖权上赋予缔约国一定的域外效力,例如对跨国的信用卡诈骗犯罪等问题,可赋予各国一定的域外执法权限。该公约应以多边、公平、高效为原则,明确主权国家在网络空间的权力,并能为其他国际网络立法提供总的指导原则①。二是利用多种国际场合,如全球互联网大会、联合国网络治理论坛,主动积极倡导国际立法合作,表明我国的立场和主张,为维护我国网络主权发出自己的声音,也为发展中国家的网络发展争取更大的政策和规则倾斜。近年来中国领导人在历次互联网大会的发言都激起了强烈的国际反响,传递了中国声音,向世界宣传了中国方案,为最终建立互利共赢的国际网络新秩序发挥了积极作用。

---

① 胡蕊:《网络空间的国家主权问题》,吉林大学硕士论文,2015年,第30页。

思考题：
1. 简述网络空间主权概念的起源和含义。
2. 如何认识网络空间主权的国际争议？
3. 当前，为维护国家网络空间主权，需要开展哪些工作？
4. 如何处理网络空间主权和网络信息自由流动之间的关系？试举例说明。

第二章

网络与新媒体治理

自从互联网于20世纪90年代进入商用领域以来,其对于社会的影响越来越大,政治、经济、社会和人们的日常生活越来越多地依赖互联网,以至于网络成为社会结构的一部分。在互联网快速发展的同时,以手机为主要终端的移动互联网已经成为互联网的主流。尽管在通常意义上新媒体包括互联网、手机等新兴传播渠道和工具,但网络仍然是新媒体的主体。特别是在治理领域,新媒体治理本质上就是网络治理,因为离开了数字化、互动式的网络,新媒体就不成其为新媒体。从这个意义上来说,网络与新媒体治理可以简化为网络治理。

"治理"(governance)一词自20世纪90年代开始流行于政治学、社会学、法学等诸多学科,它与民主化、全球化浪潮密切相关。尽管这一概念至今并未有一个准确且被普遍接受的定义,但有一点已达成共识,即"治理"代表着公私部门界限的模糊。治理结构的生成与治理机制的运行,不再仅依赖于政府的权威,而是社会中各行动者互动的结果。政治学者斯托克认为,治理包括一系列复杂的机构和行动者,而不仅仅限于政府;集体行动所涉及的各个机构之间存在着权力依赖,治理是各个行动者的自主自治。政府在处理问题时,关键不是依靠基于权力的命令和权威,而是需要运用新的工具和技术进行掌控与引导[①]。在对互联网进行管理的过程中,治理的理念也逐渐深入人心,网络治理是当今网络时代的重要议题。

---

① 田凯、黄金:《国外治理理论研究:进程与争鸣》,《政治学研究》2015年第6期。

第一节　基于互联网资源的网络治理①

就字面意义而言,网络治理似乎囊括互联网领域的所有政策法规、监管措施、技术标准、行业规范和网络伦理②。但总体而言,网络治理有两个不同的含义:一是网络空间治理,二是基于网络资源的治理,也常常被译为"互联网治理"。美国雪城大学信息学院教授弥尔顿·穆勒(Milton Mueller)做过详细的文献梳理,发现互联网治理研究涵盖的主题包括:互联网名称与数字地址分配机构(Internet Corporation for Assigned Names and Numbers, ICANN)、国家顶级域名机构、域名政策、信息社会世界峰会(World Summit on the Information Society, WSIS)、互联网治理论坛(Internet Governance Forum, IGF)、IP 地址、地区互联网登记、互联网标准、互联网工程任务组(Internet Engineering Task Force, IETF)。其他类似研究则可分别归入电信政策(telecommunications policy)、信息安全经济(information security economics)、网络法(cyberlaw)的研究范畴③。因此,所谓"互联网治理"有其特定的内涵,主要涉及互联网基础架构、协议等关键性资源的界定、分配和操作。这让它与旨在规范网络内容和网络行为的"网络空间治理"相区别,尽管两者常常密不可分。

一、"网络化治理"模式的确立与争议

无论是基于运行安全还是资源分配的考虑,计算机网络都需要一定程度的管理。但互联网自诞生以来形成了去中心化和分布式的技术属性以及自由与共享天性,如何管理、谁来管理的问题一直困扰着人们,也是网络保守主义者和网络自由主义者持续争论的话题。这些问题随着互联网对政

---

① 本节内容参见邹军:《全球互联网治理的模式重构、中国机遇和参与路径》,《南京师范大学学报(社会科学版)》2016 年第 3 期。
② WGIG, "Report of the working group on Internet governance", 2005-06-11, http://www.wgig.org/docs/WGIGREPORT.pdf, 2015-07-10.
③ M. J. G. van Eeten & M. Mueller, "Where is the governance in Internet governance", *New media & Society*, 2012, 15(5): 720-736.

治、经济和文化的影响日益加深又引发更多势力介入,成为权力斗争的重要场域。总体看来,互联网自诞生以来,经历了从个人管理到以互联网名称与数字地址分配机构(ICANN)为核心的"网络化治理"过程,而美国一直是其中唯一的主导国家①。

有研究者指出,在互联网大部分发展历史上,网络都处在美国工程师与学者的管理之下②。例如,在域名系统成功地实现商业化和私有化之前,就是由美国南加州大学的乔恩·布鲁斯·波斯特尔(Jonathan Bruce Postel)个人来负责管理的,他后来成为 IANA 的创始人③。这本身并不奇怪,因为互联网的雏形——阿帕网诞生于冷战时期的美国,在其建立之初,能够接入阿帕网的仅仅是美国国防部下属或关联的研究机构和人员,而负责管理这一网络的当初就是少数几位相关科研人员。直到 1989 年万维网(World Wide Web)的发明,互联网开始在世界范围内扩散,这种局面也未得到改变。

真正实现将互联网关键资源的管理从个人转移到机构的标志是 ICANN 的成立。1998 年,互联网名称与数字地址分配机构(ICANN)正式诞生。该机构是一个"互联网中技术、商业、政治派别及学术团体的联合体,其内部存在众多行为体,包括地区互联网地址登记机构、技术联络组、科学研究人员、利益集团代表等",是"全球性的、不以营利为目的、谋求协商一致"④的组织。至此,互联网治理建立了以 ICANN 为核心的"网络化治理"模式。所谓"网络化治理",即治理组织的网络化,它包括组织与个人的相对松散的联盟关系,他们依赖有规则的交流互动来实现合作目标⑤。ICANN 就是这样的网络化组织,它有别于此前纯粹的个人管理模式。

ICANN 的设立是为了平息各国对于美国独掌互联网的指责,也避免了

---

① 邹军:《全球互联网治理的模式重构、中国机遇和参与路径》,《南京师大学报(社会科学版)》2016 年第 3 期。
② 刘杨钺:《全球网络治理机制:演变、冲突与前景》,《国际论坛》2012 年第 1 期。
③ M. Carr, "Power Plays in Global Internet Governance", *Journal of International Studies*, 2015, 43(2): 640-659.
④ J. Mathiason, *Internet Governance: The New Frontier of Global Institute*, London: Routledge, 2009: 70-96.
⑤ [美]弥尔顿·L. 穆勒:《网络与国家:互联网治理的全球政治学》,周程等译,上海交通大学出版社 2015 年版,第 8 页。

个人管理的随意性。长期关注全球互联网政策的美国雪城大学教授弥尔顿·穆勒指出,ICANN 是互联网改变公众和政府之间关系的最显著、最重要的表现形式之一。首先,它是为满足在全球范围内对唯一的互联网名称与数字地址加以协调的需要而设立的。它作为非营利性国际组织,通过设立董事会和若干咨询委员会等方式,在形式上实现了网络治理的国际化。特别值得一提的是,其中有政府咨询委员会,主要成员来自美国以外的其他国家。其次,它是全球性的协调机构。此外,它代表了全球治理职能的私有化。当时的克林顿政府选择把制定互联网政策的权力交给非国家成员,而不是通过国际协议或政府间组织。美国计划阻止所有政府参与其中,甚至连自己也不例外[1]。

但是,ICANN 机制从一开始就面临争议。这主要缘于它被单一的主权国家——美国监管。美国商务部电信与信息管理局通过 IANA 合同授权其执行互联网数字地址分配局的技术职能,向其提供一份期望 ICANN 执行的政策任务清单,其中的特定优先事项和阶段性目标明确反映了美国政府的利益。与此同时,美国商务部还与美国最重要的互联网根服务器运营商——威瑞信公司之间签署合约,不仅要求威瑞信执行 ICANN 的全部决策,还要求其执行美国有关根区文件的指示。因此,ICANN 作为一个全球组织,它的实质是"一个国家政府对于一个私营公司具有直接的、形式上不受限的控制权;同时,这个私营公司又被授予了可对全球互联网标识符体系核心产生影响的政府制定权"[2]。对此,美国政府官员作出辩护。2016 年 6 月,美国商务部助理部长劳伦斯·E. 施特里克林(Lawrence E. Strickling)在芬兰赫尔辛基召开的 ICANN 第 56 次会议期间曾接受中国学者徐培喜的专访,强调美国政府对于 ICANN 仅是行使"管理权"(stewardship),而非"监管权"(oversight),因为美国商务部并不对 ICANN 的活动进行任何形式的日常运营监管。他举例说,对于域名系统,他们被赋予管理权,致力于域名系统的私有化,但从来没有被赋予域名系统的管理之职[3]。但无论如

---

[1] [美]弥尔顿·L. 穆勒:《网络与国家:互联网治理的全球政治学》,周程等译,上海交通大学出版社 2015 年版,第 72—73 页。

[2] 同上书,第 75 页。

[3] 徐培喜:《ICANN 三位关键人物评述管理权移交》,《汕头大学学报·网络空间研究》2016 年第 6 期。

何,这样的制度安排不仅让网络自由主义者不满,也成为保守主义者攻击的对象。前者指责其集中管控互联网,背离互联网自由结盟、自主治理和技术中立原则的早期模式,后者则主张主权国家应把传统的国家权力延伸至互联网,而不是像现在这样,将政策的制定权授予美国监管下的私人行动者①。

在质疑以ICANN为核心的治理模式的队伍中,以各国政府和私营企业为主要成员的国际电信联盟扮演了积极的角色。2001年,根据国际电信联盟的提议,联合国大会同意在国际电信联盟的领导下召开"信息社会世界峰会"。峰会第一次明确讨论了主权国家在互联网治理中的角色问题,发展中国家和欧洲则利用这个机会对ICANN机制展开批评。此次峰会尽管未能就网络治理达成一致,但也取得了一些成果。例如,谈判各方要求时任联合国秘书长安南建立一个互联网治理工作组,旋即开展工作。2005年7月14日,联合国公布《互联网治理工作组报告》,建议设立全球互联网理事会以取代ICANN,同时加强ICANN政府咨询委员会的作用,但因其"执着于自上而下的等级制治理模式并运用到互联网领域"②没有得到采纳。再如,在峰会的后半段——"突尼斯峰会"期间,与会首脑要求联合国秘书长召集"一个为多边利益攸关方开展政策性对话的新论坛",即"互联网治理论坛"③。此后,一年一度的互联网治理论坛成为多边主体协商、国际社会利益相关方各抒己见的机制化平台,一些国家和地区还自发地举办自身的互联网治理论坛。

总之,以ICANN为中心的"网络化治理"模式既被认为开展了卓有成效的工作,同时也伴随各种质疑和挑战。但由于不同国家对于互联网治理的关切不同,特别是美国与部分发展中国家在是否应该由联合国或国际电信联盟这样的专门机构来取代ICANN的问题上针锋相对,导致此领域的制度建设难有成果,ICANN也得以在过去近二十年里继续发挥作用。

---

① 邹军:《全球互联网治理的模式重构、中国机遇和参与路径》,《南京师大学报(社会科学版)》2016年第3期。
② M. Mueller, J. Mathiason & H. Klein, "The Internet and Global Governance: Principles and Norms for New Regime", *Global Governance*, 2007, 13(2): 237-254.
③ 王孔祥:《国际化的互联网治理论坛》,《国外理论动态》2014年第3期。

二、"多利益攸关方"模式的引入

　　ICANN治理模式注定是互联网治理的过渡模式。自ICANN成立之日起,美国政府就一直计划在条件成熟时将其私有化。所谓条件,"一是ICANN作为一个机构要走向成熟,可以脱离美国政府独立管理域名系统;二是国际社会要理解并接受互联网治理的'多利益攸关方'模式"①。本来,IANA职能合同在2018年会自然到期,但一些突如其来的事件加快了这一进程。最为典型的是2013年5月由斯诺登曝光的"棱镜计划",将美国政府大规模监控互联网、获取公民隐私的庞大计划暴露在世人面前。为了回应斯诺登事件,巴西总统迪尔玛·罗塞芙(Dilma Rouseff)于2014年3月主持召开一个重估全球互联网治理的国际会议。她在开幕致辞中表示,在这一情况下,国家关系必须建立在平等的基础上,以便所有政府的参与都基于平等的基础②。但正如ICANN新章程的关键设计师、美国互联网行业协会NetChoice执行总裁戴尔比安科(Steve DelBianco)所言,斯诺登泄密事件跟域名系统本身并无关系,各国的监控都是通过截取通信来实现的,并不会牵涉到域名系统。他声称,"关于IANA职能管理权的去留问题,本来包括中国在内的其他政府并不怎么在意,但是巴西把斯诺登泄密事件拎了出来,宣称这是他们的关切,这件事情才引起大家的注意。斯诺登泄密事件还为一些国家实施数据本土化提供了动机。在这个语境下,有一种观点认为,早点放弃IANA职能的管理权或许会软化一些要求数据本土化的立场,还可避免联合国接管美国政府的特殊角色"③。2014年3月14日,美国商务部宣布将放弃对ICANN的控制权,但明确拒绝由联合国或其他政府间组织接管,只同意由ICANN董事会与全球"多利益攸关方"讨论接管问题。

　　因此,在ICANN运行期间,"多利益攸关方"模式一直在酝酿当中。管

---

　　① 徐培喜:《ICANN三位关键人物评述管理权移交》,《汕头大学学报·网络空间研究》2016年第6期。

　　② Dilma Rouseff, "Speech opening the NetMundial meeting in Brazil on 23 April 2014", http://netmundial.br/wp-content/uploads/2014/04/NETMundial-23April2014-Dilma-Rousseff-Opening-Speech-en.pdf, 2015-07-01.

　　③ 徐培喜:《ICANN三位关键人物评述管理权移交》,《汕头大学学报·网络空间研究》2016年第6期。

理 IANA 的美国政府在为"多利益攸关方"模式创造条件,部分对 ICANN 机制表示不满的其他国家政府也支持"多利益攸关方"模式,只是对于哪些是利益攸关方、他们应在其中扮演何种角色意见不一。在 2010 年"信息社会世界峰会"期间的多边对话中,互联网治理工作组提出了三大利益攸关方——政府、私人部门和公民社会——以及他们各自的角色。2014 年 3 月,澳大利亚宣布支持一个由类似于 ICANN 的多利益攸关方组织,或者是不由政府控制的其他多边或超国家的组织来管理互联网①。2014 年 6 月,ICANN 董事会主席法迪·切哈德声称,在伦敦召开的 ICANN 第 50 次大会是一次具有里程碑意义的会议,因为"多利益攸关方"模式得到了显著的肯定②。

"多利益攸关方"模式的引入是互联网影响日益扩张的必然结果,也是互联网治理变革的必然趋势。自 20 世纪 90 年代以来,互联网已从早期单纯的技术设施发展成为社会结构的一部分,政府作为公共政策的制定者和公共利益的代言人,自然是重要的利益攸关方。而在 ICANN 机制中,作为唯一的管理方,美国政府计划阻止包括自己在内的所有政府参与其中,尽管美国并未做到言行一致。事实上,ICANN 受到持续批评的一个重要原因就在于排除政府介入的制度安排,这也是主权国家、网络保守主义者、现实的政治家们最不能接受的。"多利益攸关方"治理也能更有效识别围绕互联网资源的利益多样化群体,让真正的利益相关者更容易被发现,因为基于技术和竞争性利益的原因,他们可以更直接地说出自己是怎么被治理和控制的,而不需要像通常那样通过多边或超国家模式的政府代表表达自己的诉求。"多利益攸关方"模式也提供了一个平台,让专家意见在最合适的时候得到采纳。让那些与技术前沿最近的,能够提供洞察力和愿景的,平时又不能够接近政策制定的组织或国际机构也可以利用这个机制表达意见。这将大大促进互联网治理以必要的灵活性去适应网络生态环境的变化,由此实现创

---

① M. Turnbull, "Australia is committed to a multi-stakeholder system of Internet governance", 2014-03-15, http://www.malcolmturnbull.com.au/media/australian-committed-to-a-multi-stakeholder-system-of-internet-governance, 2016-09-10.

② F. Chehadé, "Largest Ever ICANN Meeting Convenes in London Affirmation of Multistakeholder Model for Internet Governance by World Leaders", 2014-06-23, https://www.icann.org/news/announcement-2014-06-23-en, 2016-09-11.

新的最大化和市场的自由开放①。总之,相较于ICANN的管理,"多利益攸关方"模式更开放、更完整,也更符合全球治理的历史潮流。

由于美国国内的两党争斗,将IANA管理权移交给"多利益攸关方"的进程颇费周折。在党内竞争总统候选人失利的共和党参议员克鲁兹就是坚定的移交反对者。在2016年9月14日的国会听证会上,他表示按照联邦法律可以把主张移交的商务部助理部长、电信与信息局局长施特里克林送进监狱,而后者则针锋相对,斥之为玩政治,是为达到自己的政治目的不惜扭曲事实,所有指控毫无依据。直至移交前夜的2016年9月29日,在克鲁兹的鼓动下,美国四个州的总检察长还向联邦地区法院提起诉讼,列举移交将导致美国资产流失等一系列罪状,要求法院发出临时禁令阻止移交,但在最后一刻被驳回②。在所有阻挠措施都失败的情况下,2016年10月1日,美国商务部与ICANN关于IANA管理权合同中止,管理权正式移交。

三、走向共治的全球互联网治理

互联网治理的新模式是建立在现有互联网治理机构基础之上,并非另起炉灶、取而代之。因此,IANA的管理权如何移交、移交后如何运作备受关注。美国商务部曾为移交工作提出四项原则:应支持与加强"利益攸关方"模式;应保持互联网域名系统的安全性、稳定性和灵活性;应满足全球IANA使用者与合作者的需求与期望;应保持互联网的开放性③。根据这四项条件和IANA管理权移交协调小组、问责制工作组形成的相关文件,以及"多利益攸关方"中"政府—私人部门—公民社会"之间的互动,未来的互联网治理将呈现以下趋势。

---

① M. Carr,"Power Plays in Global Internet Governance",*Journal of International Studies*,2015,43(2):640-659.
② 徐培喜:《IANA职能管理权移交谁是赢家》,《汕头大学学报·网络空间研究》2016年第6期。
③ Energy and Commerce Committee,United States House of Representatives Privatizing the Internet Assigned Number Authority,http://docs.house.gov/meetings/IF/IF16/20160317/104682/HHRG-114-IF16-20160317-SD003.pdf,2016-10-06。

1. 各利益攸关方的博弈局面将更加复杂

根据美国商务部为 IANA 移交设定的条件,美国政府反对将管理权转移到任何政府间国际机构的立场。早在 2012 年的国际电信世界大会期间,包括中国、俄罗斯在内的一些国家提出让国际电信联盟参与到互联网治理中来,遭到美国和其他 55 个国家的反对。美国政府承认在国内层面各国政府对互联网有监管之责,但在国际层面不支持国际机构监管或控制互联网。美国反对的理由是因为联合国体系下的国际机构奉行国家不论大小的"一国一票"原则,而这些选票经常被用于利益交换,某些不相干的国家会选择某种投票立场来换取政治利益或外来投资。与此同时,在国际电信联盟的投票模式中,产业界、民间团体、技术社群等互联网所有相关内容架构的缔造者没有任何投票权利①。

ICANN 原本受制于美国政府,因为美国政府有能力将 IANA 职能从 ICANN 机制中剥离出来。而一旦美国政府和 ICANN 之间的合同不再存在,便意味着没有人能够约束 ICANN,因为根据 ICANN 机制,ICANN 成员无法挑战 ICANN 董事会的决定或解雇董事会。于是,在美国国会和政府的支持下,产业界主张引入"问责制"流程,将"多利益攸关方"具体化为一个法律实体——"赋权社群"。根据美国加州法律,"赋权社群"将拥有任免 ICANN 董事会成员或重组董事会的权力,它由 ICANN 五个支持组织和咨询委员会组成,包括:地址支持组织、一般会员咨询委员会、国家和地区名称支持组织、通用名称支持组织以及政府咨询委员会。ICANN 的章程被修改,使"赋权社群"具有以下权力:拒绝 ICANN 董事会提出的运营计划、战略计划以及预算方案;批准对基本章程的修改;拒绝对标准章程的修改;启动具有约束力的独立审核程序;拒绝董事会关于 IANA 功能审核的决策。此外,ICANN 的自身使命也被进一步限定为保证互联网的独特标识符系统的稳定和安全运行,而不能管制使用这些独特标识符的服务和内容。这在最大程度上避开意识形态、内容管理等最具争议的话题,也是回应美国国会的关切②。这样,未来的互联网治理将围绕"赋权社群"这一"利益攸关体"

---

① 徐培喜:《ICANN 三位关键人物评述管理权移交》,《汕头大学学报·网络空间研究》2016 年第 6 期。

② 徐培喜:《IANA 职能管理权移交谁是赢家》,《汕头大学学报·网络空间研究》2016 年第 6 期。

展开,ICANN 将转而对"赋权社群"负责,这多少缓解了各国对于美国一家掌管 ICANN 的不满情绪。但毫无疑问的是,"赋权社群"作为各个利益攸关方的集合,涵盖政府、私人部门和公民社会三大类组织,其内部博弈将更加激烈,局面会更加复杂。

2. 国家间合作被提上议程

在围绕互联网治理的"多利益攸关体"中,政府、私人部门和公民社会是三大利益攸关体,共同组成了"赋权社群"。由于政府角色的特殊性,ICANN 中的政府咨询委员会被赋予了向 ICANN 董事会提建议的权力,但前提是要基于"全体共识"原则。"全体共识"原则在 ICANN 机制中已存在,但美国产业界认为,政府咨询委员会具有修改决策规则的能力和冲动,因为他们知道委员会内部很难产生什么建议是取得全部共识而通过的。于是一些国家的政府试图丢弃"全体共识"原则转而拥抱绝大多数或大多数投票模式,而如果绝大多数政府投票修改,就有能力将"全体共识"原则改为"大多数共识"原则或"绝大多数共识"原则。而这意味着政府能够扩大自身对 ICANN 决策的影响力,自然不为美国政府和私人部门所乐见。为此,"全体共识"原则被明确写入 ICANN 新章程,而且加了另一重保险,被称为"回避政策",即当 ICANN 董事会收到政府咨询委员会关于某个政策的建议时,董事会决定接纳这条建议,但"赋权社群"可以挑战董事会,要求不执行政府咨询委员会的建议。如果"赋权社群"这样做了,在这种情况下,政府咨询委员会作为"赋权社群"的成员,就不能阻挠"赋权社群"行使自己的权力,这就是"回避政策"。所以,"回避政策"就是考虑到了政府咨询委员会的建议被董事会采纳时,它不能同时在"赋权社群"阻挠其他社群成员展开针对这条建议的行动[①]。

可见,ICANN 新的运作机制最大限度地避免了政府对未来决策的影响,以至于法国数字经济部长对 ICANN 新章程表达不满:"尽管民间团体和许多政府努力争取妥协方案,但是这次改革最终将导致政府在 ICANN 决策过程中的边缘化,跟市场部门拥有的巨大权力相比尤其如此。"在由政府、私人部门和公民社会组成的"赋权社群"中,不仅政府要面对私人部门的

---

① 徐培喜:《IANA 职能管理权移交谁是赢家》,《汕头大学学报·网络空间研究》2016 年第 6 期。

专家意见,私人部门与公民社会也不得不承认随着互联网的扩张而带来的政策议题的复杂性。只要政府没有像互联网发展早期那样被排除在治理之外,国家间的合作就被提上日程。这是互联网作为全球性市场对国家边界构成冲击的必然结果,是全球多边主义合作基础上的共同治理。尤其是在ICANN新章程的严格限制下,要建立新的互联网治理秩序,国家间的合作共治是重要方向,合作的大幕正在被拉开。

3. 私人部门在治理架构中占据有利地位

在西方,大多数互联网基础设施都由私人公司拥有和运行,最典型的就是各大网络运营商。由于在市场经济条件下,它们是最能够灵活满足互联网及其用户需要的部门,也能最大限度地反映公共利益,因而私人部门是互联网治理的重要组成部分,在"赋权社群"中扮演着突出的角色,行使着相当大的权力。但是,基于形成决策的现实需要,并非所有私人部门都能被纳入到治理机构,只能由部分具有代表性的企业可以进入。然而,与可以合法代表国家的政府不同,企业界并没有设计出合理而完备的程序,用来推选某些公司作为全球范围内的合法代表。目前的事实是,进入互联网治理体系的多是美国跨国公司,它们的合法性是基于其市场范围和全球触角。它们与美国政府通过所谓"训诫的新自由主义"(disciplinary neoliberalism)实现了利益结盟[1]。从美国政府的角度出发,动员这些私人部门去驱动互联网增长是美国国家利益所在。同时,私人部门在互联网治理上与美国政府保持紧密关系能够获得多种便利和支持。它们显然不能代表小公司和非西方国家的公司,而美国公司独大的局面在未来的互联网治理体系中也不会改变。

作为"多利益攸关方"的政府,如前所述,由于美国及其盟友的支持,在新的互联网治理架构中只能扮演相当有限的角色。由于美国已经成功地将它的意志植入到"多利益攸关方"互联网治理的实践、功能和规则之中,它和其他国家也在互联网自由的意识形态上实现结盟,并设计了限制政府介入的途径,因此,在互联网治理中限制政府介入的做法不会同等程度地影响所有国家。从本质上说,这是为了限制"敌对的"(oppositional)政府介入。试图限制政府权力、维持现状,实际上是美国出于限制敌对政府影响的考虑。

---

[1] Stephen Gill, "Globalisation, Market Civilisation, and Disciplinary Neoliberalism", *Journal of International Studies*, 1995, 24(3): 399-423.

若从全球互联网治理的实践看,如果所有参与国的政府都深深卷入其中,互联网的分崩离析将成为现实,"多利益攸关方"模式将不可持续;反之,如果政府在其中只是扮演有限角色,"多利益攸关方"模式将发挥作用,这是美国政府所乐见的,因为它将继续保持独特的影响力。"多利益攸关方"模式的开启必将延续美国政府的主导地位①。

因此,"多利益攸关方"模式并没有改变现有的、不平等的权力关系。它在本质上既不会损害美国在互联网治理领域的控制优势,还在某种程度上延续和强化了这种霸权。但"赋权社群"对美国商务部的取代,标志着互联网治理进入多方治理的全球共治时代。这是全球性市场兴起的必然结果,是全球各种力量广泛参与的、世界各国共同应对新旧挑战的模式②。它强调平等开放的有效协作,因而为新兴互联网大国提供了前所未有的机遇。

第二节 网络空间治理问题

网络空间是人类生存的第二空间,人们的网络交往行为使网络空间成为现实社会的延伸——虚拟社会。由于人类本性和网络传播技术的固有特性,网络社会也面临着与现实社会相同的治理难题,如何实现对网络空间的有效治理一直是人们长久关注的议题。

一、网络空间治理的由来

网络空间需要治理,缘于网络空间本身给人类生活带来的影响,也是因为网络传播本身遭遇的多重困境。本来,互联网和个人移动终端的普及对于消解舆论霸权、保障人人参与公共事务、促进社会的和谐多元具有积极意义,但技术提供的可能性在现实中往往被扭曲,那些对个人和社会发展有益的技术有时被滥用或被误用,以至于走向自己的对立面,引发新的社会问题。它主要表现在:

---

① 邹军:《全球互联网治理的新趋势及启示——解析"多利益攸关方"模式》,《现代传播》2015年第11期。
② 俞正梁、陈玉刚:《全球共治理论初探》,《世界经济与政治》2005年第2期。

1. 网络表达自由和社会控制之间的矛盾

公民依法享有言论出版等表达自由,这是每一个现代国家的重要标志之一。同时,又会对这种自由予以必要的限制,以避免个人在行使自由的同时侵害他人和社会的权益。在没有互联网的时代,这种自由和控制基本上可以做到相安无事,因为传统的表达渠道对于普通民众而言有一定的门槛,客观上防止了对表达自由权利的滥用。但互联网对传播权力的泛化为公民表达提供了前所未有的便利,这使得有效控制表达自由变得艰难。一些不负责任的传播者滥用表达权利,肆意传播有害信息,大到可以危害国家安全,小则侵犯个人权利,让自由和控制的矛盾变得尖锐。虚假信息、色情信息及其他不良信息泛滥于网上,各类信息垃圾也比比皆是,互联网浊流涌动、暗潮翻滚。众多无聊的虚假信息,既没有明显的恶意,也没有引发什么严重的后果,但作为对真实世界的歪曲反映,不仅会浪费公众的时间,也会误导人们的判断。更有一些信息的传播可能构成对公民个人权利的侵害,如网民自发组织的"人肉搜索"活动。要解决这一局面,既需要法律法规的制约,也需要各个网络主体的共同参与治理,才有可能让网络空间有益于社会。

2. 保护个人隐私与网络监控之间的矛盾

为了国家和社会的安全,对互联网实施必要的监控已是公开的事实。斯诺登事件中曝光的"棱镜计划"就将美国政府大规模监控互联网的情形暴露在世人面前。实际上,监控互联网的行为普遍存在,例如跟踪、记录个人在网上的活动,要求网络运营商记录用户上网的信息,并在一定期限内加以保护,以备查验。这是为了公共利益和社会安全,有其必要性和合理性。还有一些企业也会记录用户的上网数据,既为自己改善运营提供基础支撑,也会用作推广营销。同时,个人隐私权作为人格权的重要内容,在当今世界各国已得到公认,受到法律保护。在网络时代,又衍生出网络隐私权的概念,以强化对个人在网络空间活动中的隐私保护。如何在隐私保护和网络监控之间达到平衡,一直是网络社会面临的难解问题。

3. 自由开放的互联网与社会安全之间的矛盾

建设一个自由而开放的互联网是几乎每一个参与创建互联网的技术精英们的理想,"开放存取"运动的影响源远流长,进而成就了互联网独有的自由开放气质,也是此后互联网产业政策制定的基石。网络的自由接入和传播的低门槛使互联网在短时间内能够吸引众多网民参与其中,从而得到快速发展。但这也给社会安全带来了威胁和挑战,例如:大量外来信息的涌入对本国信息传播生态的冲击,会危及本国的信息安全;不对等的信息传播对弱小国家信息主权构成侵犯;传播非主流意识形态的信息会对主流意识形态构成冲击,从而加剧社会的分裂和思想的混乱;危害社会稳定和正常秩序的信息在网上肆意传播,成为社会动荡和不安定的隐患。面对网络开放性带来的社会安全问题,各个国家都在技术、法律等方面采取了多种措施。例如在一些国家,通过屏蔽部分国外网站,令本国用户无法访问这些站点,或采用关键词过滤技术,避免包含有这些关键词的内容出现在网络用户面前。同时,从法律法规上对传播某些信息的网站加以控制,也对部分网络访问行为进行制裁。但无论是从技术上加以限制,还是通过立法进行管制,都不仅不能杜绝此类行为,还因为成本高、效率低等原因,并不能真正解决由此带来的社会安全问题,有时甚至事倍功半,与初衷背道而驰。如何平衡网络开放性与社会安全之间的矛盾,让开放的网络不会危及社会的安全,又使对网络的控制不动摇网络开放性的基础,既维护网络的开放性,又保证赖以生存的社会的安全,在自由开放的互联网与现实的社会安全之间取得平衡,也是必须面对的课题。

4. 网络资源共享与版权收益之间的矛盾

实现资源共享是计算机联网的初衷之一,网络是应共享而生,共享体现了网络最基本的价值观。信息和资源共享有利于技术进步和社会共同发展。在 Web 2.0 时代,网络资源大部分由网民贡献。可以说,若没有无数网民将自己拥有的信息资源、软件资源和娱乐资源等无偿贡献到互联网上,就不会有今日互联网的繁荣发展。但也应该看到,任何组织或个人在研发新技术、开发新软件、创作各种信息产品时都要投入相应的智力劳动和资金,如果这一切都不要获得收益,就会降低他们进一步研发和投资的积极性,从而影响创新和社会前进的步伐。因此,对创造实行版权保护,以保障权利人的收益,是各国通行的做法。面对网络共享的强大压力,对于如何保障知识产权,各国立法部门都进行了新的探索,以形成对版权的有效保护。在这样的态势下,无论是主张信息共享,还是强调版权收益,都有其合法性。因此,共享与利益之间的冲突也将长期存在。

正是上述矛盾的长期存在,对于网络空间的治理问题被提上日程。因为上述问题不能依靠传统的社会管理手段加以解决,也不是哪一方的独立管理就可以达成目标,而需要政府、社会及各个网络主体共同参与,依靠网络化的治理方式方能对这些问题提出解决之道。从全球范围看,这也是网络空间治理的主要方向。

二、网络空间治理的基本原则

互联网是一个独特的人类共同家园,没有一个统一的管理机构,秉持着开放、平等、协作、分享的精神,实现信息与资源的共享与流通。对于网络空间,既有超越国界的全球性一面,也有主权国家对本国范围内的信息流动和网络行为加以管辖的一面。因此,网络空间治理有共通性,也有各国自己的特殊性。总体而言,网络空间治理应遵循多方参与而非政府一家独大的多主体性原则,技术、法律和伦理建设多管齐下,以实现多方的利益平衡为目标,维护网络空间的良好秩序,让互联网这一当代文明成果更好地造福于人类福祉。

1. 治理机制要契合网络社会存在机制

互联网作为社会新装置,不再只是工具,而是人类之脑的扩展和增容,或者本身就是人类新的栖身之所。这一革命性变化奠定了网络社会存在的技术基础。网络社会存在机制实质上是一种新的共在模式,它实现了人—机交互的生存方式,使人的心智与计算机的高性能得到了良好的嵌合。这种人网合一的嵌合结构使人的实践能力发生了质的飞跃,社会实践因人与工具的交互作用产生倍增之效。以此为基础,人类的生活形态与合作模式都呈现出明显的共生性,并将催生出网络自由与社会秩序的新均衡。互联网技术快速改变着网民共在模式,而共在模式的换代又制约着网络治理的成效。由此,形成了不同时段的网络治理方式及网络治理思维。在以门户网站为中心节点的 Web 1.0 时代,网民的共在模式围绕网站展开。以此为基础,用户得到的信息大多是网站编辑处理后的内容,网民则实践着一种基于门户网站的数字化共在模式。在这个阶段,网络管理定位于媒介管理,形成以网站为主要对象的网络治理方式,如资质审批、内容管理等。而在 Web 2.0 的当下,网民的共在模式基于关系展开,互联网内容更丰富、联系更紧、工具性更强,网民作为信息生产的主体,地位也与过去大不一样。例如,微博将广场式的围观机制发挥到极致,而微信则形成了基于圈子的移动传播。移动社交媒体的使用打通了线上与线下的界限,构建了一种全方位的社交空间,使人们可以选择性地为自己划分生活圈子,实现了信息推送模式的自主化和互动化。在这个阶段,网络治理不只是简单的技术问题,而是复杂的社会系统工程,需要从媒介管理思维转向社会治理思维,更加注重多元共治的管理方法,如行业和网民自律等。而未来,随着技术的更新发展,网民共在模式也将发生变化,网络治理方式也要适应这些变化而不断变化[①]。

2. 网络治理安排与现有体制相适应

网络治理正在世界范围内成为一种基本的制度安排。互联网发展到今天,已经没有哪一个国家仅仅将其视为技术现象,网络治理逐渐成为国家治理的重要内容。相应地,网络治理的基本制度已成为一种体现国家统治意志和利益要求的政权体制或表现国家权力的社会制度。网络治理的运作,需要特定的治理模式作为支撑。由于不同主体所掌控的资源、社会影响力以及在治理实践中表现出来的能力有差异,规范意义上的网络治理就是对主体功能范围和相互作用关系的边界划分,其核心是权力配置,即国家统治、社会调节与网民自治三者的权力关系问题[②]。除非出现了外部效应,或者有无法解决的难题,抑或有违法律规定等情况,这些权力之间应该互不僭越、替代或干预。从政府管理的角度看,实践中通行的做法是在已有政府管理机构之间进行分配和安排,在现有国家行政管理体制中默认、授权或者指定某些传统的行政管理机构,来行使互联网的各种政府管理职能。普遍而言,网络治理的具体安排大多是现行社会治理体制的延伸,即与现有体制相适应。

3. 注重网络伦理对技术规范和法律规则的统合作用

在互联网空间治理中,是更需要一套自上而下的法律来管理,还是应该更注重通过其本身的技术来进行自我控制,一直争议不断。从当今复杂的环境来看,单单提哪种管理方式将占主导地位是武断的,多种调控方式的结合是必然。从互联网发展前景来看,技术与法律结合起来才有可能实现有

---

① 何明升:《中国网络治理的定位及现实路径》,《中国社会科学》2016年第7期。
② 同上。

效管理，而两者实施的指导思想是一致的，即网络伦理①。重视网络伦理的基础功用，使其在规范网络空间方面起着指导性的作用。

网络社会要共享一些伦理规则，它们是网络制度创新的基础。从过程上看，任何虚拟社区的形成必然伴随着伦理规则建设，那些获得成功的行为规范会被普遍效仿并随时间推移占据主导地位，进而成为网络伦理的一部分。因此从功用上看，网络伦理承担了非常重要的治理职能，相关的戒律、要求及制度创新，都源于共同准则的相互性逻辑，体现了社会力量的自组织能力。由于虚拟世界是以成员之间的归属感为基础的，因此即便是不成文规则也会产生较为刚性的约束效果。可以认为，重视网络伦理的基础功用，是完善网络治理体系的必由之路。其中颇为重要的是，通过相关行业规范和民间组织规章来确保其成员合乎法律规定和道德要求，这是网络制度创新中极具专业性和专门性的建设内容②。

三、网络空间治理的路径

网络空间治理，就是要处理好国家权力、社会调节与网民自治之间的关系。因此，网络空间治理的具体路径，就是围绕如何调整上述关系展开。

1. 构建完备的网络法制体系

法是最重要的权力规范，也是国家意志和政府管理在网络空间的具体体现。网络空间治理首先就要推进网络法治建设，制定完备的网络法律体系。首先是对现有法律进行涉网络调适。由于网络传播速度快，将时间、空间高度压缩，网络犯罪行为也因此有可能在成本低廉的情况下获取更大的利益。可见，互联网在方便人们的同时，也给各种犯罪提供了快捷的工具和场域，使传统犯罪在网络作用下出现倍增效果和异化现象。网络治理的首要任务是要解决网络犯罪问题，从立法技术上看，要首先解决将现实法益转换为涉网络法益的问题，使之适应信息网络社会的新情况。以此为基础，还要对现实法律条文进行涉网络调适和文本对接。可以说，在网络犯罪可及

---

① 胡颖：《技术与法律的博弈——网络空间治理之道探究》，《福建师范大学学报（哲学社会科学版）》2013年第3期。

② 何明升：《中国网络治理的定位及现实路径》，《中国社会科学》2016年第7期。

的地方都存在如何将现实法律条文进行涉网络调适和文本对接的问题,使现有法律可以适用于网络空间,这应该是网络法制建设的基本要务。其次是创制互联网专门法律。虽然网络犯罪多是传统犯罪的网络化形式,侵害的是涉网络法益,但法治网络建设的核心问题仍然是对典型网络法益的有效保护。为此,亟须推进互联网专门法律的创制工作,用法律的形式规定网民的权利、义务和行为规范,并通过国家强制力保证其实施。近年来,我国网络立法取得了不小的进步,但相对于网络超快速发展、网络法益屡遭侵害、网络企业无序竞争等复杂局面,仍显滞后和不足。尤其是应以法律形式明确哪些是必须禁止的、哪些是限制性信息,告诉网民如何识别侵权行为、如何保护合法权益等。实践表明,只有划清禁止性规范与义务性规范的边界,才能确保网络行为的良性发展。最后是建立并不断完善网络法律救济体系。例如,我国目前有关互联网的法律法规多为禁止性条例,既限制了网络信息流动,也未能向网络服务商和网民提供相应救济保障。为此,需要尽早完善网络法律救济体系,通过个人利益和公共利益的公开表达与协商,形成治网共识与治理决策的社会参与机制①。

2. 持续推进网络伦理建设

法律虽然是最为强而有效的社会规范手段,但在解决网络传播引发的种种矛盾时往往显得捉襟见肘。首先,从本质上讲法律是反应性的、滞后的,用法律来规范技术日新月异、发展一日千里的互联网常常显得力不从心;其次,法律强调事后的惩罚性,这对于相当隐蔽而较难发现的网络不法行为威慑性不足;再者,网络传播引发的诸多社会问题及网络失范行为难以用法律条文来度量;同时,法律的诸多条条框框不容挑战,过多必然会伤害互联网的自由天性,这与网络精神是格格不入的②。因此,网络空间治理还须借力于道德规范的力量。建立互联网行业自律机制,规范从业者行为,正是网络伦理建设的重要组成部分。行业自律的主体包括网络运营商、内容提供商、网站、应用平台及其从业人员,形式体现为成立行业组织、制定自律规范。同时,注重对网民开展网络道德教育,提升网络道德水平,发挥网民的自组织力量,参与网络空间的共治当中。

---

① 何明升:《中国网络治理的定位及现实路径》,《中国社会科学》2016 年第 7 期。
② 黄瑚、邹军、徐剑:《网络传播法规与道德教程》,复旦大学出版社 2006 年版,第 52—54、227—228 页。

3. 重视技术性规范的作用

网络空间表现出明显的技术特征,因而某些技术性规范可以解决很多棘手问题。例如对于某些不良信息,由于法律惩罚的事后性和道德约束的非强制性,一些心存侥幸的人总会铤而走险,因而传播此类信息的行为屡禁不绝。这时,技术性的规范就被派上用场,一些简单的技术措施就可以解决这类难题。莱斯格曾在《代码和赛博空间的其他法律》一书中提到,技术和法规是现实社会中规范人类行为的重要约束。技术亦可称为"架构",即自然界中的物理限制,如山脉、建筑。这些架构限制"自我实施",如山脉的存在阻挡了人们的径直前行,锁了门窗的屋子使人出不去。在网络空间中,技术和法规的约束同样存在,技术对应的是软件代码,包括程序和协议。技术决定论者认为,技术是人类活动每一个领域中通过理性获得的具有绝对效率的方法的总和,它造就了一个遵守自身法则、抛弃所有传统的无所不能的世界①。尽管我们不能完全认同这一看法,但事实证明,技术的作用无法忽视,如法律法规很难禁止色情在网上传播,但过滤屏蔽软件就能在很大程度上做得成功很多。因此,在法与伦理两大规范体系之外,技术规范在网络空间治理中可扮演特殊的角色。但正如前所述,法与技术都应该统一到网络伦理的指导下,以保证法律规范与技术规范使用的正当性,以平衡各方的利益,实现网络空间的共治共荣。

第三节　网络治理的中国实践

网络治理既包括对网络资源的管理,也包括对网络空间的治理,这二者相辅相成、密不可分。特别是在一个国家内部,网络治理的相关制度安排会同时围绕网络资源和网络空间展开,只是在互联网发展的不同阶段会有所侧重。在中国,网络治理就经历了这样的过程。

与其他很多互联网大国相比,中国的网络治理呈现出明显的政府主导、多方参与的特征。互联网从引入中国到逐步发展,直至成为社会最为依赖

---

① 胡颖:《技术与法律的博弈——网络空间治理之道探究》,《福建师范大学学报(哲学社会科学版)》2013年第3期。

的基础设施之一,都是政府在其中起着主导作用。在网络治理中,政府的主导作用更加明显。总体而言,中国网络治理经历了三个阶段。

一、产业导向阶段

这一时期的最大特点是将互联网主要作为产业来对待,相关管理措施也主要涉及对网络基础设施的管理。这是网络治理的初级阶段,也是互联网在中国发展的初级阶段。这一时期的典型特征是,构建了多部门共管、先发展、后管理的治理框架。

本阶段起始于中国互联网开始建设的1993年,结束于1998年。1993年年底,中国互联网基础设施建设开始起步。1994年5月,中国完成互联网的首次全功能接入。1995年正式对社会公众开放。而在此前的1993年12月10日,国务院批准成立国家经济信息化联席会议,并建立联席会议办公室(简称"联席办"),设在原国家计委(国家信息中心)。1995年7月18日,国务院决定由"联席办"牵头,组织"计算机信息网络国际联网管理暂行规定"起草小组,而不是由邮电部或电子部等某一个政府部门负责。1996年1月,国务院信息化工作领导小组成立,同年4月召开了全国信息化工作会议,成立了国家信息化专家组,作为国家信息化建设的决策参谋机构。1996年成立的国务院信息化工作领导小组和1999年成立的国家信息化工作领导小组保持了延续,这对于超越邮电部的权力垄断,从更高的层面指导中国互联网的发展起到了积极作用。

1996年2月1日,《中华人民共和国计算机信息网络国际联网管理暂行规定》以国务院令的形式发布。其中规定,"已经建立的互联网络,根据国务院有关规定调整后,分别由邮电部、电子工业部、国家教育委员会和中国科学院管理"。这是中国首个互联网管理法规,也由此正式确立了互联网不是由单一部门,而是由多个部门分头管理的基本机制。

1997年6月3日,中国互联网络信息中心(CNNIC)经国家主管部门批准组建成立,成为互联网重要的管理和服务机构,行使国家互联网络信息中心的职责。作为中国信息社会重要的基础设施建设者、运行者和管理者,CNNIC以"为我国互联网络用户提供服务,促进中国互联网络健康、有序发展"为宗旨,负责管理维护中国互联网地址系统,引领中国互联网地址行业发展,权威发布中国互联网统计信息,代表中国参与国际互联网社群①。

总结这一时期的中国互联网管理,可以发现:第一,互联网不是当作媒体而是作为信息化建设的重要组成部分,坚持了发展思维主导的产业定位,而不是控制思维主导的意识形态定位,为互联网进入中国的前十年快速发展开辟了广阔的空间。第二,开启了多部门共同管理的历史进程,邮电部、电子部、信息办和中科院各司其职,为多方参与治理奠定了基础。第三,"先发展,后管理"的管理理念为此后的网络治理提供了方向。

二、产业导向让位于媒体导向阶段

这一阶段的起始时间可以从1999年算起,到2013年结束。之所以将这么长的时间划为同一个阶段是因为:首先,这是中国成为世界网民第一大国的阶段,诞生了一批具有世界影响的互联网巨头;其次,网络舆论成为最重要的民意表达形式,互联网成为人们获取信息的重要渠道之一;再次,完备的网络法制和伦理建设基本形成。这一阶段的最大特征,就是网络治理由此前的产业导向,逐步过渡到媒体导向,对传播内容的管理成为互联网治理的主要任务。

1999年,随着"强国论坛"的出现,BBS作为网民表达的重要场所开始登上舞台。2003年围绕"孙志刚事件"的网络抗议,让网络舆论作为一种社会现象,正式进入公众视野。与此同时,传统媒体的网络化生存努力,互联网应用从Web 1.0向Web 2.0的升级,移动传播和社交媒体的兴起,使网络成为人们获取信息和表达意见的主渠道。互联网管理从产业导向转向媒体导向也就顺理成章。

1999年10月16日,《中央宣传部、中央对外宣传办公室关于加强国际互联网络新闻宣传工作的意见》发布,标志着互联网在中国的管理重点不再遵从单一的产业导向,同时开始了媒体导向。2000年全国人大颁布《关于维护互联网安全的决定》,到2001年年初,以《决定》为核心,以行政法规和部门规章为主体,内容涵盖互联网运行安全与信息安全的法律体系已经初

---

① 方兴东、张静:《中国特色的网络治理演进历程和治网之道》,《汕头大学学报(人文社会科学版)》2016年第2期。

见端倪,包括《互联网内容服务管理办法(草案)》《互联网站从事登载新闻业务管理暂行规定》《互联网电子公告服务管理规定》等一批行政法规和规章颁布实施。2002年3月,中共中央办公厅、国务院办公厅发出《关于进一步加强互联网新闻宣传和信息内容安全管理工作的意见》;2002年6月,国家新闻出版总署和信息产业部联合发布了《互联网出版管理暂行规定》,9月公布《互联网上网服务营业场所管理条例》;2003年1月,广电总局发布《互联网等信息网络传播视听节目管理办法》,开始了对网络视频、音频内容的系统管理;2003年5月,文化部发布《互联网文化管理暂行规定》;等等。这些标志着网络管理的法制体系开始走向成熟。

2001年5月25日,中国互联网协会正式成立,标志着政府之外的社会力量开始介入互联网治理。2002年3月26日,中国互联网协会在人民大会堂发布《中国互联网行业自律公约》,中国网络治理的"政府主导、多方参与"局面初步形成。2014年6月10日,由中国互联网协会互联网新闻信息服务工作委员会主办的"违法和不良信息举报中心"网站开通,标志着互联网治理体系中社会监督要素成为常态①。迄今为止,行业协会已经颁布多个自律公约,成为互联网治理的重要组成部分。主要有:2002年3月发布的《中国互联网行业自律公约》、2003年2月发布的《中国互联网协会反垃圾邮件规范》、2003年12月发布的《互联网新闻信息服务自律公约》、2004年6月发布的《互联网站禁止传播淫秽、色情等不良信息自律规范》、2004年9月发布的《中国互联网协会互联网公共电子邮件服务规范》(试行)、2004年12月发布的《互联网搜索引擎服务商抵制淫秽、色情等违法和不良信息自律规范》、2005年9月发布的《中国互联网网络版权自律公约》、2006年4月发布的《文明上网自律公约》、2006年12月发布的《抵制恶意软件自律公约》、2009年7月发布的《反网络病毒自律公约》、2011年5月发布的《中国互联网协会关于抵制非法网络公关行为的自律公约》、2011年8月发布的《互联网终端软件服务行业自律公约》、2012年11月发布的《互联网搜索引擎服务自律公约》等。

2005年3月20日,信息产业部发布的《非经营性互联网信息服务备案

---

① 方兴东、张静:《中国特色的网络治理演进历程和治网之道》,《汕头大学学报(人文社会科学版)》2016年第2期。

管理办法》开始施行，标志着中国互联网管理从过去"先发展，后管理"的宽松模式走向"边发展，边管理"的趋严模式。2005年9月，国务院新闻办公室与信息产业部联合发布《互联网新闻信息服务管理规定》，国务院新闻办公室正式成为互联网内容管理的主导机构。2007年12月29日，国家广电总局和信息产业部联合发布《互联网视听节目服务管理规定》，被业界视为广电总局加强视频网站行业管理的标志。2008年3月，国家大部制改革启动，决定不再保留国务院信息化工作办公室，工信部对于互联网的管理逐渐定位于更加基础性的基础设施层面的管理职能。

2012年12月28日，全国人大常委会通过《关于加强网络信息保护的决定》，这是继2000年通过的《关于维护互联网安全的决定》之后，最高立法机构颁布的又一部有关互联网管理的具有法律效力的决定。与此同时，以微博实名制为代表的针对网民的管理举措也不断加强。

这一阶段的互联网治理体现了如下特点：第一，政府主导、社会参与的治理格局初步形成；第二，基于意识形态的内容管理全面超越过去基于产业发展视角的管理机制，主导管理机构也由信息产业部门转移至宣传管理部门；第三，网络治理涵盖了所有互联网文化产品，包括网络视频、网络游戏、网络音乐、网络动漫甚至营业性的上网场所；第四，"先发展，后管理"转变为"边发展，边管理"，打击淫秽色情网站专项行动，整治微博"大V"等运动式执法使网络发展早期过于宽松的环境不再出现，网络产业步入健康理性发展之路，网络空间治理也进入新的发展阶段。

三、网络空间战略实施阶段

2013年6月5日，经英国《卫报》率先报道，斯诺登事件曝光，美国国家安全局实施的"棱镜计划"浮出水面，网络安全问题摆在了各国政府面前。以2014年2月中央网络安全和信息化领导小组成立为起点，中国的网络治理也进入了追求网络安全的网络空间战略实施阶段。这一阶段的网络治理呈现出如下特点：

1. 建立了自上而下的高规格管理机构

2014年2月，以习近平总书记为组长的中央网络安全和信息化领导小组正式成立。该领导小组将着眼国家安全和长远发展，统筹协调涉及经济、政治、文化、社会及军事等各个领域的网络安全和信息化重大问题,研究制定网络安全和信息化发展战略、宏观规划和重大政策,推动国家网络安全和信息化法治建设,不断增强安全保障能力。随后各地相继成立网络安全和信息化领导小组,均由当地党委第一把手担任组长,由此形成了从中央到地方的高规格领导机构。

2014年8月,国务院授权重新组建的国家互联网信息办公室负责全国互联网信息内容管理工作,并负责监督管理执法。各地也相继成立"网信办",由此形成从中央到地方的垂直管理系统。国家"网信办"在短短半年时间内成为独立的部级机构,国家"网信办"主任同时担任中央网络安全和信息化领导小组办公室主任,期望借此整合各方力量,开展网络治理领域的顶层设计,统筹协调全球互联网治理话语权的争夺[①]。

2. 提出了网络空间治理的战略目标

2015年12月16日,习近平主席出席第二届世界互联网大会并发表主旨演讲,就全球网络治理第一次提出中方四点基本原则,即"尊重网络主权,维护和平安全,促进开放合作,构建良好秩序",并就共同构建网络空间命运共同体提出五点主张:加快全球网络基础设施建设,促进互联互通;打造网上文化交流共享平台,促进交流互鉴;推动网络经济创新发展,促进共同繁荣;保障网络安全,促进有序发展;构建互联网治理体系,促进公平正义。习近平提出以"尊重网络主权"为原则,建立"多边、民主、透明的全球互联网治理体系",提出以国家为主导的"多边"网络治理体系,反制美国等国家提出的将主权国家排除在互联网治理体系之外的主张[②]。2016年12月27日,国家互联网信息办公室正式发布《国家网络空间安全战略》,对网络空间安全的机遇和挑战、目标、原则和战略任务进行了公开宣示,成为我国网络空间安全建设的纲领性文件。《国家网络空间安全战略》明确指出了网络空间安全建设的目标是:以总体国家安全观为指导,贯彻落实创新、协调、绿色、开放、共享的发展理念,增强风险意识和危机意识,统筹国内国际两个大局,统筹发展安全两件大事,积极防御、有效应对,推进网络空间和平、安全、开放、合作、有序,维护国家主权、安全、发展利益,实现建设网络强国的战略目

---

① 方兴东、张静:《中国特色的网络治理演进历程和治网之道》,《汕头大学学报(人文社会科学版)》2016年第2期。

② 同上。

标。这为我国的网络空间安全建设提出了明确的方向。

3. 推动网络安全立法

习近平主席指出,"没有网络安全,就没有国家安全;没有信息化,就没有现代化"。这标志着互联网发展成为国家的最高战略,对网络安全的认识也上升到前所未有的高度。2015年7月,《网络安全法草案》向社会公开征求意见。2016年11月7日,《中华人民共和国网络安全法》经全国人大常委会正式通过并颁布实施。而在此之前通过的《中华人民共和国国家安全法》中,已经对维护国家"网络空间主权"作了明确规定。在网络安全立法中,中国强调将实施网络安全审查制度和数据本地化制度。随后,一批配套法规颁布实施,网络安全法治的盲点逐渐被填补。

4. 舆情治理是工作重点

2014年8月,中央全面深化改革领导小组第四次会议审议通过了《关于推动传统媒体和新兴媒体融合发展的指导意见》,希望通过媒体融合,让传统媒体在新媒体环境中也仍然拥有舆论主导权,成为新媒体舆论场的主导力量。2014年,《即时通信工具公众信息服务发展管理暂行规定》(简称"微信十条")正式实施,这是完全针对微信这一新型移动应用平台信息传播的法规,也是旨在限制时政新闻的自媒体传播,以延续传统媒体的舆论主导权。总之,这一时期的网络治理,对外表现为与美国进行全球互联网关键资源管理主导权的争夺,对内表现为对舆情的治理和网络舆论的引导,重点是为了延续传统媒体的舆论主导权。

互联网进入中国20多年来,网络治理经历了产业导向转向媒体导向,进而提出网络空间战略的发展历程,形成了具有中国特色,适应中国现有政治体制和管理体制的网络治理体系。但随着网络技术的发展、网络产业版图的重组和全球互联网大国博弈的不断进行,网络治理体系仍将经历持续的变迁和调整过程。如何做到既能有效管理,又不影响产业界和用户创造性、积极性,既维护网络安全,又体现网络开放和自由本性,建立网络治理的长效机制,仍有很长的路要走。

思考题:

1. 如何理解网络治理的含义?

2. 网络空间治理的基本原则有哪些?
3. 网络空间治理的路径是什么?
4. 评述中国网络治理的发展历程。

第三章

网络虚假信息问题及治理

真实性、可靠性是新闻的生命,是对新闻工作者和新闻媒体最基本、最重要的要求,因此,传统新闻媒体都把发布、传播虚假信息视为大忌。但随着新媒体迅速崛起,网络信息呈现爆炸式增长的态势,信息鱼龙混杂、真假难辨,给新闻真实带来了前所未有的挑战。2016年4月22日,国家新闻出版广电总局公开通报《财经》杂志微信公众号等15家媒体发布虚假失实报道的查办情况。在15家发布虚假失实报道的媒体中,13家系新媒体"惹的祸"。在信息失实日益严峻的背景下,分析网络虚假信息的现状、问题与治理,无论对新闻传媒业界、新闻传播学界,抑或是对整个社会福祉而言,都是很有必要的。

第一节 互联网与新闻真实性

一、新闻的真实性原则

真实是新闻的生命,是新闻存在的基本条件。坚持新闻真实性原则,就是要求新闻传播者在报道新闻时,要与客观存在的事实相符合,从客观实际入手,从现实生活出发采集和报道新闻。中国现行的2009年修订的《中国新闻工作者职业道德准则》规定:"坚持新闻真实性原则,要把真实作为新闻的生命,坚持深入调查研究,做到真实、准确、全面、客观报道。"

坚持新闻的真实性原则,是无产阶级新闻业的优良传统。无产阶级的阶级本质及其彻底唯物主义的实质决定了它始终将实事求是、坚持真理作为自己的行动准则。自无产阶级新闻业诞生以来,坚持真实性原则始终是其一以贯之的光荣传统和奉行不渝的根本原则。

马克思在主编《莱茵报》时指出,报刊的本质总是真实的和纯洁的①。他和恩格斯在主持《新莱茵报》期间,严格坚持报纸要用事实说话,对任何不真实的报道都毫不留情,一旦发现失实报道,立即让有关记者、编辑和通讯员作检查、更正,严重的要终止其继续为报纸撰稿。列宁关于新闻真实性问题曾有句名言:"绝不要撒谎!我们的力量在于说真话!"他认为,无产阶级应当相信真理、坚持真理,"要向公众作全面介绍,阐明真相,不吹嘘、不浮夸,也绝不散布谣言和传播见不得人的小道消息"②。毛泽东同志强调共产党人要讲真话,报纸要报实情。他在1925年12月为《政治周报》写的发刊词中提出,报刊要"忠实地报道我们革命工作的事实"③。曾长期担任新闻宣传工作主要领导职务的陆定一指出:"新闻工作搞来搞去还是个真实性问题,新闻学千头万绪,根本还是这个问题,有了这一条,就有信用了,有信用,报纸就有人看。"从这一意义上讲,真实不但是新闻的生命,也是新闻事业的生命和新闻工作者的生命④。

真实不但是新闻存在的基本条件,还是新闻特有的优势所在,新闻之所以能赢得广大受众的青睐,被他们欢迎、接受,成为他们认识世界和改造世界的精神向导和鼓舞力量,关键在于它是真实的,在于它在人们心中是可信的。在现实层面,新闻真实性的意义在于它是媒介赢得公信力的必经之路,是各国传媒一直遵循的准则,是传媒社会责任的体现,也是数字时代传媒应当肩负的历史使命。

真实性是新闻报道所追求的重要目标和一切新闻媒体普遍提倡和遵循的一项基本原则。无论在意识形态、价值观念上有多大的不同,世界上的新闻机构在此问题上有着共识,无一例外都把真实性作为新闻报道所追求的最重要目标和所遵循的首要原则。这一原则亦是世界各国新闻传播事业普

---

① 马克思:《"莱比锡总汇报"的查封》,《马克思恩格斯全集》,人民出版社1988年版。
② 列宁:《绝不要撒谎,我们的力量在于说真话》,《列宁全集》,新华出版社1986年版。
③ 毛泽东:《毛泽东新闻工作文选》,新华出版社1983年版。
④ 陆定一:《新闻必须完全真实》,《陆定一文集》,人民出版社1992年版。

遍认可的最基本的业务规范和最重要的职业道德准则。

二、互联网重塑新闻真实新生态

互联网正推动新闻真实性原则经历一场前所未有的深层变革,其剧烈程度和深远影响丝毫不亚于印刷术、广播电视、电子信息技术诞生初期新闻传播业所经历的那些变革。每个受众都得以更加迅速、更加全面、更加近距离地接收到非垄断的全景化的真实信息,同时亦有可能成为任何一条重要信息的关键传播者,无时无刻不面对海量的真假难辨的信息洪流。互联网作为一把双刃剑,正重塑新闻真实新生态。

1. 信源蜂窝式增长,打破传统新闻控制与信息垄断

互联网作为推动新闻真实的新兴力量,其最主要的影响是:丰富的信息源打破了职业新闻传播者的信息垄断,使人们不仅有可能看到新闻事实更丰富的侧面,更有可能知道传统大众媒体时代不可能知道的事实,为知情自由、表达自由的真正到来提供了技术前提。

传统大众媒体对信息源的掌控,一方面表现在,传统新闻报道有着相对固定和单一化的信息源,如政府、大企业家、社会精英、专家组织等,普通民众很难成为新闻源,而只能作为"沉默的受众"存在;另一方面,掌握着关键信息的信源,要想发出声音,使大众知晓,只能依赖于传统大众媒体,这也在一定程度上"捧红"了媒介的权力。互联网赋予信源蜂窝式增长的可能,理论上,全世界只要联通网络的国家地区,每一个人都是信源。

互联网不仅比传统媒体提供更新、更快、更丰富的新闻信息,成为传统新闻媒体的重要信息来源,更因其技术变革带来的信息传播自由性,创造了普通大众对职业传播机构和新闻从业者的监督,从而不断敦促传统媒体尽快公开事实真相。由个人担当新闻传播者的"草根媒体"和"公民记者"亦大量涌现。这些广泛而多元的信息传播者,通过发布更多的新闻事实,用民间调查方式形成舆论,反映真实情况。网民通过自身力量,就可以使那些被传统媒体忽略的问题受到关注、被隐藏的话题变得透明,新闻真实性在互联网时代得到质的飞跃。

2. 多媒体、多模态的传播,提供全景式立体化真实景象

受各种技术限制,传统大众传媒很难全面、准确地揭露、还原或再现事

实真相。互联网时代,文本语言与图片、视频、音频、动画等多媒体视听动态图像结合,一起建构意义、传播信息,形成了一种新型的以多媒体、多模态传播形式再现新闻事实的方式,有力促进了新闻传播的准确性、全面性,提高了信息传播效率,为用事实说话提供了必要条件,大大提升了新闻信息的可信度。网民可以使用便携式摄像机、手机等新兴传播方式,随时记录第一手新闻信息,使受众有更多机会获得对新闻事实的准确反映。以电视新闻为例,新闻事件的现场画面是最有力、最准确的事实依据,然而许多新闻事件的现场往往稍纵即逝,如何再现新闻现场是传统电视媒体要准确反映事实、维护新闻真实的一大难题。互联网和新媒体的应用,有利于全方位地展现事件,通过各式各样丰富的媒介形态,提升叙事话语的可信度和认知接受度,让这一难题迎刃而解。拍客、直播等新媒体手段,使得现场新闻不再是稀缺新闻资源。

3. 把关人角色缺位,非专业信息生产拉低真实门槛

互联网为保证新闻真实提供自由与空间的同时,也给新闻真实性原则带来了极大挑战。信源蜂窝式增长的另一面,是大量一般网民从信息接收者转变为信息发布者。他们拥有便捷的发布渠道,无须投入大量的资金、人力和物力,仅凭一台电脑(手机)和一个网络接口就能通过微博、微信、电子论坛 BBS、邮件、聊天室、社区网站、个人主页等多种渠道发布信息;以计算机技术为依托的网络传播,使造假变得异常容易,不仅是文字造假易如反掌,就是图片、图像的造假也是唾手可得,几乎不费什么成本。信息传播主体过度分散,"把关人"角色严重缺位,直接威胁新闻真实性原则。

在传统新闻传播中,职业传播者往往就是把关人。依托母系媒体庞大的新闻采编队伍和完善的信息发布机制,传统媒体在信息发布之前,基于政治、经济、文化、新闻价值等多方面考量,提供信息过滤功能、筛选编码功能。但在自由、宽松的网络传播环境中,商业网站缺乏职业采访人员,人力、物力匮乏,信息来源匮乏,不得不对其他媒体上发布的信息进行加工剪裁,很难做到一一核实所有信息的真实性;而遵循纯粹市场逻辑的商业手段与炒作方法的运用,也使一些网络新闻水分大增,泡沫浮游,虚虚实实,真假难辨。

同时,大量普通网民不具备职业新闻从业者的专业素养、经验及责任心,不懂新闻要素、相关法律法规,所发表的信息往往不基于事实,带有自身主观意识的简单化和情绪化。根据中国互联网络发展状况统计报告,中国网民结构长期呈现低年龄、低学历、底层化的特征,这极大地影响了互联网

参与信息传播的真实性质量,难以避免不负责任的粗制滥造,难以避免"垃圾"新闻的登场和失实现象的出现;而网络信息发布者身份的匿名性,更为发布者免受新闻失实的惩戒提供了条件,新闻真实性的责任意识被极大地淡化,甚至被牺牲,利用传播者身份的隐蔽性肆意谋取商业利益。大量非专业的新闻生产导致海量信息真伪难辨,为虚假信息的传播滋生条件。

4. 多渠道交互式传播,网络传播特征极化负面影响

与传统媒体相比,互联网是真正的全球化媒介。网络传播的无限性带给网络虚假信息无限蔓延的可能性,相比传统新闻媒体,网络虚假信息的扩散速度更快,波及范围更大,负面影响趋于极化。

与传统谣言"点—点"或"点—面"的双重传播模式不同,网络虚假信息借助于博客、贴吧、微博、微信、论坛、短信等网络平台,呈现出"点—面—面"的多重传播趋势,不仅传播速度惊人,能在短时间内遍布世界各个角落,更因为传播渠道多元,接收者往往在短时间内从多个信息源获得相同的虚假信息。"三人成虎"强化了虚假信息的真实性和可信度,一旦传出,如洪水猛兽,一发不可收拾。以微信朋友圈为代表的社交媒体盛行更见证了好友间转发分享的强大效应,崭新的传播平台特征激发出极高的参与热情,增加了接收者成为下一个传播者的可能性,加剧虚假信息的负面影响扩散。

此外,在网络传播过程中,因无数网民的参与对原始信息不断加工,虚假信息的真正来源变得模糊难定。传统媒体也追求发布速度,互相跟风,舍弃核实事实这一必不可少的报道环节,在没有确定真伪的情况下匆忙转载互联网上的新闻信息,使得网络虚假新闻如瘟疫般具有很强的传染性。错综复杂的交互式传播,特别是传统媒体和互联网交相呼应,使得互联网时代的虚假信息轻松突破时空的限制,在几小时甚至几分钟内呈几何式增长,甚至演化成规模庞大、跨越国界的新闻热点,迅速覆盖全球。例如"金庸先生去世"的虚假信息,由于其为新浪微博实名认证用户"中岛"所发布,并且有精确到分的时间信息和听起来具体可信的医院信息,该谣言在几分钟内即被疯狂转发上万次,很多传统媒体甚至开辟悼念专版。

三、网络虚假信息危害社会

网络虚假信息涉及政治、经济、文化等各个方面,不仅有针对公民个人

的诽谤,损害个人名誉;也有聚焦公共事件的捏造,扰乱经济秩序;严重的甚至将矛头指向国家政权,影响社会稳定和国家安全,负面影响极大。

1. 传播谬论,扰乱经济秩序

网络虚假信息往往与普通人的真实生活紧密相连,利用人们最广泛的需求心理传播谬论,最典型的当属利用食品安全、环境安全等关键点,激发人们的恐惧从众心理,加速虚假信息传播。相关信息或为实现商业利益不择手段,或为提高点击量严重扰乱经济秩序,导致巨额经济损失。

2011年,网络上盛传的《内地"皮革奶粉"死灰复燃长期食用可致癌》一文,一经发布即刻被众多大型网络平台媒体所转载,直接导致中国多家牛奶制造厂商股价大跌。2012年5月,西瓜上市之际,一条关于"针打西瓜"的网络虚假信息在微博上疯传,15 000余人转发,近3 000条评论。后经专家辟谣,西瓜打针不仅容易烂,而且操作起来费时费力,根本不靠谱。但"针打西瓜"已经闹得人心惶惶,致使瓜农经营受挫,蒙受巨额经济损失。类似的"蛆橘""香蕉致癌"等网络虚假信息的盛传,也严重扰乱了经济秩序。

近几年,网络虚假信息在商业推广领域的运作愈加猖狂、愈发隐蔽。中国新闻网2010年5月17日发布一则新闻报道:一项权威机构的最新调查表明,每年大约有220万中国青少年因室内污染引发的呼吸系统疾病而丧生,中国国家科技部将其列入"十五"科技攻关重大项目"室内空气污染控制措施的研究"科研课题①。这条逼真度极高的网络新闻稿,在解释该项研究的数据来源问题时,有模有样地说这个结果是从5月16日下午中国疾病预防控制中心举行的新闻发布会上了解到的,更加深了读者对这条新闻的信任度。事实上,这条新闻中所提到的数据来源——中国疾病预防控制中心环境与健康相关产品安全所,明确否认曾经发布过这一数字,而文章中所提到的数据调查单位中国标准化委员会也说根本就没有中国青少年卫生健康指导中心这一机构,数字的权威性更无从说起。再细看这条新闻,结尾处有明显的生产净化材料的厂家在做软广告。商家为了自己的产品得到市场认可,故意宣传扩散网络虚假信息。这类利用普通群众对健康的迫切需求,使用夸张的数据炮制出虚假新闻,在互联网上的传播特别"走俏"。不仅

---

① 刘长忠:《最新调查称中国每年有220万青少年死于室内污染》,转引自http://news.163.com/10/0517/10/66SMPIC9000125LI.html,2010年5月17日。

增加了人们的心理负担和生活压力,更影响了相关产业的健康有序发展。

2. 蛊惑人心,危害社会稳定

从社会秩序的角度看,网络虚假信息已成为危害社会和谐和社会稳定的一大公害。

2003年"非典"事件爆发时,网络新闻还未普及,当时的信息传播仍以传统媒体报道为主。但是因为官方的疫情通报比较模糊,传统媒体由于种种原因而迟迟不发信息,更引起人们对于这种传染疾病的探知欲望,一时间网络上虚假信息满天飞,像"北京患者数量已经过万""北京已经全面封锁各条道路"等虚假新闻借助强大的网络平台传播,闹得人心惶惶。

2011年,日本发生9.0级地震,导致福岛核电站发生核泄漏事故。"食盐中的碘可以防辐射""国内盐产量将出现短缺"等网络虚假信息在网上疯传,直接导致中国一些地区出现影响面巨大的"抢盐风波",一些商家趁机哄抬物价,致使经济秩序混乱。

2014年3月1日,云南昆明火车站发生暴力恐怖事件,五名手持砍刀的恐怖分子在火车站广场行凶,造成数十人死亡和数百人受伤。暴恐案告破后,与之相关的网络虚假信息仍层出不穷。有网民发消息称:"12点多警方在美兰机场抓获了两人,在警局录口供说有人出1亿元让他们来海南暴乱,总共来了200多个,下一步可能是琼海、海口、三亚,求扩散!大家这几天都要小心啊。扩散出去!!!"紧接着就有其他网民稍加修改,发布:"各位朋友,在海口博爱南有人挟持人质并当场被警方暴毙,所有看到这条信息的朋友请立刻转发,并告诉自己家人或没有微信的亲人,注意安全!!!"等。一些网民不负责任地肆意编造虚假信息发布,有些仅仅是因为"好玩",却造成了当地群众的极大恐慌心理,严重危害社会稳定。

3. 瓦解信任,引发政治风波

互联网诞生之后,以美国为代表的西方国家很快发现了互联网在实施舆论战领域所具有的特殊能力。1995年美国国防部分管隐秘行动与低烈度冲突副部长办公室的战略评估助理查尔斯·修特撰写了名为《互联网:战略评估》的机密报告,其中明确提到互联网的战略价值之一,就是有助开展"心理战",即通过提供具有迷惑性的信息,甚至是虚假信息,改变他国受众的观念与行为模式,离间他国公众和政府之间的关系,最终实现"让其他国家的公众自发地去实现原先必须派遣美国特种部队才能实现的目标"。

当网络虚假信息涉及民族问题、宗教信仰、领土争端、政党政权等国家敏感问题时,若不加控制,其煽动性的内容传播极易导致民众对政府的质疑,导致民众信任危机和社会治理风险的加剧和恶化,引发政治波动,威胁国家安全。

2003年1月18日柬埔寨网站报道泰国女影星素瓦南的一句台词,因报道虚假,引发了柬泰两国的外交恶战。2011年爆发的中东革命,在西方势力的干预下,全部走向动乱、内战和政权更迭。造成中东乱局的原因很多,但对事实信息进行裁剪、拼接乃至扭曲,熟练地利用新媒体平台反复进行密集性的虚虚实实、真真假假信息轰炸,已经成为西方国家实现其目标的标准化操作程序。

第二节 网络虚假信息的内涵与表现形式

一、网络虚假信息的内涵

1. 网络虚假信息不等于网络谣言

媒体报道和日常生活中常常使用"网络谣言"指称网络虚假信息,一些国家监管部门文件或行动中,也多有提到"网络谣言",但两者的内涵和外延都不尽相同。

根据《现代汉语词典》对两者的解释:谣言,是指没有事实根据的消息;虚假信息,是指与事实不符的消息①。公开或私下传播无根据的、不确切的信息,自古有之。"大部分日常社交谈话总是包含着谣言。我们与朋友聊天时,也充斥着各种有根据或无根据的小道消息。"②可以说,谣言是每个人生活中存在的一种现象。但无根据的信息并不一定是虚假信息。有学者对谣言的概念进行了梳理,认为"谣言未必是虚假的,只是在传播过程中未经证实而已,在事后被证实的谣言也不乏存在"③。可见,网络谣言,作为一种在互联网上生成或传播的谣言,可能是真实的,也可能是虚假的,目前我们

---

① 《现代汉语词典》,商务印书馆2002年版,第1462、1419页。
② [美]奥尔波特等:《谣言心理学》,刘水平、梁元元、黄鹏译,辽宁教育出版社2003年版,原författaren序。
③ 王佳宁:《网络谣言对态度改变的影响》,吉林大学博士论文,2012年,第20页。

提到这一概念时所取的主要是它的贬义所指,即所谓"造谣"。

因此,在法律的视野下看待这一问题,为保证概念用词的准确性和可操作性,尽可能避免歧义,我们更倾向使用"网络虚假信息"这一概念,即在互联网上生成或传播的、与事实不符的虚假信息或言论。

2. 网络虚假信息的界定标准

网络虚假信息的界定,遵循以下四个标准①。

(1) 无根据性。

无根据性是虚假信息的本质特征,是指此信息本是子虚乌有的、捏造的。有一定的事实根据但与事实并不完全相符的信息在法律层面上不属于虚假信息。2013年8月,安徽砀山网民于和玉在个人微博上发帖,将一起10人死亡的车祸描述为16人死亡,被砀山公安局行政拘留5日。5天后砀山县公安局发微博,称此处罚不妥,决定撤销对其作出的行政处罚决定。一方面,网络虚假信息的认定范围不能无限制扩大,特别是上升到法律规制的层面,要谨慎有度,否则不利于正常的言论表达和信息流通;但另一方面,从更普遍的社会认知来看,部分失实的信息仍然属于虚假信息,仍然具有社会危害性,只不过情节轻微,未上升到法律规制的层面。

(2) 具体性。

网络虚假信息必须对信息的内容有明确的表述,对已发生的事件的基本要素有具体的描述。笼统地称"××地方出大事了"等言语不详的表述不具有信息的性质,也很难判定其是否虚假、是否具有社会危害性。当然,语言表达在不同的环境中具有不同的意义,如果结合具体情况,公众能够从其描述中获知或推测出一些信息内容,即使没有具体描述也具备信息的具体性。

(3) 可信性。

可信性也称误导性,是指能够使公众信以为真。可信性是虚假信息与情绪发泄式的过激言论的关键区别。2013年9月30日,刘某因对某医院医疗纠纷处理不满而在微博上发布了要炸地铁的言论,被广州警方刑事拘留。后因检察院不予批捕,警方以情节显著轻微为由撤案。类似的言论如果没有其他证据予以辅证,就因不具有可信性而不属于网络虚假信息的范畴。

---

① 孙万怀、卢恒飞:《刑法应当理性应对网络谣言——对网络造谣司法解释的实证评估》,《法学》2013年第11期。

（4）关联性。

关联性是指虚假信息与公众的实际生活有关联,与公共事务相关联。只有虚假信息与公共生活关联,才会引起人们公共生活的变化,才有可能影响到公众舆论、公众行动、公共秩序等。换句话说,网络虚假信息必须与公共事务相关联,严重的网络虚假信息必须有引起公共秩序(社会秩序)混乱的可能。否则,就会像网上调侃的那样,李白也会因一句"飞流直下三千尺"而涉嫌传播网络虚假信息了。

二、网络虚假信息的表现形式

网络虚假信息涉及面广泛,在不断的发展和演化过程中呈现出多种多样的表现形式。

1. 网络虚假新闻

虚假新闻指报道的信息与事实不符,包括对全部事实的想象和捏造,对部分事实细节的杜撰和不准确叙述,以及出于政治、商业需要的新闻失实等[①]。形式上既有无中生有、断章取义,又有道听途说、捕风捉影,还有偷梁换柱、编排策划等。网络新闻对信息时效性、可读性、趣味性、轰动性的程度超过了对信息真实性、准确性、可靠性的关注,虚假新闻在互联网上呈泛滥之势,并且在不断的发展和演化中日益呈现新的特征。

近几年来,随着监管水平不断提高和职业道德理念不断深化,传统媒体生产出对全部事实进行捏造的虚假新闻越来越难,但这类子虚乌有的新闻在网络空间中仍大有市场。无中生有地人为制造话题赚取点击率,传播虚假新闻,引发互联网和传统媒体的双重舆论热潮。2016年2月6日19时28分,网络社区篱笆网上一名"上海女孩"讲述自己被江西男友家第一顿年夜饭吓到而选择分手并逃离江西的帖子蹿红网络。随后微博开始发布此事,引发数万网民热烈讨论,《人民日报》、光明网、澎湃新闻等主流媒体也纷纷发文,迅速使此事爆红。经两名疑似男主角回应、江西女网友致信上海女孩、上海本地媒体为上海女孩发声,事件几度引发舆论高潮。直到2月

---

① 陈力丹、周俊、陈俊妮:《中国新闻职业规范蓝本》,人民日报出版社2012年版,第119页。

21日,在网民、主流媒体及网络部门的质疑与核实下,才证实该事件彻头彻尾为虚假信息。"上海女孩逃离江西农村"这一网络虚假新闻与城乡差距、地域差距、恋爱婚姻等敏感性、公共性话题紧密结合,掩盖其虚假新闻的本质。

"标题党"也是网络虚假新闻的一种表现形式,即用夸张、歪曲等手段加工制作耸人听闻的、与实际内容并不相符甚至截然相反的标题,以吸引受众或阅听人的关注。大部分"标题党"都来源于网络媒体编辑对传统媒体报道新闻的"改头换面",存在对事实细节的杜撰或大量不准确描述。以网易新闻为例,为了博取眼球、赚取浏览量,网易新闻大量篡改新闻标题,与原新闻南辕北辙。例如,《环球时报》的报道《俄媒:中国或造几千架四代战机 数量在世界居首》,网易改换成《俄媒:中国三代机发动机都不达标 歼20难成功》,而原文中无一字提到发动机。类似的形式在众多网络媒体中大量存在,误导网民。

此外,网络新闻的多媒体、多模态传播模式也催生了大量虚假图片新闻和虚假视频的产生。2007年10月12日,陕西省林业厅公布了一组华南虎照片。随后,照片真实性受到来自部分网民、华南虎专家和中科院专家等多方质疑,引发全国性关注。10月15日,网友称虎照原形系年画,并将年画传到网上。12月2日,联合专家组从摄影学和数码影像技术学两个方向分析认为,这些影像不能作为华南虎存在的证据。直到2008年6月29日,图片的提供者周正龙才承认虎照是使用PS技术合成的假照片,周受到法律制裁,相关政府官员亦受到处分。

2. 网络虚假评论

网络虚假评论,泛指不能表达被评论对象的真实属性和评论发布者真实想法,旨在误导他人以达到评论者目的的评论,也称为垃圾评论、欺骗性评论、不实评论。在网络评论缺乏监管和现有技术手段无法有效监管的情况下,出于各种目的(经济、政治或其他)的虚假评论充斥互联网,模糊事件真相,干扰人们的判断,对社会总体价值观造成严重损害。

"网络水军"是网络虚假评论的主要生产者,在很多重大网络事件中发挥推波助澜的作用。他们受雇于网络公关公司,通过大量的发帖、回帖来炒作某品牌、某事件或某人物,为他人发帖、回帖造势以获取报酬。"网络水军"具备以下特征:一是主体不特定,行业门槛极低,只要是具备打字能力、上网能力的普通网民就可以成为主体,且分布在社会的各个角落,一旦发生网络侵权案件,司法机关很难确定实施侵权行为的主体;二是工作简易,不需要特定的办公场所,因此,很多人为了追求快捷的工作方式而加入"网络水军"队伍;三是追求特定的经济利益,随着队伍的不断扩大,其经济来源的领域也在逐步拓宽;四是身份存在一定隐蔽性,以普通网民的身份出现,很难辨别其真实身份①。

网络水军制造出大量垃圾信息,污染网络环境,干扰网民正常的信息获取。

一方面突出表现在电子商务领域的虚假信用评级、虚假宣传和不正当竞争。互联网的虚拟性以及商家和消费者的信息不对称性,使得网购消费者和商家无法面对面接触,网络中充斥着大量虚假的信用等级和信用满意度。美国学者的研究数据显示,亚马逊(美国)上约 1/3 的产品评论都是虚假的,Yelp 网站上 16% 的评论是虚假的;中国淘宝、京东商城、大众点评等电子商务网站也承认其电子商务平台上存在数量相当可观的虚假评论②。网络虚假评论在商业信息中愈来愈多,无疑会恶化网络购物环境,损害消费者权益;更大的危害在于,网络虚假评论加剧了企业间的不正当竞争,严重扰乱了市场秩序。一些企业为了扩大市场占有份额,获取更多经济利益,通过雇佣"网络水军"对竞争对手进行虚假宣传或商业诋毁,损害竞争对手的商业信誉。恶性竞争在互联网上表现得错综复杂,严重影响中国市场经济的健康发展。

另一方面突出表现在网络社会价值观的扭曲和混乱。在"网络水军"的强大攻势下,网络虚假评论在论坛、贴吧、微博、微信等各类网络公共空间中蔓延,传播非主流价值理念,造成是非不分、噪声四起的局面,扭曲公众的社会价值观。互联网也是意识形态斗争的主战场,网络评论已成为各方力量争夺的焦点,这间接助推了网络虚假评论的负面势头和负面影响。

3. 网络诈骗

网络诈骗是网络虚假信息中一种性质极其恶劣的表现形式,社交工具、电子商务网站和搜索引擎是网络诈骗类虚假信息的三大传播渠道,网络诈

---

① 黄娅琴、李娟:《网络水军的社会危害及其治理》,《传媒》2016 年第 7 期(下)。
② 赵衍:《网络虚假评论研究述评》,《上海管理科学》2014 年第 8 期。

骗已成为一大社会公害。根据北京市公安局网络安全保卫总队与 360 联合发布的猎网平台《2015 网络诈骗趋势研究报告》显示，2015 年，猎网平台共收到全国用户有效理赔申请的网络诈骗举报 24 886 例，举报总金额为 1.27 亿余元，人均损失 5 106 元。与 2014 年相比，虽然网络诈骗的举报数量增长了 7.96%，但人均损失却增长了 146.67%。其中，"90 后"的网络诈骗受害者占所有受害者总数的 51.7%，其次是"80 后"占比 34.1%。

网络诈骗将虚假信息和真实信息有机结合，基于大量被泄露的真实个人信息，模拟现实场景，玩弄诈骗技术，获取非法利益。虚假兼职诈骗连续三年成为报案最多的网络诈骗类型，其次是网游交易、虚假中奖、退款欺诈和虚假交易等。

虚假中奖诈骗通常会提供高额奖金和苹果品牌的手机、电脑等作为奖品来引诱受害者上当，通过电子邮件、短信、网络弹窗等渠道传递虚假信息，受害者难以抵制诱惑而上当受骗。

退款欺诈是从 2014 年开始流行的诈骗案例，与个人信息泄漏紧密相关，其主要形式为骗子冒充卖家，与刚刚完成网购的用户进行联系，谎称其购买的商品出现交易异常，并在"指导"用户处理交易异常时，诱骗用户进入钓鱼网站进行支付操作，骗取用户钱财。

骗子们还会利用伪基站冒充电信运营商、银行等机构发送短信，告知用户可以积分兑换、信用卡升级等来引诱受害者点击钓鱼、木马链接。这类诈骗利用与正规机构相同的电话号码，让受害者难以分辨，很多人被骗后银行卡被盗而不知其原因。

此外，各式各样的新骗术层出不穷，例如围绕微信这一社交工具，就衍生出公众号申请诈骗、微信提现诈骗、公众号 AA 红包诈骗、微信游戏诈骗等，造成十分恶劣的社会影响。

第三节　网络虚假信息的法律规制

网络虚假信息的社会危害程度不同，可能受到民事法规、行政法规和刑事法规等不同层面的法律制裁。除了《侵权责任法》《治安管理处罚法》《刑法》等法律外，《全国人大常委会关于维护互联网安全的决定》《计算机信息网络国际联网安全保护管理办法》《互联网信息服务管理办法》等法律法规也作了原则性规定。但总体来看,有关网络虚假信息法律规制的研究集中于行政法规和刑事法规的探讨,衡量其犯罪化的边界是该领域研究的核心问题。

一、行政法规规制

1. 相关法规

《中华人民共和国治安管理处罚法》第二十五条规定:"散布谣言,谎报险情、疫情、警情或者以其他方法故意扰乱公共秩序的,处五日以上十日以下拘留,可以并处五百元以下罚款;情节较轻的,处五日以下拘留或者五百元以下罚款。"

《计算机信息网络国际联网安全保护管理办法》《互联网信息服务管理办法》《网络出版服务管理规定》等行政法规规定,通过互联网制作、复制、发布、传播谣言的,扰乱社会秩序、破坏社会稳定的,依法予以处罚。

此外,《关于严防虚假新闻报道的若干规定》《关于加强新闻采编人员网络活动管理的通知》《即时通信工具公众信息服务发展管理暂行规定》《互联网用户账号名称管理规定》《互联网新闻信息服务单位约谈工作规定》等行业规范中也有相关规定。

2. 典型案例——抢盐风波

2011年3月11日,日本东北部地区突发9.0级大地震,位于本州岛福岛的核电站发生爆炸并出现核泄漏。3月15日10时左右,一名浙江省杭州市某数码市场的普通员工,用网名"鱼翁"在几个QQ群上发布:"据有价值信息,日本核电站爆炸对山东海域有影响,并不断地污染,请转告周边的家人朋友储备些盐、干海带,暂一年内不要吃海产品。"在网上散布有关日本地震引发核污染影响中国海域的虚假信息。此后的短短几个小时之内,这条消息不胫而走。3月15日起,中国大陆居民大量抢购、囤积碘盐。

3月17日下午,国家发改委和工信部等部委紧急发文称,中国食盐生产和供应有充分保障,价格主管部门要积极与相关部门协调配合,多方组织货源,保障食用盐等商品的市场供应,稳定价格。中国盐业总公司也发布声明称,食盐储备十分充足,完全能够满足群众需求,请消费者不要相信谣传,不要盲目抢购囤积。卫生部也通过媒体向公民普及有关知识,表示"吃碘盐不能预防放射性碘的摄入"。紧接着,全国包括上海、广东、北京、江苏、海南等多地政府紧急部署稳定当地食盐市场,召开新闻发布会,及时向公民公布当地政府保障食盐供应的具体措施并及时澄清"盐荒"的谣言。截止到18日晚,全国各地盐价逐渐恢复正常,"抢盐风波"逐渐平息。

经杭州市公安局治安支队会同西湖分局巡特警大队调查,确定网上散布谣言者为杭州教工路上一家电脑公司员工陈某。3月20日,杭州市公安局西湖分局作出处罚决定,依法给予在网上散布日本核电站爆炸污染山东海域谣言的杭州网民陈某行政拘留10天,并处罚款500元人民币。陈某的行为属于严重违反治安管理规定但不构成犯罪,因此被处以行政处罚。

二、刑事法规规制

1. 相关法规

《中华人民共和国刑法》设定了"煽动分裂国家罪""编造并传播证券、期货交易虚假信息罪""损害商业信誉、商品声誉罪""诽谤罪""诈骗罪"等与网络虚假信息紧密相关的法律法规。

第一百零五条 以造谣、诽谤或者其他方式煽动颠覆国家政权、推翻社会主义制度的,处五年以下有期徒刑、拘役、管制或者剥夺政治权利;首要分子或者罪行重大的,处五年以上有期徒刑。

第一百八十一条 编造并且传播影响证券交易的虚假信息,扰乱证券交易市场,造成严重后果的,处五年以下有期徒刑或者拘役,并处或者单处一万元以上十万元以下罚金。

第二百二十一条 捏造并散布虚伪事实,损害他人的商业信誉、商品声誉,给他人造成重大损失或者有其他严重情节的,处二年以下有期徒刑或者拘役,并处或者单处罚金。

第二百四十六条 以暴力或者其他方法公然侮辱他人或者捏造事实诽谤他人,情节严重的,处三年以下有期徒刑、拘役、管制或者剥夺政治权利。

第二百六十六条 诈骗公私财物,数额较大的,处三年以下有期徒刑、拘役或者管制,并处或者单处罚金;数额巨大或者有其他严重情节的,处三年以上十年以下有期徒刑,并处罚金;数额特别巨大或者有其他特别严重情节的,处十年以上有期徒刑或者无期徒刑,并处罚金或者没收财产。

《刑法修正案三》(2001年12月29日颁布)增设"编造、故意传播虚假恐怖信息罪"。第二百九十一条之一:投放虚假的爆炸性、毒害性、放射性、传染病病原体等物质,或者编造爆炸威胁、生化威胁、放射威胁等恐怖信息,或者明知是编造的恐怖信息而故意传播,严重扰乱社会秩序的,处五年以下有期徒刑、拘役或者管制;造成严重后果的,处五年以上有期徒刑。

《最高人民法院、最高人民检察院关于办理利用信息网络实施诽谤等刑事案件适用法律若干问题的解释》(2013年9月5日颁布),对办理利用信息网络实施诽谤、寻衅滋事、敲诈勒索、非法经营等刑事案件适用法律的若干问题进行了细化,明确量刑标准,并将网络服务商纳入刑事责任主体范畴。

第一条 具有下列情形之一的,应当认定为刑法第二百四十六条第一款规定的"捏造事实诽谤他人":(一)捏造损害他人名誉的事实,在信息网络上散布,或者组织、指使人员在信息网络上散布的;(二)将信息网络上涉及他人的原始信息内容篡改为损害他人名誉的事实,在信息网络上散布,或者组织、指使人员在信息网络上散布的;明知是捏造的损害他人名誉的事实,在信息网络上散布,情节恶劣的,以"捏造事实诽谤他人"论。

第二条 利用信息网络诽谤他人,具有下列情形之一的,应当认定为刑法第二百四十六条第一款规定的"情节严重":(一)同一诽谤信息实际被点击、浏览次数达到五千次以上,或者被转发次数达到五百次以上的;(二)造成被害人或者其近亲属精神失常、自残、自杀等严重后果的;(三)二年内曾因诽谤受过行政处罚,又诽谤他人的;

第三条 利用信息网络诽谤他人,具有下列情形之一的,应当认定为刑法第二百四十六条第二款规定的"严重危害社会秩序和国家利益":(一)引发群体性事件的;(二)引发公共秩序混乱的;(三)引发民族、宗教冲突的;(四)诽谤多人,造成恶劣社会影响的;(五)损害国家形象,严重危害国家利益的;(六)造成恶劣国际影响的;(七)其他严重危害社会秩序和国家利益的情形。

第四条 一年内多次实施利用信息网络诽谤他人行为未经处理,诽谤信息实际被点击、浏览、转发次数累计计算构成犯罪的,应当依法定罪处罚。

第五条 利用信息网络辱骂、恐吓他人,情节恶劣,破坏社会秩序的,依照刑法第二百九十三条第一款第(二)项的规定,以寻衅滋事罪定罪处罚。

编造虚假信息，或者明知是编造的虚假信息，在信息网络上散布，或者组织、指使人员在信息网络上散布，起哄闹事，造成公共秩序严重混乱的，依照刑法第二百九十三条第一款第（四）项的规定，以寻衅滋事罪定罪处罚。

第七条 违反国家规定，以营利为目的，通过信息网络有偿提供删除信息服务，或者明知是虚假信息，通过信息网络有偿提供发布信息等服务，扰乱市场秩序，具有下列情形之一的，属于非法经营行为"情节严重"，依照刑法第二百二十五条第（四）项的规定，以非法经营罪定罪处罚：（一）个人非法经营数额在五万元以上，或者违法所得数额在二万元以上的；（二）单位非法经营数额在十五万元以上，或者违法所得数额在五万元以上的。实施前款规定的行为，数额达到前款规定的数额五倍以上的，应当认定为刑法第二百二十五条规定的"情节特别严重"。

第八条 明知他人利用信息网络实施诽谤、寻衅滋事、敲诈勒索、非法经营等犯罪，为其提供资金、场所、技术支持等帮助的，以共同犯罪论处。

《最高人民法院关于审理编造、故意传播虚假恐怖信息刑事案件适用法律若干问题的解释》（2013年9月16日颁布）为依法惩治编造、故意传播虚假恐怖信息犯罪活动，维护社会秩序，维护人民群众生命、财产安全，对审理此类案件具体适用法律的问题做出进一步细化。特别对"虚假恐怖信息"的范畴和"扰乱社会秩序"的标准作出司法解释。

第一条 编造恐怖信息，传播或者放任传播，严重扰乱社会秩序的，依照刑法第二百九十一条之一的规定，应认定为编造虚假恐怖信息罪。明知是他人编造的恐怖信息而故意传播，严重扰乱社会秩序的，依照刑法第二百九十一条之一的规定，应认定为故意传播虚假恐怖信息罪。

第二条 编造、故意传播虚假恐怖信息，具有下列情形之一的，应当认定为刑法第二百九十一条之一的"严重扰乱社会秩序"：（一）致使机场、车站、码头、商场、影剧院、运动场馆等人员密集场所秩序混乱，或者采取紧急疏散措施的；（二）影响航空器、列车、船舶等大型客运交通工具正常运行的；（三）致使国家机关、学校、医院、厂矿企业等单位的工作、生产、经营、教学、科研等活动中断的；（四）造成行政村或者社区居民生活秩序严重混乱的；（五）致使公安、武警、消防、卫生检疫等职能部门采取紧急应对措施的；（六）其他严重扰乱社会秩序的。

第六条 本解释所称的"虚假恐怖信息"，是指以发生爆炸威胁、生化威胁、放射威胁、劫持航空器威胁、重大灾情、重大疫情等严重威胁公共安全的事件为内容,可能引起社会恐慌或者公共安全危机的不真实信息。

《刑法修正案九》(2015年8月29日颁布)明确将虚假恐怖信息罪确定到险情、疫情、警情等情况中。第三十二条:编造虚假的险情、疫情、灾情、警情,在信息网络或者其他媒体上传播,或者明知是上述虚假信息,故意在信息网络或者其他媒体上传播,严重扰乱社会秩序的,处三年以下有期徒刑、拘役或者管制;造成严重后果的,处三年以上七年以下有期徒刑。

2. 典型案例

(1) 网络推手秦火火传播虚假信息诽谤、寻衅滋事案。

2013年8月,北京警方打掉一个在互联网蓄意传播制造虚假信息的网络推手公司——北京尔玛互动营销策划公司,秦志晖(网名"秦火火")、杨秀宇(网名"立二拆四")及公司其他2名成员被警方抓获。

秦志晖明知罗援(男,中国战略文化促进会常务副会长兼秘书长)系军人,于2013年2月25日使用昵称为"东土秦火火"的新浪微博账户(UID号:3198027857),捏造"罗援之兄罗抗在德国西门子公司任职"的事实,无端质疑罗援及其家人搞利益交换关系,并在信息网络上散布。该信息被转发2500余次,引发大量网民对罗援的负面评价。

秦志晖明知"杨澜(女,阳光媒体集团控股有限公司董事局主席)向希望工程虚假捐赠"系捏造的事实,于2013年7月15日使用昵称为"淮上秦火火"的新浪微博账户(UID号:3621506850)在信息网络上散布。该信息被转发700余次,引发大量网民对杨澜的负面评价。

秦志晖于2012年11月27日,使用昵称为"炎黄秦火火"的新浪微博账户(UID号:2930912765)捏造"张海迪(女,中国残疾人联合会主席)具有德国国籍",后经网友举报,新浪公司判定上述信息为不实信息,张海迪亦于2012年11月28日通过微博发布澄清声明。被告人秦志晖又于2012年12月31日使用"炎黄秦火火"的新浪微博账户再次发布有关上述信息的博文,引发网民对张海迪的负面评价。

2011年7月23日,甬温铁路浙江省温州市相关路段发生特别重大铁路交通事故(即"7·23"甬温线动车事故)。在事故善后处理期间,秦志晖为了利用热点事件进行自我炒作,提高网络关注度,于2011年8月20日使用昵称为"中国秦火火_192"的新浪微博账户(UID号:1746609413)编造并散布虚假信息,称原铁道部向"7·23"甬温线动车事故中外籍遇难旅客支付3 000万欧元高额赔偿金。该微博被转发11 000次,评论3 300余次,引发大量网民对国家机关公信力的质疑,严重阻碍了事故善后工作的开展。

秦志晖利用信息网络捏造事实诽谤他人,包括捏造并散布、篡改并散布、明知虚假事实而散布三种行为方式,同一诽谤信息被转发次数达到500次以上,系情节严重;诽谤多人,造成恶劣社会影响,亦属情节严重,应适用公诉程序追究被告人诽谤罪的刑事责任。故意编造虚假信息,在信息网络上散布,起哄闹事,造成公共秩序严重混乱,构成寻衅滋事罪。北京市朝阳区人民法院于2014年4月17日作出(2013)朝刑初字第2584号刑事判决,认定被告人秦志晖犯诽谤罪,判处有期徒刑二年;犯寻衅滋事罪,判处有期徒刑一年六个月,决定执行有期徒刑三年。

(2) 天津爆炸事故虚假募捐案。

2015年8月12日,天津港发生爆炸事件。杨彩兰用新浪微博账号"我的心永远属于拜仁慕尼黑always"先后发布两条短微博,称其父亲在爆炸现场附近上班,爆炸后失联,以此博取网民关注,提升自己的微博粉丝数量。两条短微博发布后,"父亲在爆炸中丧生"这一话题立即获得了微博网友关注,成为微博热点话题。伴随粉丝量不断攀升,杨彩兰又用新浪微博的长微博功能编造了一篇有关天津爆炸事故的信息,并添加现场图片及有关自己父亲在爆炸中丧生的文字,使虚假信息本身更具"真实性",同时开通微博打赏功能。截至8月14日晚11时,评论数近45 000,且有3 776名微博网友通过打赏功能捐款,总金额达96 576.44元。此后,杨彩兰删除所有微博,试图提现。但其发布虚假信息的微博账号被投诉,该账号收取的捐款款项被冻结,杨彩兰提现失败。

2015年9月1日,犯罪嫌疑人杨彩兰涉嫌诈骗罪被捕。2016年1月13日,该案在广西防城港市防城1区人民法院开庭审理。公诉机关认为被告人杨彩兰以非法占有为目的,利用社会广泛关注的天津港爆炸事件三次发布虚假信息骗取网络捐款,犯罪数额巨大,造成了恶劣的社会影响,应当以诈骗罪追究其刑事责任。2016年1月26日,防城港市防城区法院对杨彩兰虚假募捐诈骗案作出一审判决,以诈骗罪依法判处杨彩兰有期徒刑三年,并处罚金人民币八千元。

第四节　网络虚假信息的治理

网络虚假信息的治理是一项系统工程,需要多管齐下建设清朗的网络空间。

一、依法治网,把握虚假信息治理与保护言论自由的边界

网络虚假信息的治理,首先要求依法治网。

依法治网一方面要求我们针对纷繁复杂的网络虚假信息,尽快建立起一整套逻辑清晰、层级分明的法律体系,对危害国家安全、社会稳定和他人合法权益的网络虚假信息制造者和传播者依法给予严惩,对助长网络虚假信息传播的新闻媒体和网站责任人进行处罚。互联网的虚拟性、匿名性使得网络虚假信息的违法成本低,制裁责任主体的困难重重、电子证据保全的困难重重,而属地管辖的模糊也使得危害影响很难量化。尽管中国已出台大量法律法规整治这一社会问题,但仍有相当多的违法行为逃脱网络监管和事后处理。这不仅因为我们的相关法律保障体系还未建立起来,也因为网络虚假信息的表现形式变换迅速,例如在各类网络舆论事件中"呼风唤雨"的"网络水军",就是其中一大"顽疾"。这就要求我们针对新型互联网信息传播模式,设计更具操作性的法律法规与处罚条例。

依法治网的另一方面,是要在尊重信息自由的基础上,在合理的限度内,依法治理网络虚假信息。只有在网络虚假信息达到一定危害程度时,才能启用法律规制,要防止过度治理、运动式治理,特别在刑法的运用上,更应慎之又慎。《刑法》与《治安管理处罚法》都有对网络虚假信息传播行为的免责条款,例如是否主观上出于故意而制造、传播危害社会公共利益、国家利益的虚假信息。在《治安管理处罚法》中明确规定"对道听途说信以为真或者由于认识判断上的失误而出于责任心向有关部门报错了险情、疫情、警情的,不能视为违反治安管理的行为"。对此《刑法》中也有阐述,即"行为人主观上必须出于煽动不特定人或多数人实施颠覆国家政权、推翻社会主义制度的故意","对一些因个人问题没有得到解决而发泄不满情绪、发表过激言

辞、进行错误评论的行为,不应以本罪论处",等等。

二、反思传统媒体角色,加强制度建设重塑"把关底线"

在大量网络虚假信息引发的舆论危机事件中,传统媒体常常扮演了"幕后推手"和"正面引导"的双重角色,需要承担不可推卸的责任。他们既能为负面舆论的形成推波助澜,又能为政府和相关部门提供正面宣传。新闻媒体既能误导受众,也能引导舆论向积极方向发展。加强对新闻媒体的监管力度,提高新闻从业者的媒介素养始终是一个值得讨论的话题。

面对被时效性、趣味性、轰动性打压的新闻真实性,无论是传统媒体还是新媒体从业者都应重新反思自己的社会守望者角色。因为一味追求阅读量和点击率,大量新闻信息未经核实就刊发、转载,其根源不仅有媒体从业者自身的原因,也有把关制度的缺失或执行不力;不仅折射出部分媒体人职业道德的问题,也反映了媒体自我审核机制有待改进。治理网络虚假信息,传统媒体和网络媒体都应当主动落实主体责任,建立并完善信息的自我审核机制和内部管理机制,重塑"把关底线",把好新闻生产的第一道关口。同时,媒体从业者应严守职业底线,强化自律意识、求真精神,不仅做到"不造假",更要做到"不传假"。面对真假难辨的网上信息,在进行转载、报道时要通过认真细致的调查、求证,披露真相,以正视听,自觉维护新闻真实性和媒介公信力,积极推动网络舆论环境健康发展。

此外,要培育有责任、有诚信、成熟的民间组织、权威部门、精英专家等社会组织作为中间层次的社会机构,共同促进行业自律。英国在1996年成立了由英国的网络中介服务提供商们自发设立的行业自律组织——互联网监视基金会;法国网民自发成立了"停止传谣"辟谣网站,通过网民的自我管理、自我约束和自我服务,保障网络信息的真实性,避免因网络虚假信息传播带来社会治理危机。他们的经验值得学习。

三、完善政府信息公开制度,发展高科技网络监管手段

鉴于网络虚假信息的诸多负面影响,完善政府信息公开制度,建立和强化辟谣机制,畅通当事主体及时、有效的辟谣渠道,推动辟谣工作常态化成

为必需之举。

一方面,我们要健全和畅通信息发布渠道,扩大信息公开范围,增加权力运行的透明度,减少网络虚假信息的生存空间。利用好官方网站、"两微一端"等政府信息平台,建构一个横向、纵向交互的沟通网络。除相关涉密信息外,就公众关切的民生政策、社会管理、文化发展等信息,建立信息发布、咨询和反馈的常态机制,确保信息公开、透明、翔实,从源头上阻击网络虚假信息。

另一方面,要运用好新媒体技术,发展高科技的网络监管体系,建立网络虚假信息的预防和预警机制。政府监管部门应该成立专门的网络安全事务主管部门,研发建立网络虚假信息的收集、评估、跟踪和监督系统,在后台对网络虚假信息运用技术手段加以监控,及时查找造谣源头,过滤违法信息,培养网络传播中的技术"把关人"。

四、培育公众信息判断能力,加强易感人群的理性引导

对于普通网民而言,信息甄别能力关涉现代社会的公众媒介素养问题。保持质疑和警觉,忌人云亦云,辅之以一定的信息检索工具,对日常生活领域的议题以常识和逻辑进行独立思考,有可能极大地减少被不实信息所误导的机会。政府应引导民众,利用网络平台,经常开展防治网络虚假信息讨论,营造理性、守信、有责任感的网络舆论氛围。同时,对离退休人员、社会闲散人员、城市打工者、青少年等网络虚假信息易感人群,采取多样化的手段、内容、形式和方法加强教育引导,提高其对虚假信息本质、危害性和虚假性的认识,增强民众对虚假信息的鉴别力和免疫力。

思考题:
1. 互联网对新闻真实生态的影响。
2. 网络虚假信息界定的四个标准。
3. 网络虚假信息的三种表现形式。
4. 如何治理网络虚假信息?

第四章

网络泄密问题及治理

互联网这一新兴的传播工具,具有信息传播速度快、距离远、范围广等特征,各种信息包括国家秘密往往在几小时、几分钟之内就可以传播至全世界,因此,网络上泄露国家秘密(简称网络泄密)比传统媒体泄密的影响更大,危害也更为严重。而且,网络环境中泄密发生的几率更高。据全国人大内务司法委员会的一项调研报告显示,目前计算机网络泄密事件已占泄密总数的70%以上,并呈逐渐增长趋势,计算机网络泄密已严重威胁国家安全和利益。"一方面,信息化发展使核心国家秘密的存在形态和运行方式发生巨大变化,泄露的风险增大。另一方面,境外敌对势力掌握技术上的绝对优势,窃密手段隐蔽、高明。"①为适应互联网带来的这一新问题,2010年新修订的《中华人民共和国保守国家秘密法》就增加了不少应对网络条件下泄露国家秘密行为的法律规制内容。新形势下,还需要进一步完善现有的各项制度,适应网络环境下国家保密工作的需要。

第一节 网络泄密问题及表现

一、国家秘密的定义

2010年修订后的《中华人民共和国保守国家秘密法》第二条对于国家

---

① 皮勇、王启欣:《论信息化环境中核心国家秘密泄露危险的刑法规制》,《江汉论坛》2015年第12期。

秘密给出的定义是:"国家秘密是关系国家安全和利益,依照法定程序确定,在一定时间内只限一定范围的人员知悉的事项。"政府在信息公开过程中,保密审查的信息类型除了国家秘密,还包括商业秘密、个人隐私、敏感信息(包括行政机关的工作秘密)。

《政府信息公开条例》第八条规定:"行政机关公开政府信息,不得危及国家安全、公共安全、经济安全和社会稳定。"第十四条规定:"行政机关不得公开涉及国家秘密、商业秘密、个人隐私的政府信息。但是,经权利人同意公开或者行政机关认为不公开可能对公共利益造成重大影响的涉及商业秘密、个人隐私的政府信息,可以予以公开。"可见,网络上国家秘密这类信息在数量上并不占多数,不过,由于国家秘密事关国家的安全和利益,对其保护的意义十分重大。因此,各个国家在不同发展阶段都会通过各种制度、措施加强对国家秘密的保护。

根据对国家在政治、经济、国防、外交等领域安全和利益保护的需要,《保守国家秘密法》中规定的国家秘密的内容主要涉及以下七项:

(一)国家事务重大决策中的秘密事项;

(二)国防建设和武装力量活动中的秘密事项;

(三)外交和外事活动中的秘密事项以及对外承担保密义务的秘密事项;

(四)国民经济和社会发展中的秘密事项;

(五)科学技术中的秘密事项;

(六)维护国家安全活动和追查刑事犯罪中的秘密事项;

(七)经国家保密行政管理部门确定的其他秘密事项。

此外,还补充提到,政党的秘密事项中符合前款规定的属于国家秘密。国家秘密除了"关系国家安全和利益"这一根本特征之外,还具有法定性、时效性、封闭性等其他特征。法定性是指国家秘密及其密级的具体范围,即是否属于国家秘密,属于何种密级,在法律上都有明确的规定,需要通过法定程序确定国家秘密及其密级的具体范围。

国家秘密的密级分为绝密、机密和秘密三级。《保守国家秘密法》第十一条规定,国家秘密及其密级的具体范围,由国家保密行政管理部门分别会同外交、公安、国家安全和其他中央有关机关规定。这体现的是通过对定密权的法律控制,以防止保密权力被滥用。

国家秘密的时效性与封闭性是指国家秘密具有一定的保密期限和接触

范围。前者是指国家秘密发生效力的时间。《保守国家秘密法》第十五条规定:"国家秘密的保密期限,除另有规定外,绝密级不超过三十年,机密级不超过二十年,秘密级不超过十年。"此外,该条第三、四款中同时还包含了对解密制度的规定,这也是新修订保密法的一大亮点。其中提到:"机关、单位应当根据工作需要,确定具体的保密期限、解密时间或者解密条件。""机关、单位对在决定和处理有关事项工作过程中确定需要保密的事项,根据工作需要决定公开的,正式公布时即视为解密。"对解密制度的规定,体现了保密制度更加注重保密权力与公众知情权之间的平衡。除了时效性,对国家秘密接触范围的规定同时体现出国家秘密具有封闭性的特征。《保守国家秘密法》第十六条规定,国家秘密的知悉范围,应当根据工作需要限定在最小范围。

互联网时代的到来使得国家秘密在网络上的传播更为便捷,却也增加了国家秘密保护的难度。网络信息传播过程中泄露国家秘密的现象频发,这已经引发了社会的广泛关注。维基解密是一个大型文档泄露及分析网站。2010年7月26日,维基解密在《纽约时报》《卫报》和《镜报》的配合下,在网上公开了多达9.2万份驻阿富汗美军秘密文件,引起轩然大波。这一泄密事件被称作美国1971年"五角大楼文件泄密案"的"2.0版本"。尽管维基解密公布了大量美国和其他国家的外交军事文件,甚至部分是美国标有密级、尚未解密的文件,但是,美国政府要想指控维基解密创始人阿桑奇却仍面临诸多困难。因为,第一,阿桑奇并非美国人,在美国无住所,也不具有美国国籍,更未踏及美国领土,在案件的司法管辖权方面力所不逮。第二,由于维基解密公布相关信息的行为也不是发生在美国境内,而且,由于网络渠道的隐匿性,也不能确定上载的有关信息是在美国完成的,因此,美国法院很难将其纳入管辖。第三,美国侵犯国家秘密的犯罪,只是惩治负有保密责任的国家工作人员,而公布泄密信息的媒体根据美国宪法对言论自由的保护,也不能轻易就追究其责任。最后,即便能够对阿桑奇提起刑事控诉,在案件审理中,政府为了证实维基解密公布的信息造成的危害就要向大陪审团和法院披露更多的机密消息,这也不是政府愿意看到的①。

---

① 靳婷:《网络时代公民知情权的保护与侵犯国家秘密罪的惩治——以维基解密事件为例》,《中国检察官》2010年第24期。

由此可见,网络的发展增加了国家秘密泄露的风险和防范国家秘密泄露的难度,特别是对于网络泄密的法律规制还将面临诸多难题。因此,互联网时代,重视和加强网络环境中的保密工作,完善防泄密制度,这是有效保护国家秘密、维护国家安全和利益的需要,对于中国的改革开放和社会主义建设也具有重要的意义。

二、网络泄密的主要途径及其特征

进入数字化时代后,传统的国家秘密的载体发生了革命性的变化。国家秘密已由原先主要是纸质载体存在的信息转变为数据形式的存在形态。国家秘密数据化的存在,使其具有了传播的便捷性、隐匿性、聚合性、广泛性等特点。而信息载体的变化,也使得国家秘密的泄露与过去相比具有很大的差异性。网络泄密的途径主要包括四种情形。

1. 计算机存储设备的泄密

计算机的存储设备是泄露国家秘密的一个重要途径。磁盘、光盘等外存储设备很容易被非法复制或者篡改。由于磁盘经过数次消磁之后,仍有办法恢复原有记录,如果磁盘原先存有的秘密信息被重新使用时,通过非法利用磁盘剩磁就可以提取原有的秘密信息。因此,将秘密信息与非涉密信息不加区分地放在一起使用,就很有可能造成泄密。2010年新修订的保密法就明确规定,"非法复制、记录、存储国家秘密的"、"使用非涉密计算机、非涉密存储设备存储、处理国家秘密信息的"等类似行为无论是否造成严重后果,都要承担违法责任。

2. 计算机联网泄密

计算机网络化使得对于信息的收集、加工、储存、传输融为一体,计算机对社会生活各领域的影响达到了前所未有的程度。随着互联网技术和应用的发展,特别是社会化媒体的兴起,网络上个体之间的频繁互动成为Web 2.0时代网络发展最明显的特征之一。不过,网络的互联互通却极易造成通过新技术窃取国家秘密或者是国家秘密在网络空间中的非法传播。

近年来,一些涉及普通网民的泄密案件中,不少人都是由于受到利益诱惑,被境外的机构或个人所利用,借助网络的互动、便捷性窃取或传递国家秘密。2014年11月,境外间谍情报机关嫌疑人"JANNY"通过求职QQ群与廖某某搭讪并加为"好友",称可以介绍工作,主要是拍摄湛江军港停泊的军舰舷号,并称无须办理入职手续,只需网上联系。廖某某按对方指令到湛江军港附近拍摄并报送了相关照片,获利1 000元。此后,廖某某在观看了广东卫视播出的专题片《警惕间谍》及媒体的相关报道后,认识到自己的行为已触犯法律,主动拨打广东省国家安全机关报警电话自首。广东省国家安全机关依法对其进行批评教育,并根据中国反间谍法第二十八条规定,免于追究其刑事责任。

还有一些泄密案例是由于保密意识、观念淡薄,不经意间通过论坛等网络空间泄露国家秘密。2010年10月,G市某管理公司举办军事主题园,主要提供军事文化、装备展览和军事项目体验等服务内容。2011年年底该军事主题园正式开业前,委托当地一家文化公司设计制作军事主题展馆和展览广告画。文化公司接受委托后,通过互联网搜集了一些图片和资料,主要包括我军近年来研制或改装的武装直升机、歼击机、洲际导弹、常规动力航母和主战坦克的图片及性能参数,其中绝大部分是已公开资料或虚构内容,但其中某型号武器装备的部分数据涉及一项秘密级国家秘密。文化公司对搜集的图片和资料加以汇总、编辑后,制作了8块展板,其中一块含有涉密内容,军事主题园将展板悬挂于园区入口处公开展示。2011年12月,军事爱好者M前往该主题园游玩时,觉得上述展板图片清晰、资料翔实,遂逐一拍照并上传至在D市登记备案的一家军事论坛海军版。B市军事爱好者L在网上看到图片,将其转载至国内某门户网站的军事论坛。有关部门发现涉密图片上网后,采取了相应的处理措施①。

不难看出,网络信息传播的碎片化、互动性、泛在性等特征已深刻地影响着对于国家秘密的保护,其中最大的变化就是网民泄密现象的增多。网络泄密与传统泄密有很大的不同,主要表现为:一是网络泄密的传播效率高。由于网络强大的传播力,理论上,泄密信息在瞬间就可能到达世界的各个角落,这使得过去以事后处置、应对为主的国家保密制度的效力大大降低。二是网络泄密的方式方法不断更新,渠道更隐蔽。网络泄密主要利用的是互联网发展中出现的新技术,网络的安全很大程度上取决于网络攻防

---

① 吴瑞:《从一起典型网络泄密案件看过失泄密的认定》,《保密工作》2012年第11期。

技术的水平。然而,一直以来,相较于社会而言,国家在技术层面并不能总是占据优势地位。就网络安全领域而言,网络防御技术大多往往都比较滞后于网络攻击技术的发展,这就导致了网络泄密的方式、方法处于不断更新变化过程中,而对网络泄密的技术应对却很可能处在一种相对落后的状态。

3. 涉密工作人员的网络行为泄密

如今网络已涉及人们社会生活的方方面面,可以满足个体沟通交流、意见表达、自我展示等诸多需求。由于一些涉密工作人员对于国家秘密重要性的认识不足,有意或者无意地在网络上泄露国家秘密,就可能会给国家利益造成难以挽回的损失。斯诺登曾经是美国中央情报局(CIA)前雇员,他披露了大量在任职期间获得的美国国家秘密,直接影响到后来美国网络安全政策的调整。中国修订后的保密法第四十八条中详细列举了涉密工作人员的各种违法行为,为此类行为的处理提供了更加完善的法律依据,由此加强了对涉密工作人员的监管。

4. 新闻媒体泄露

《新闻出版保密规定》要求新闻传播媒体及其从业人员和提供新闻信息的单位及其有关人员应当加强联系,协调配合,执行保密法规,遵守保密制度,建立健全新闻保密审查制度,共同做好新闻保密工作。但是,在媒体市场化竞争日趋激烈的环境中,一些新闻工作者仅仅为了满足公众的好奇心或者是单纯追求所谓的新闻价值,就将新闻传播中保密审查的制度抛之脑后,放松甚至全然不顾所发表文章、资料等是否涉及国家秘密,由此造成国家秘密的泄露。媒体泄密虽然数量不多,但其造成的后果往往是比较严重的。

2008 年北京奥运会开幕前 10 天,韩国三大电视台之一的 SBS 电视台在其新闻节目中播出了一段长约两分钟的开幕式彩排片段,引发各界强烈反应。8 月 7 日,北京奥林匹克转播有限公司对 SBS 电视台作出禁止采访彩排及开幕式的制裁。在互联网时代,信息传播的时效性大大提高,加之媒体对轰动性新闻的盲目追逐,很可能放松对涉密内容的审查,进而就增加了泄密的风险。修订后的《保守国家秘密法》增加了对新闻媒体网络泄密的行政监管,比如"报刊、图书、音像制品、电子出版物的编辑、出版、印制、发行,广播节目、电视节目、电影的制作和播放,互联网、移动通信网等公共信息网络及其他传媒的信息编辑、发布,应当遵守有关保密规定"。此外,2014 年发布的《新闻从业人员职务行为信息管理办法》第四条就规定,"新闻单位应健全保密制度,对新闻从业人员在职务行为中接触的国家秘密信息,应明确知悉范围和保密期限,健全国家秘密载体的收发、传递、使用、复制、保存和销毁制度,禁止非法复制、记录、存储国家秘密,禁止在任何媒体以任何形式传递国家秘密,禁止在私人交往和通信中涉及国家秘密"。

三、网络泄密问题治理面临的挑战

网络环境中,国家秘密传播的广泛性、便捷性以及主体的多元性等特征,使得网络泄密与传统泄密相比已经发生了不小的变化,这就对原有的保守国家秘密的理念和制度造成了一定的挑战。

1. 公众知情权与国家保密权力之间的价值冲突

互联网上保守国家秘密相关制度的背后所涉及的主要是国家保密权力与公众知情权之间的矛盾。"更何况,正因为互联网的发展,经济竞争的加剧导致了保密形势的严峻,我们更应当严格区分国家秘密与非国家秘密的界限,从而既准确地保守了真正的国家秘密,维护了国家的安全与利益,也使不属于国家秘密的信息得以及时地公开,从而保障了公民的知情权。"①所以说,协调这两种不同价值的目的是,既要很好地保守国家秘密,有效地维护国家安全和利益,同时也要尽可能地保障公众的知情权。

而权利界限的不明确,就必然会降低国家保密制度的有效性。《南方周末》曾做过一篇《"国家机密"出笼记》的新闻,讲述了某市卫生局出台的一份曾四处传播的文件,在发出6年后摇身一变,竟然还成为"国家机密"。而这份所谓的"国家机密"还能够在法院档案室查阅。由此可见国家秘密界限的混乱。划定国家秘密的范围,明确保密事项和法律责任,这是合理完善的国家保密制度建构的前提。因此,保密法中所指的国家秘密应有明确的范围,不能够把非国家秘密的事项也纳入国家秘密之中。"保守国家秘密指的是依法保守事关国家安全和利益的事项,而不是保守敏感信息或者行政系统的内部信息,更不是把政治过程和行政过程神秘化、特权化、精英化。否则,

---

① 沈福俊:《建立与政府信息公开制度相适应的保密制度——以〈保守国家秘密法〉的修改为视角》,《法学》2009年第9期。

'保密'不仅会被异化为官僚主义的保护伞,还有可能成为滋生腐败的温床。"①有人发出呼吁,"要遏制一些政府部门将'国家秘密'作为阻止信息公开的'挡箭牌',避免'国家秘密'这几个字就是'一夫当关,万夫莫开'"情况的出现②。

在网络空间的海量信息中,清晰界定国家秘密的范围有着更为现实的意义。在海量信息充斥着的网络空间中,不明确界定国家秘密的范围就会使得防范国家秘密泄露与保障公众知情权的制度目标落空。对此,有学者指出:"没有出口的结果必然是有一天车库会被装满,真正的国家秘密将无处栖身!纵使我们假设车库可以无限增加或者无限扩大,信息可以无限存入,我们依然无法避免国家秘密陷入信息的汪洋大海中,真正的国家秘密反而得不到有效保护,更何况保守国家秘密的成本十分昂贵!"③

一般而言,从信息类型的角度可以将个人隐私、商业秘密之外的信息称作是政府的未公开信息。政府的未公开信息主要涉及四类信息:国家秘密、敏感信息、内部信息和政府部门不想公开的其他信息。按理说,保守国家秘密法与信息公开条例之间应有各自相对明晰的调整对象,但是,现实当中,保密法将内部信息、敏感信息等大量理应由信息公开条例调整的信息类型纳入了保密法。例如,直到2011年,在国务院的全力推动下,98个中央部委中才有92个部委的"三公"消费全面向社会公开;各级政府的预算、决算明细也是逐步才摆脱"国家秘密"的"待遇",作为公开信息进入公众视野。而这类包括预算、决算、"三公"消费在内的大量财政信息,以及突发公共卫生事件的统计信息等,这些敏感信息本应属于信息公开法所包含的内容。

互联网环境造成国家秘密范围模糊的根源在于国家保密制度的不同价值取向。美国前总统奥巴马在其颁布的总统令序言中就提到:"保护对国家安全至关重要的信息与实现政务公开的承诺具有同等优先的地位;准确、负责任地运用定密标准、程序与有效解密也处于同等重要的地位。"即强调信

---

① 孙宝云、李艳:《保密管理改革:奥巴马政府的新举措及对我国的启示》,《晋阳学刊》2011年第1期。
② 蒋洪:《预算公开才能约束权力 保密法不能成障碍》,《中国青年报》2010年3月4日。
③ 孙宝云、沈永社:《中美比较视野下公开与保密关系探究》,《理论与改革》2012年第6期。

息安全中"双优先"的重要性①。然而,长期以来,我国保密工作采用的模式是"以保密为原则,以公开为例外",倾向于将所有政府信息定密②。这实际上能够反映出保密法与信息公开条例之间的价值冲突。美国的保密制度与信息公开制度都可以纳入到统一的《信息自由法》之中。"主要表现为旨在推动信息公开的《信息自由法案》有专门的条款规定豁免公开的具体信息类别,其中包括国家秘密信息不得公开的规定;而专司保守国家秘密的《国家安全涉密信息》总统令,则专门设立不得定密条款,防止以国家秘密的名义拒绝信息公开的各种潜在的可能性。"③由此也就实现了二者调控信息流动价值目标的一致性。"因此,从立法框架上看,美国的保密管理条例完全被包容在《信息自由法》中。这不仅为推动信息资源的合理流动提供了最大的便利,同时也能够确保国家秘密的安全。"④

对于保密与信息公开制度之间的价值协调问题,有学者表达了如下观点,"虽然很多国家在推进政府信息公开的同时,都还存在一定范围内的保密制度,但其特点,一是强调保密是在政府信息公开前提下的保密,是'以公开为原则、不公开为例外'原则规范下的保密,并且仅仅是政府信息公开制度中的一个特殊内容;二是保密制度的出发点是为了保障公民获得政府信息的权利,是为政府信息公开制度服务的,因此一般都对保密的具体范围作明确的限制性规定"⑤。因此,中国网络时代保密制度的完善要重视保密制度与其他信息传播制度之间价值的平衡与协调。

2. 保守国家秘密的需要与现有保密监管制度之间不适应

(1) 网络环境下防范源头泄密机制的建立具有一定的挑战性。

保密法规中规定的处理泄密事件的一般原则和步骤是:及时报告,防止扩散;及时调查;依法处罚⑥。这可以说是一种针对泄密问题的事后监

---

① 孙宝云、李艳:《保密管理改革:奥巴马政府的新举措及对我国的启示》,《晋阳学刊》2011年第1期。
② 张昭庆:《论国家秘密核定权的完善》,《江海学刊》2011年第3期。
③ 孙宝云、沈永社:《中美比较视野下公开与保密关系探究》,《理论与改革》2012年第6期。
④ 同上。
⑤ 沈福俊:《建立与政府信息公开制度相适应的保密制度——以〈保守国家秘密法〉的修改为视角》,《法学》2009年第9期。
⑥ 黄瑚:《网络传播法规与道德教程》,复旦大学出版社2006年版,第142页。

管制度。而互联网环境下的网络泄密不仅需要事后的紧急处置,更需要做好事前的防范和监管,因为网络泄密一旦发生,对国家的安全和利益造成的损失往往是巨大的且难以弥补。网络的互动性、便捷性加大了网络泄密的风险,因此,对于国家秘密的保护应将事前的积极防范作为首选。

西方国家对于国家秘密的保护,着重于"宣誓者"(affiant)责任制度的建构。"在西方英美等国,保密责任主体限于'宣誓者'(affiant),主要就是公务员、军职人员或其他在国家特种行业供职的雇员,以及与政府签订协议的承办商等,此外就是查有实据的间谍;一般民众并不承担保守国家秘密的义务和责任。"①

虽然各国的保密制度存在差异,但是,互联网时代更应重视对于涉密工作人员的监管。2013年在世界范围内产生广泛影响的斯诺登事件就是一起典型的政府雇员泄密事件。斯诺登向国际社会彻底曝光了以"棱镜"项目为代表的美国政府秘密监控行为。斯诺登泄露的很多国家安全局文件都是"绝密"密级,甚至有些级别更高的文件也被揭露,这些文件的泄露给奥巴马政府造成了巨大的压力。政府雇员的泄密大体可以分成政策性泄密与非政策性泄密两种类型。二者的区别主要体现在泄密的心理动机方面。前者一般是为了达到某个更重要的目标而选择的一种替代性策略,如采取检举、损害、支持等手段。斯诺登泄密就属于政策性泄密。而非政策性泄密,主要包括"利己性泄密;示好性泄密,向记者泄密讨好记者方便以后泄密;情绪性泄密,通常因为自己不受重视,为发泄对集体的不满而泄密"②。

由于政府雇员泄密情形的多样性,特别是对其情绪性泄密是难以把握的,因而政府雇员的网络泄密具有防不胜防的一面,这也就增加了从源头防范泄密的难度。不过,即便如此,仍需加强对泄密源头的控制。在互联网上从事各类活动时,涉密工作人员一定要绷紧保密这根弦,提高保密意识,遵守保密规定,并且要了解和掌握保密的知识,避免在网络上随意发布或者传播涉及国家秘密的信息,严格遵守"网上不涉密,涉密不上网"的保密工作

---

① 魏永征、钟晓璐:《新闻调查记者与国家秘密:从记者刘伟卷入"案中案"说起》,《新闻界》2015年第22期。

② 李扬:《美国应对未授权信息泄密问题的困境及归因》,《档案管理》2016年第2期。

要求。

(2) 新媒体时代社会公众安全责任意识不强,加剧了泄密问题治理的难度。

新媒体时代,网络服务提供商、网络媒体、普通网民的泄密现象时有发生。传统媒体还可以通过实行自审与送审相结合的新闻保密审查制度尽可能地防止泄密发生,而网络媒体对于国家安全的责任感就远不如传统媒体那么强。新媒体的发展势头迅猛,而通过新媒体的泄密问题越来越成为困扰各国政府的一大难题。例如,美国陆军士兵布拉德利·爱德华·曼宁向维基解密网站泄露了大量五角大楼和国务院文件,其中涉及大约40万份伊拉克战争的报告、25万份国务院电报以及数万份美国在阿富汗作战行动的文件。这类事件的发生都说明互联网背景下网络媒体如何保守国家秘密是各国政府必须面临的新课题。

2010年新修订的《中华人民共和国保守国家秘密法》第二十八条规定,"互联网及其他公共信息网络运营商、服务商应当配合公安机关、国家安全机关、检察机关对泄密案件进行调查;发现利用互联网及其他公共信息网络发布的信息涉及泄露国家秘密的,应当立即停止传输,保存有关记录,向公安机关、国家安全机关或者保密行政管理部门报告;应当根据公安机关、国家安全机关或者保密行政管理部门的要求,删除涉及泄露国家秘密的信息"。由此,从法律上对于网络服务商在防范与查处网络泄密中的法律责任作出了规定,这有利于加强对网络泄密的监管。不过,同时还需要对网络服务提供商承担管理义务的具体内容及相关制度如何落实等问题作出更加详细的规定。"修订后的保密法明确了网络运营商和服务商对网站内容的监督和报告义务,但面对保密工作的专业性、复杂性和保密领域的广泛性,网络运营商和服务商很难具有保密监督的专业性、敏感性。因此,建议各涉密单位根据自己所掌控或管理的国家秘密的内容提炼关键词,组织专门人员,对网络公开信息进行常规性监督检查,以便更准更快地发现泄密信息。"①

不过,在大数据及其应用技术快速发展的今天,通过对一定数量数据的整合分析之后,仍有可能发现非常重要的情报信息。这种由互联网技术和传播带来的国家秘密保护的复杂性,需要有关管理部门采取更加积极、灵活

---

① 赵冬:《网络泄密的特点与防范》,《保密工作》2011年第4期。

的策略,及时评估国家秘密泄露的风险,加强与网络服务提供商等社会力量的合作,共同应对网络泄密带来的新挑战。除此之外,作为网络活动重要参与主体的网民,他们也可能在有意或无意之间泄密,从而对国家的安全和利益造成危害。而如何应对这一问题,也是既紧迫又艰巨的任务。新媒体上大量网络社群的出现,几人或者数十人不等由于共同的兴趣爱好聚集起来,所关注的话题就有可能在无意中涉及国家秘密。当前发生的很多网络泄密的案例中,网民或是主动泄密,或是无意泄密,都已经给国家的安全和利益造成了一定的损害。新媒体环境下出现的国家安全责任下滑、保密意识匮乏的状况令人担忧,应引起我们足够的重视,加快防范网络泄密监管制度的建设步伐。

第二节　网络泄密的治理

技术手段、公众保密意识、监管制度等方面的不完善造成了大量网络泄密现象的发生。根据网络泄密的特征及主要途径,可以从技术、法律与管理制度的完善、道德规范建设等方面加强对网络泄密的治理。相对于传统泄密的治理,应对互联网环境下的网络泄密,需要综合治理、多管齐下,并且着眼于事前、事中、事后网络泄密全过程的监管,以此更好地保守国家秘密,维护网络时代的国家安全和利益。

一、加强网络泄密法律监管制度的完善

为应对新形势下国家秘密的泄露问题,中国已经出台了一些综合性、专门性的法律法规,其中既有刑法规范,也有行政法规,这些法律规范基本上构成了互联网条件下国家秘密保护的法律体系。对于网络泄密的法律规制,最主要的还是刑事和行政法律规范,下面就对它们进行详细阐释。

1. 网络泄密的刑事处罚

网络泄密的刑事处罚方面,《刑法》规定有四项罪名:非法获取国家秘密罪;非法持有国家绝密、机密文件、资料、物品罪;故意或过失泄露国家秘

密罪;为境外窃取、刺探、收买、非法提供国家秘密、情报罪。

刑法第282条规定了非法获取国家秘密罪和非法持有国家绝密、机密文件、资料、物品罪。第一款规定:"以窃取、刺探、收买方法,非法获取国家秘密的,处三年以下有期徒刑、拘役、管制或者剥夺政治权利;情节严重的,处三年以上七年以下有期徒刑。"第二款内容是:"非法持有属于国家绝密、机密的文件、资料或者其他物品,拒不说明来源与用途的,处三年以下有期徒刑、拘役或者管制。"刑法第398条规定:"故意或者过失泄露国家秘密,情节严重的,处三年以下有期徒刑或者拘役;情节特别严重的,处三年以上七年以下有期徒刑。非国家机关工作人员犯前款罪的,依照前款的规定酌情处罚。"该条还指出泄露国家秘密罪的主体一般是指国家工作人员或非国家工作人员。这其中并不包括他人以盗窃、侦察、破译等方式获取秘密,造成的泄密。主观方面,故意或过失都有可能构成泄露国家秘密罪。"例如,有的是为了追求某种犯罪目的或炫耀而故意泄露自己知道的秘密。有的是由于玩忽职守或违反保密纪律、乱放秘密文件,甚至带到家中或公共场所而致被盗、遗失而造成泄密等。过失泄密的行为人在主观上虽然应当预见,但并没有预见到,也不是他所希望发生的。"①

这里需要注意的是,刑法上泄露国家秘密,应当是"情节严重的",才构成犯罪。所谓"情节严重","一般是从客观行为方面加以确认,例如泄密的方法、手段、时间、地点和秘密内容、密级以及危害后果等事实情节是否严重;或者从行为人的主观方面进行认定,如是故意还是过失泄密的,泄露的动机、目的是否恶劣等"②。显然,受到刑事处罚的泄露国家秘密行为,都应当在法律上满足"情节严重"的相关要求,对于达不到犯罪标准的违法行为,可以通过行政法规作出处理。不过,也有学者主张,在刑法第282条增设第三、四款,单独规定"非国家机关工作人员故意泄露国家秘密罪"和"非国家机关工作人员过失泄露国家秘密罪"。这样刑法第398条中泄露国家秘密罪的主体就只包括国家机关工作人员③。除此之外,根据《刑法》第111条

---

① 靳婷:《网络时代公民知情权的保护与侵犯国家秘密罪的惩治——以维基解密事件为例》,《中国检察官》2010年第24期。
② 同上。
③ 李希慧、董文辉:《论泄露国家秘密犯罪的立法完善》,《中国刑事法杂志》2011年第6期,第80—84页。

的规定,为境外的机构、组织、人员非法提供国家秘密或者情报的,也可能构成犯罪。2001年1月22日施行的《最高人民法院关于审理为境外窃取、刺探、收买、非法提供国家秘密、情报案件具体应用法律若干问题的解释》第六条规定:"通过互联网将国家秘密或情报非法发送给境外的机构、组织、个人的,依照刑法第111条的规定定罪处罚;将国家秘密通过互联网予以发布,情节严重的依照刑法第398条的规定定罪处罚。"

互联网环境下对于泄露国家秘密构成犯罪行为的处理,绝大多数仍然可以适用原有的相关规定。对于网络媒体从业者泄露国家机密的,就可以根据刑法第398条的相关规定,如果构成过失或故意泄露国家秘密罪,就要追究刑事责任。不过,互联网环境下对于泄露国家秘密罪的司法认定,也会遇到一些新的问题。例如,网络上泄露国家秘密的危害后果如何量化,这对于是否要承担刑事责任也会有所影响。但是,目前无论是保密法还是刑法都缺乏相关的具体规定,造成司法实践缺少可操作性的依据,进而影响法律规制的合理性。"这也说明了在互联网时代,网上泄密案件危害后果的证据该如何采集,网络发布涉密信息的点击量、转载次数等数据应如何获取与认定,其经由网络被获知的范围与影响大小,以及与危害后果的关联如何等,都是需要在泄密危害评估的研究中寻求突破、加以解决的重要课题。"①

2. 网络泄密的行政责任

刑法主要针对的是泄露国家秘密行为中具有严重法益危害性的行为,这体现的是刑法作为最严厉、最后制裁手段的特征,而大多数泄露国家秘密的行为则是需要通过行政法规加以处理。网络泄密行政制裁中最重要的是《中华人民共和国保守国家秘密法》。新修订的保密法大幅度完善了违反保密法承担行政责任的相关规定。法律责任方面,1988年公布的保密法第三十一条的规定是:"违反本法规定,泄露国家秘密,不够刑事处罚的,可以酌情给予行政处分。"而2010年新修订的《保守国家秘密法》第四十八条规定:"违反本法规定,有下列行为之一的,依法给予处分;构成犯罪的,依法追究

---

① 刘进、张爽:《从一起故意泄密案说起——浅析当前泄密案件查处中的几个问题》,《保密工作》2014年第8期。

刑事责任。"该条详细列举了12种违法情形①。所以说,该条完善了对网络泄密作出行政处分的法律依据,加强了互联网环境下对网络泄密行为的行政监管。而且,该条将"泄密行为由'结果犯'改为'行为犯',规定不论是否产生泄密实际危害后果,只要发生列举的12种严重违规行为之一,都将依法追究责任,确立了对引起国家秘密泄露危险行为追究法律责任的基本制度"②。显然,修订后的保密法加大了对于泄密行为的监管力度,也凸显了防范网络泄密法律体系中行政法规的重要地位。

除了保密行政管理机构,其他一些行政机关发布的行政法规中也包含与处理网络泄密行为相关的规范。例如,公安部出台的《计算机信息网络国际联网管理暂行规定》第十三条规定:"从事国际联网业务的单位和个人,应当遵守国家有关法律、行政法规,严格执行安全保密制度,不得利用国际联网从事危害国家安全、泄露国家秘密等违法犯罪活动,不得制作、查阅、复制和传播妨碍社会治安的信息和淫秽色情等信息。"《计算机信息网络国际联网安全保护管理办法》第四条也明确规定:"任何单位和个人不得利用国际联网危害国家安全、泄露国家秘密,不得侵犯国家的、社会的、集体的利益和公民的合法权益,不得从事违法犯罪活动。"再例如,新闻行政管理机构发布的防范新闻媒体泄密的相关规定。2001年《国家新闻出版广电总局》发布的《出版管理条例》第26条规定,任何出版物不得含有"泄露国家秘密、危害国家安全或者损害国家荣誉和利益的"内容,否则,就有可能受到相应的行政处罚。第56条规定:"尚不够刑事处罚的,由出版行政部门责令限期停业整顿,没收出版物、违法所得,违法经营额1万元以上的,并处违法经营额5倍以上10倍以下的罚款;违法经营额不足1万元的,并处1万元以上5万元以下的罚款;情节严重的,由原发证机关吊销许可证。"新闻媒体在网络上泄露国家秘密的,仍然可以适用已有的行政法规,不仅相关单位可能会受到行政处罚,相关人员也可能被行政处分。"对造成泄密的单位,根据情节轻

---

① 比如,"(七)在互联网及其他公共信息网络或者未采取保密措施的有线和无线通信中传递国家秘密的;(八)将涉密计算机、涉密存储设备接入互联网及其他公共信息网络的;(九)在未采取防护措施的情况下,在涉密信息系统与互联网及其他公共信息网络之间进行信息交换的……"

② 皮勇、王启欣:《论信息化环境中核心国家秘密泄露危险的刑法规制》,《江汉论坛》2015年第12期。

重,由省级以上新闻出版管理部门给予警告,没收违禁物品、罚款、没收非法收入、通报批评、停业整顿直至吊销营业执照等行政处罚。对有关责任人,由出版单位和出版单位主管部门严肃处理,予以必要的行政处分。"①由此可见,网络环境下泄露国家秘密的行为,可由不同的行政机关依法进行查处。不过,保密行政执法主体的多元化也可能会引发对于保密行政管理机构职能定位问题的思考。对此,有学者主张,保密行政机关的职能应从执行机关转向监管协调机构,在战略层面承担宏观问题的决策与监督职能应是未来保密行政职能调整的大方向。"要解决全局性的观念、体制与认识问题,需要首先从顶层打通传统决策体制的部门划分边界,发挥我们政治制度的优势,实现不同决策机制的有机整合,对于重大问题作出权威、迅速的回答。"②

近年来,为增强网络泄密规制法律规范之间的衔接,加强刑事、行政法律对泄密行为的惩处,国家不断通过立法手段使得法网更加严密。有人指出,"如果说 2010 年 10 月 1 日实施的《中华人民共和国保守国家秘密法》与原保密法存在着明显的不同点,那么最大的不同点就是'违法必究'与'泄密必究'的本质区别。按照新保密法第三条和第四十八条的规定:'任何危害国家秘密安全的行为,都必须受到法律追究。''违反本法规定,有下列行为之一的,依法给予处分;构成犯罪的,依法追究刑事责任……'"③显然,修订后的保密法进一步强化了其对于刑事处罚的"补位"功能,进一步拓宽了行政处罚泄密行为的法律空间。此外,2016 年 12 月,最高人民检察院、国家保密局联合出台《人民检察院、保密行政管理部门查办泄密案件若干问题的规定》,通过进一步明确处理泄密案件中行政权力与司法权力各自的分工,从而加强了对于泄密案件的查处。该文件明确提到,泄密案件包括泄密违法案件和泄密犯罪案件,前者是指机关、单位或者有关人员的行为违反保密法律法规规章,致使国家秘密已经泄露或者可能泄露,但尚不构成犯罪的案件;后者是指根据刑法和有关司法解释的规定,构成故意泄露国家秘密罪或者过失泄露国家秘密罪,依法应当追究刑事责任的案件。"泄密违法案件由

---

① 黄瑚:《网络传播法规与道德教程》,复旦大学出版社 2006 年版,第 143 页。
② 周汉华:《〈保守国家秘密法〉修改述评》,《法学家》2010 年第 3 期。
③ 钱涛:《"违法必究"与"泄密必究"的本质区别》,《保密科学技术》2011 年第 12 期。

发生案件的机关、单位或者相关责任人员所在地的保密行政管理部门组织查处。有关法律法规规章对泄密违法案件管辖另有规定的从其规定。"总之,通过加强泄密惩处刑事、行政法律法规之间的衔接,由此也进一步堵住了网络环境中查处泄密行为的法律漏洞。

二、提高技术手段应对网络泄密的能力

计算机网络应用中面临许多外部威胁,如黑客攻击、网络病毒等,它们都有可能造成网络瘫痪、泄密等现象。因此,需要不断通过技术手段的提升来保障网络安全。因为一旦计算机网络被病毒攻击,或者秘密信息落入他人之手,都将造成无法估量的后果。因此,需要加大对入侵防范技术的研发,通过软件的升级有效识别和拦截各种类型的病毒,检测网络安全隐患,阻止黑客的入侵,以此维护网络的安全。同时,也要利用数据加密技术,对涉及国家秘密的信息进行加密处理,防范此类信息在传输过程中泄密。不过,由于目前还不可能出现一项技术能够百分之百地保证涉密信息的安全,即便是拥有全世界最领先技术的国家,也依然会遇到网络被黑客攻击、源代码被窃取等情况。所以说,为了保证国家秘密最大程度的安全,涉密信息系统与互联网实施物理隔离仍有必要,这也是保证涉密信息系统安全性的有效方法之一。总之,不断提高技术手段,是防范网络泄密的重要途径之一。

三、增强和提升公众的网络安全意识、保密观念

立法的调控是为了在国家的安全、利益与公众知情权之间找到一种合适的相处模式。由于网络泄密的复杂性,仅仅依靠法律手段的调控是无法实现防范网络泄密这一目标的,而网民、网络服务从业者包括网络媒体从业者等相关人员的道德观念、道德自律对于减少价值冲突、做好利益协调是十分重要的。因为网络媒体从业者在网络空间中的特殊角色,强化其职业道德建设对于提高对国家秘密的保护、更好地满足公众知情权尤为重要。媒体从业者不仅需要了解与保密相关的法律法规,遵守法律,同时,还需要有更高的政治意识和大局观念。"记者在得到一些重要的信息后首先要自审,确定自己将要报道的信息是否存在泄密的可能,尤其是涉及政治、经济、科

技、军事等方面的内容,所有敏感的事实都要严加确认,不能麻木,因为任何小的损失都可能给国家造成严重的损害。同时,新闻从业者应坚持重大新闻送审制度,在一些自己把握不了的重大事件和敏感词汇上,一定要坚持送审,得到有关部门的签字确认后才能发表,这是对社会负责,更是对自己负责。"① 在网络新环境中,国家秘密保护的形势也更加严峻,传播手段的多样、效率的提高引起网络泄密事件频发。而且,网络间谍等别有用心之人从未放弃利用网络开展违法犯罪活动。因此,在这一复杂局面当中,网络媒体从业者需要有高度的觉悟和清醒的认识。"新闻记者是沟通新闻保密与信息公开的重要渠道,所以记者必须通过不断的善与恶的对比、正与邪的认识、公与私的斗争、理性与欲望的较量,来提高自己的道德认识,坚定自己的道德信念,培养自己的道德情感,用自己过硬的道德素质为国家、为人民贡献出自己的一份心力。"②

除此之外,也要重视加强公众的网络安全教育,提升公众防范网络泄密的意识。全民保密是我国保密制度的一个重要特点。《保密法》规定:"一切国家机关、武装力量、政党、社会团体、企业事业单位和公民都有保守国家秘密的义务。任何危害国家秘密安全的行为,都必须受到法律追究。"网络时代,应当调动起普通网民保守国家秘密的积极性,筑起严防泄密的"网络长城"。由于制度调整,泄密行为也有其局限性,因此,就需要不断加强针对普通网民的网络安全教育,提高其保密意识。当前,网络泄密事件频发需要引起我们的高度重视。"有一次某西方大国国防部要员来访,这原本是化解矛盾、达成谅解的好时机,但由于我们有些'军事发烧友'将我国某新型飞机的信息在网络上公布,西方舆论就故意曲解,认定中国在向该国示威,由此带来的被动在未来较长时间里甚至无法化解。类似的事例还有很多。"③再例如,网上曾经还出现过一张标注有准确地理位置和精确坐标信息的某武器仓库卫星图片,这张图片详细介绍该仓库洞库位置和储备的武器弹药种类。山西省晋城军分区有关人员发现后第一时间将该帖删除,并协调地方有关

---

① 杨伟龙:《论新闻职业道德在协调新闻保密与信息公开中的作用》,《媒体时代》2011年第9期。
② 同上。
③ 公方彬:《虚拟世界确有设置边界的必要》,人民网,http://theory.people.com.cn/n/2013/0903/c148980-22790392.html,2013年9月3日。

部门进行追查,结果发现这是一位军事迷的炫耀军事知识之举。

如果今后对网民的保密意识、网络安全教育不能有效跟进,类似的网络泄密现象就不可能从根本上得到遏制。现实中,除了少数在网络上泄露国家秘密的行为需要通过法律加以处理,绝大多数还是那些尚未达到法律查处标准的泄密行为,但实际上,这类行为却已经对国家安全和利益造成了损害,对其危害也不容小觑。因此,要从根本上遏制网民的泄密行为,就需要增强每个网民保守国家秘密的责任意识,培养全民保守国家秘密的观念。

第三节　网络泄密的典型案例

近年来,媒体报道了不少因触犯法律被有关部门依法查处的网络泄密案件,其中有一些还是构成犯罪的刑事案件。这些案件一经媒体报道,引发了社会的广泛关注。网络泄密案件的频发,为互联网时代防范网络泄密、加强保守国家秘密的制度建设敲响了警钟。然而,要从根本上减少网络泄密事件的发生,除了依法查处,还需要通过网络安全教育,不断提高公众的保密意识和观念。

一、故意泄露国家秘密,被追究刑事责任

海南男子被间谍收买　从事间谍活动[①]

互联网的普及给生活带来了便利,通过互联网交友、求职等已经成为很多年轻人的生活方式,然而一些别有用心的人也在利用网络做着不可告人的事情。他们重点选择那些涉世未深,安全意识不强的年轻人作为猎物,布下一个个陷阱。

21岁的李某,因非法获取国家秘密,被判处有期徒刑3年。李某,海南人,高中辍学。2014年8月,他在五指山市打工期间到一间网吧上网,发现有人申请加为好友,备注信息:"你想发财吗？有份好工作在等着你！"李某

---

①　案例来源于《海南男子被间谍收买　观测三亚军港军舰情报》,央视网,2016年4月27日。

贪图钱财,再看对方的个人信息为:"风骚小女人"。随即将其加为好友。

对方不说自己开的什么公司,经营什么,只让李某称呼她老板,李某推测这位应该挺有钱,便谎称母亲有病,急需800元。对方立刻答应下来并告诉他,做了他提供的这份工作,今后钱不是问题。

老板给李某转了800块钱,李某拿到钱便挥霍一空。再次网聊,李某以为老板会要账,可没想到,对方不但对那800块只字未提,还要再给他钱。

这位老板告诉他,如果母亲的病好了,建议用这笔钱买一部手机,就当是她送给新员工的礼物,当然,也是为了联系起来更加方便。

先拿了800块钱,又得了一部手机,李某暗自得意,觉得占了不小的便宜。可让他没想到的是,几天后,老板又告诉他,为了方便他上班,公司还要再配一辆摩托车,随后寄来4 500元。

钱拿了,手机买了,摩托车也开上了,没过多久老板再找到他,这一次不是给钱,而是指责他说谎。原来,在网聊中,李某一直自称是五指山人,老板说,其实公司早就知道他的家不在五指山,而在海南某县。李某听罢一阵紧张,感觉到自己其实早就在人家的掌控之中,此时对方亮出底牌,告诉他,他的工作便是返回家乡,去了解位于那里的一座军用机场的相关情况。

此时李某才明白老板对他这般照顾的真正用意,尽管他没有去过这座机场,但对其性质还是大体了解,他不敢答应下来,又不敢立刻回绝,便推脱要好好想一想。对方催,他便说还没想好。

2014年9月的一天,李某接到一个陌生电话,声音经过变调处理。只听电话里说,眼下只有两条路:其一,拖下去,会有人找你,新账旧账一块儿算;其二,返回家乡,开始工作,这样的话,不但原来的账一笔勾销,还能得到丰厚的报酬。最终,李某选择了后者,他回到家乡,买通了朋友洪某作为同伙,又从母亲那里骗得2 000元,购买了数码相机,然后伺机行动。

2014年9月,李某约洪某来到机场周边,为拍摄做前期准备,见路途较远又怕被抓,他便决定退到幕后,由洪某再找两个人实施拍摄。李某许诺向三人支付工资,第一个月1 000元,第二个月1 500元,结果,在金钱的诱惑下几个人开始铤而走险。

每次偷拍完毕,洪某都会将相机交给李某,由李某通过网络传送出去,接到情报对方就将报酬打给李某。双方约定将"打钱"说成"寄吃的",将"大额汇款"说成"寄好吃的"。2014年9月至12月间,李某等人前后16次,拍摄、报送机场图片数百张,领取间谍经费26笔,共计51 000多元。每次拿到钱他们都去挥霍一番,但每次事后他们也感到后怕。

对方就是要用金钱换取情报,他们先让李某偷拍军机图片,又要其统计军机起落时间并绘制机场地形图,威逼利诱双管齐下,让李某既心怀恐惧又欲罢不能。正在此时,国家安全机关及时将李某抓捕。

李某在金钱的诱惑下,心甘情愿地听命于对方,还纠集他人共同实施间谍活动,其下场必然是受到法律的制裁,毁掉了自己生活和前程。

二、过失泄露国家秘密承担刑责

论坛"版主"泄密案①

上海某论坛"版主"网上泄露某国防重点工程秘密案,是我国破获的首例网上泄露国防重大机密案。

1999年5月19日,四川电子科技大学国家安全小组联络员,在互联网上发现一篇介绍某国防重点工程研制进度、近期研制规划和总装、试验情况,以及中央、军委领导亲临研制现场的有关情况的文章,立即将该文下载并报告成都市安全局。通过侦破,是航空工业总公司某研究所工作人员郭健所为。

郭健,1992年7月毕业于一所全国知名的重点大学,毕业后分配到承担国防重点工程任务的某研究所工作。他参加了该工程的设计工作,并先后两次被公派出国培训,对该工程的研制进展情况比较熟悉。应当说良好的学习基础加之良好的工作环境,他完全可以将自己锻炼成一位知名专家和学者,甚至会在不久的将来承担起重要的业务工作。但他由于经不住物质利益的引诱,置国家利益于不顾,擅自离开单位到某信息技术开发公司打工,并担任该公司主办的某论坛的"版主"。

1999年5月7日,他在家通过拨号上网,看到有关该工程的一些内容,抱着"别人的信息都不准确,自己从事过这项工作应当有责任发表一篇最权威的文章"的心理,于在线状态下编写并发表了该文。

此信息上网的当天就又以"出口转内销"的方式传回了国内。最后,于

---

① 案例来源于福建省国家保密局官网,http://www.fjbm.gov.cn/News/Show.asp?id=205,2005年11月13日。

1999年7月16日依据《中华人民共和国刑法》第398条依法判处有期徒刑8个月。

不辞而别数月之久,该研究所为严肃工作纪律,于1998年7月将其除名。

三、违法泄密国家秘密,被依法审查

贫困大学生寻求资助被收买泄露国家军事秘密①

2012年,广东某校专科生徐某考入该省一重点大学,因父母都在农村,家境不太宽裕,于是他在QQ群里发了求助帖"寻求学费资助2 000元"。不久,一网名为"Miss Q"的人回帖,询问其姓名、手机号、就读院校和专业,然后表示愿意提供帮助。徐某喜出望外,把银行卡号告诉对方,第二天,徐某就收到2 000元汇款。徐某当时知道的是,"Miss Q"是"一家境外投资咨询公司的研究员",需要为客户"搜集解放军部队装备采购方面的期刊资料",希望徐某协助搜集,作为资助学费的回报。徐某痛快地答应了,但没能在学校的图书馆找到相关资料,而"Miss Q"也未强求。

同年5月,徐某主动联系"Miss Q",对方向他提供了一份"田野调研员"的兼职,月薪2 000元。徐某所在的广东某大城市有一个军港码头和一家历史悠久的造船厂,他的"调研"工作就是到军港拍摄军事设施和军舰,到船厂观察、记录在造在修船舰的情况,并将有船舰方位标识的电子地图做成文档,提供给"Miss Q"。双方约定的传送方法是:通过手机短信约好时间,由徐某把加密文档上传至网络硬盘,"Miss Q"立即从境外登录下载。2013年5月,徐某被国家安全机关依法审查。

思考题:
1. 国家秘密的定义。
2. 网络泄密的主要途径。
3. 网络泄密的四种刑事处罚。

---

① 案例来源于《贫困大学生寻求资助2 000元 被收买泄露军事秘密》,中国青年报·中青在线,2016年4月16日。

第五章

网络传播淫秽、色情信息问题及治理

信息技术革命的蓬勃发展和互联网的广泛使用,给人们带来了越来越多的便利,人们可以很方便地利用手机、计算机、电子书阅读器、iPad等多种终端获取信息。互联网在给人们带来快捷、便利的同时,也给各终端用户带来了淫秽色情信息的困扰。无限性链接、瞬时复制与粘贴、海量收纳储存、临时屏蔽、一对多的加密扩散、网页或网站设立的零成本等技术手段,为淫秽色情信息的非法生产与传播提供了便利条件,使得网络淫秽色情等有害信息呈增多和蔓延之势。这严重败坏了社会风气,污染网络环境,扰乱网上秩序,更危害青少年的身心健康,人们对此深恶痛绝、反应强烈。

第一节 网络传播淫秽、色情信息问题及表现形式

一、网络传播淫秽、色情信息问题严重

2015年4月,全国各地、各网站共受理并处置网民举报14万件。其中,中国互联网违法和不良信息举报中心(以下简称举报中心)4月受理并处置网民有效举报32 300件,各地网信办受理并处置举报7 060件,中央重点新闻网站受理并处置举报943件,主要商业网站受理并处置举报99 453件。在举报中心4月接到的网民有效举报中,淫秽色情信息占70.8%,诈骗信息占4.4%,赌博信息占4.9%,网络谣言、暴恐等有害信息占19.9%。举报中

心通知新浪、百度、360、115网盘等网站删除色情链接6 078条①。

2016年上半年,全国共查办网上"扫黄打非"案件712起,处置网络不良与有害信息86.9万余条,其中淫秽色情信息52.9万余条;取缔关闭不良网站3 612个,其中淫秽色情类网站811个。至7月底,全国"扫黄打非"工作小组办公室已挂牌督办浙江丽水"11·16"网络传播淫秽物品案、上海"2·29"网络传播淫秽物品案等34起"净网"案件,占已挂牌督办大要案件总数的近五成②。

从以上这些惊人的数字可见,网络淫秽色情信息的传播已经成为社会一大"公害",扰乱了网络秩序、社会秩序,侵害了网民,特别是未成年网民的身心健康,其危害程度不可小觑。

二、网络传播淫秽、色情信息的界定

在我国,淫秽和色情分别有着法律意义上的明确界定。我国最早确定"淫秽"内涵的行政法规是1985年4月17日国务院颁布的《关于严禁淫秽物品的规定》(国发〔1985〕57号第2条),根据该条,"淫秽"可理解为"具体描写性行为或露骨宣扬色情淫荡形象"。同时,为防止查禁范围扩大,该规定第3条将"夹杂淫秽内容的有艺术价值的文艺作品""表现人体美的美术作品""有关人体的生理、医学知识和其他自然科学作品"三类作品排除在淫秽物品范畴之外。全国人大常委会1990年12月28日颁布的《关于惩治走私、制作、贩卖、传播淫秽物品的犯罪分子的决定》第8条基本上采用了上述两条的规定,区别仅在于对"露骨宣扬色情"增加了"诲淫性"之目的限制。1997年3月14日第八届全国人民代表大会第五次会议修订的《中华人民共和国刑法》第367条对淫秽物品的定义完全照录了全国人大常委会规定的第8条。

较具体的认定标准是作为查禁淫秽色情出版物的主要行政机关——新闻出版署于1988年12月27日和1989年11月3日先后发布的《关于认定

---

① 李雪昆:《淫秽色情有害信息向移动互联网转移》,《中国新闻出版报》2015年5月8日,第001版。
② 刘竞宇:《上半年3 612个不良网站被关 原来它们是这样传播》,http://news.southcn.com/china/content/2016-08/04/content_153070181.htm,2016年8月4日。

淫秽及色情出版物的暂行规定》和《关于部分应取缔出版物认定标准的暂行规定》,它们对淫秽色情出版物的类型与认定标准作了明确规定。依照以上两个行政规章,淫秽色情出版物有三种:淫秽出版物、色情出版物、夹杂淫秽色情内容的出版物。"淫秽出版物是指在整体上宣扬淫秽行为,具有下列内容之一,挑动人们的性欲,足以导致普通人腐化堕落,而又没有艺术价值或者科学价值的出版物:(一)淫亵性地具体描写性行为、性交及其心理感受;(二)公然宣扬色情淫荡形象;(三)淫亵性地描述或者传授性技巧;(四)具体描写乱伦、强奸或者其他性犯罪的手段、过程或者细节,足以诱发犯罪的;(五)具体描写少年儿童的性行为;(六)淫亵性具体描写同性恋的性行为或者其他性变态行为,或者具体描写与性变态有关的暴力、虐待、侮辱行为;(七)其他令普通人不能容忍的对性行为的淫亵性描写。"色情出版物是指在整体上不是淫秽的,但其中一部分内容符合上述(一)至(七)项中对普通人尤其是未成年人身心健康有害而缺乏艺术或者科学价值的出版物。夹杂淫秽色情内容的出版物"是指尚不能定性为淫秽、色情出版物,但是具有下列内容之一,低级庸俗,妨害社会公德,缺乏艺术价值或者科学价值,公开展示或阅读会对普通人特别是青少年身心健康产生危害,甚至诱发青少年犯罪的出版物:(一)描写性行为、性心理,着力表现生殖器官,会使青少年产生不健康意识的;(二)宣传性开放、性自由观念的;(三)具体描写腐化堕落行为,足以导致青少年仿效的;(四)具体描写强奸、通奸、淫乱、卖淫细节的;(五)具体描写与性行为有关的疾病,如梅毒、淋病、艾滋病等,令普通人厌恶的;(六)其他刊载有猥亵情节,令普通人厌恶或难以忍受的。"

值得一提的还有1996年2月1日广播电影电视部、文化部发布的《音像制品内容审查办法》第十五条规定了不能在音像制品中出现的画面,如"直接显露男女生殖器官和女性躯体裸露至乳房以下的画面""与剧情无密切联系,时间较长的接吻、爱抚等具有挑逗性,没有艺术价值的画面"①。而对于淫秽、色情的认定标准,我国相关法律法规都强调认定的整体性,并强调"艺术价值或科学价值"的排除标准。我国法律严格禁止淫秽色情产品和信息的生产与传播,对于制作、复制、出版、贩卖、传播淫秽色情物品、信息行为,与之相应的处罚方式包括刑事和行政处罚。

---

① 江剑:《淫秽色情出版物的查禁标准和编辑尺度》,《编辑之友》2013年第4期。

网络淫秽色情信息是指不法分子在网络上传播的，没有艺术或科学价值的，能够挑动人们性欲、诱发腐化的信息。淫秽信息对一般民众特别是未成年人的身心健康会造成严重的伤害。世界上多数国家都严格控制淫秽色情信息在社会上传播，如英国在1959年出台的《淫秽物品出版法》以及1994年颁行的《刑事司法和公共秩序法》明确规定了淫秽内容的范围，把互联网上的视频信息传播也纳入淫秽内容的范畴，并将针对儿童的色情信息直接确定为犯罪行为。

网络淫秽色情违法犯罪就是以现代电子通信技术为媒介，通过播放、粘贴、发送等数据传输方式，致使淫秽色情物品传播扩散的行为。网络淫秽色情违法犯罪的内容与传统的传播淫秽色情违法犯罪基本一致，均为传播。即为宣扬淫秽行为，挑动人的性欲，而又没有艺术或科学价值的文字、图片、音频、视频等信息内容。但就犯罪客体、手段、对象而言，与传统的传播淫秽色情违法犯罪不同。其侵犯的是复杂客体，除了侵犯社会道德风尚，也侵犯了互联网的管理秩序；其犯罪手段则是借助网络实现传播淫秽色情信息；其危害到的是不特定对象，具有人数多、分布广的特点。

三、网络传播淫秽、色情信息的表现形式

随着网络新媒体技术的发展，网络传播淫秽、色情信息的表现形式也在不断地变化，其式样越来越多。

(1) 网络色情文学。

这是比较传统的网络传播淫秽、色情信息的表现形式。它是以网络为传播基础的原创情色文学，通过色情文字、图片引人无尽想象，以至于使读者产生意淫、手淫的小说、记叙、自传等。例如广州凡天网络科技有限公司旗下名叫"烟雨红尘"的文学网站里存有大量涉及淫秽色情内容的电子书籍。该网站拥有约600万注册会员，网友购买"雨币"后，即可观看或下载网站提供的收费淫秽书籍、色情书籍。该公司自成立以来，已累计获利近人民币700万元。后被广州天河警方查获[①]。

---

① 陆建銮：《收费提供黄书下载　色情文学网站被封》，《广州日报》2014年4月19日。

(2) 网络色情短信。

色情短信包括性暗示照片、穿着胸罩或内衣裤的照片、裸照、性暗示简讯与约炮露骨文字等。由 360 安全中心发布的《360 安全大数据报告》显示,在全国各地的所有由伪基站发送的短信中,近七成的色情服务短信出现在北京地区①。当然不排除其他地方也有类似行为,例如广东增城男子陈某将伪基站藏身 SUV 轿车内四处游荡,边走边向车外路人发送色情广告内容短信息。经中国移动通信集团广东有限公司广州分公司后台统计,该伪基站在 2015 年 9 月 14 日在广州市增城区新塘、东坑三横路一带总共导致用户 119 180 次异常,发送垃圾信息 119 180 条,对该公司至少 119 000 名用户造成通信中断②。

(3) 网络色情音频、视频。

这是通过听觉的挑逗和视觉的刺激使人产生感官冲动的网络传播样式,它比网络色情文学更直观、更刺激。目前最引人注目的是网络直播。网络直播在互联网快速发展的今天成为"当红小生",成为人们展示自己的平台。一些网络直播平台传播色情低俗信息,屡屡挑战社会道德底线,个别网络直播平台存在色情表演,严重破坏网络环境,危害社会公共秩序③。例如《北京青年报》记者探访"嘿秀"直播平台时发现,部分直播内容打黄色"擦边球",有部分主播在直播时暗示观看者加入 QQ 群,通过 QQ 群聊直播裸露身体私密部位画面,并以拉"表演群"名义向观看者索要红包,以此营利。女主播穿着暴露,并不断发出不雅声音。"嘿秀"平台上的涉黄直播内容集中出现在晚间 9 点至凌晨时段。直播时,有女主播要求观看者"送 10 张电影票"或者"送 1 辆跑车"就承诺可以做出大尺度举动。按照直播平台上"礼物"的充值标准,"10 张电影票"约需要支付 10 元,而"1 辆跑车"约 100 多元。收到礼物后,女主播一般会裸露自己的胸部或抚摸下体,但持续时间较短。此外,也有女主播表示,送某些高价"带钻"礼物后,可以加主播微信,称

---

① 王开广:《近 7 成色情服务短信在北京 钓鱼网站成网络诈骗主手段》,《法制日报》2015 年 2 月 10 日。

② 董柳:《男子使用伪基站滥发色情短信致 11 万人断通讯》,金羊网,2016 年 7 月 19 日。

③ 王茜、白阳:《一些网络直播平台传播色情低俗信息》,华龙网,2016 年 7 月 28 日。

可以"送福利"。女主播会在直播中口播"福利"QQ群号码,添加后发现,该群管理员不断向群内发色情动图,并不断发送"下载好房间地址,注册免费ID,加管理,婷姐拉进内部,看脱到一丝不挂"的消息,同时附有链接①。

(4) 网络虚拟性爱。

互联网技术的迅猛发展与日渐成熟的即时通信软件(微软 MSN、雅虎即时通、腾讯 QQ)令虚拟生活成为现实,"虚拟性爱"就是伴随信息技术应运而生的行为之一。虚拟性爱是指,双方当事人并不通过实际身体接触的方式,而是通过电话、短信、网络聊天及音频、视频等工具,经由文字、声音或图像刺激等方式来获得性的快感和满足。青少年尚未建立起成熟的性爱和性道德观念,因此在虚拟性爱之后,如同手淫一样,常常会伴随羞耻、内疚、自责的想法,影响学业、人际及心理的健康发展。此外,虚拟性爱引起的性冲动也可能导致青少年走向犯罪边缘。对成人来说,过度依赖虚拟性爱来满足性的欲望,会导致虚拟性爱成瘾,而对现实生活中的妻子或丈夫产生性冷淡,影响夫妻关系的和谐。

(5) 网络色情游戏。

网络色情游戏是含有色情成分的网络游戏,在游戏的过程中通过虚拟角色扮演获得愉悦的满足。例如韩国厂商开发的《3FEEL》直接以男女交媾为游戏主元素,把服务器设到欧美地区和马来西亚。男女玩家在游戏中自由交往,自由互动,这些都是免费的;但如果要得到超级漂亮的男女 NPC(非玩家角色)做补充,或者想尝试一些更刺激的地点、体位、服装,就得花点卡买,厂商就靠这个赚钱②。豌豆荚、91 手机助手等 14 家手机游戏平台及趣游科技等 8 家网游公司,因运营"苍老师打飞机""蹂躏女优"等 41 款违规游戏产品或在推广宣传中宣扬色情内容被文化部点名③。游戏的服务对象主要是青少年,若青少年不小心涉足网络色情游戏,沉溺其中而不能自拔,就会影响他们的学业,甚至会把虚拟角色搬到现实生活中实践之,演绎现实

---

① 张雅:《涉黄直播平台躲避检查 色情直播转战 QQ 群》,《北京青年报》2016 年 7 月 28 日。
② Kukili:《成人网游中文官网色情图片不堪入目》,http://games.QQ.com,2008 年 3 月 20 日。
③ 温天越:《14 家手游平台运营色情游戏被查》,http://news.china.com/domestic/945/20140528/18530309.html,2014 年 5 月 28 日。

版的色情游戏。

(6)微博、微视、微电影等"微领域"的淫秽色情自传播。

随着博客、微博、微信等自媒体的发展,人人皆可自己上传信息,并与他人互动。三网融合,人们更是可利用手机移动智能终端,通过微博、微信、微视、微电影等传播信息。微博、微视、微电影等"微领域"也成了传播淫秽色情信息的新渠道。由于微博的信息量大、更新即时、传播范围广,发布不需要通过审核,淫秽色情信息即使能通过用户举报等方式发现,也已经被广泛转发。一些人利用微博客肆意传播所谓"一夜情""自拍偷拍"等淫秽色情和低俗信息;"成人性爱""色色色女公寓"等535个微博客账号传播淫秽色情和低俗信息①;此外,下载工具迅雷升级到7.0版本后,增加了微博应用功能,可以在微博中搜索迅雷下载资源,可下载到淫秽色情视频资源的链接。"蜜雪团队"通过微信转账方式销售某云盘账号、密码,传播淫秽色情视频、图片和小说,还有人通过APP软件传播淫秽色情信息等。随着移动互联网的普及,用户群体也呈现年轻化趋势,不少青少年甚至儿童都拥有自己的智能手机或者平板电脑,如果任由色情内容泛滥,对他们造成的危害可想而知。如此这些,严重损害未成年人的身心健康,违反有关法律法规,败坏社会风气,扰乱互联网传播秩序,社会影响恶劣。

除以上介绍的几种,还有利用弹窗、搜索引擎、云存储、电视盒子等传播淫秽色情信息的行为。新浪网"日娱频道"、腾讯网"性感热图"栏目、迅雷弹窗"资讯"栏目刊登淫秽、低俗视频图片、信息。

第二节 网络传播淫秽、色情信息典型案例

一、2016年网络传播淫秽、色情信息案例概览

1. 6起企业网盘传播淫秽色情信息案

(1)福建千军万马网盘传播淫秽色情信息案。

---

① 《535个传播淫秽色情和低俗信息的微博客账号被依法关闭》,《人民日报》2012年5月4日,第004版。

据群众举报,千军万马网盘中存有淫秽色情信息。该网盘为福建省宁德市百纳科技有限公司运营。2016年4月7日,宁德市公安局对该公司处以警告、罚款的行政处罚。福建省"扫黄打非"办公室协调通信管理部门将千军万马网站彻底关闭并将其域名列入黑名单。

(2)上海城通网盘传播淫秽色情信息案。

据群众举报,城通网盘中存在淫秽色情信息。该网盘为上海市金灏网络科技有限公司运营。2016年3月3日,上海市公安局黄浦分局对该公司作出责令限期改正的行政处罚。

(3)广东迅雷快传传播淫秽色情信息案。

据群众举报,迅雷快传中存有淫秽色情信息。该网盘为深圳市迅雷网络技术有限公司运营。2016年5月13日,深圳市南山区新闻出版局对迅雷公司作出责令限期改正、罚款的行政处罚。

(4)北京新浪微盘传播淫秽色情信息案。

据群众举报,新浪微盘中存有淫秽色情信息。该云盘为北京市新浪互联信息服务有限公司运营。2016年5月3日,北京市文化市场行政执法总队对新浪互联信息服务有限公司处以责令停止网络出版服务、罚款的行政处罚。

(5)北京百度云盘传播淫秽色情信息案。

据群众举报,百度云盘中存有淫秽色情信息。该云盘为北京市百度网讯科技有限公司运营。2016年5月6日,北京市文化市场行政执法总队对百度网讯科技有限公司作出罚款的行政处罚。

(6)北京飞速网网盘传播淫秽色情信息案。

据群众举报,飞速网网盘中存在淫秽色情信息。该网盘为北京市光芒时代国际传媒网络技术有限公司运营。2016年5月10日,北京市文化市场行政执法总队对光芒时代国际传媒网络技术有限公司作出罚款的行政处罚①。

2. 8起贩卖云盘账号传播淫秽物品牟利案

(1)四川绵阳"12·21"云盘传播淫秽物品案。

---

① 赖名芳:《全国"扫黄打非"办公室通报一批传播淫秽色情信息案》,《中国新闻出版广电报》2016年5月18日,第002版。

2015年12月,绵阳市公安部门破获一起销售云盘账号传播淫秽物品案。调查发现,犯罪嫌疑人团伙使用专门软件将百度、115、苏宁、乐视、PPTV等网盘空间扩容,再批量转存淫秽视频层层贩卖。该团伙为四层组织架构:软件工具的提供者,利用专门工具制作淫秽母盘者,批量制作淫秽网盘账号者,批发、零售淫秽网盘账号者。专案组共抓获6名犯罪嫌疑人,查获含有淫秽视频的网盘账号3万余个,扣押一批作案电脑、手持移动上网终端,涉案金额50余万元。

(2) 安徽宿州"10·20"云盘传播淫秽物品案。

2015年10月,宿州市萧县公安部门破获一起销售云盘账号传播淫秽物品案。经查,犯罪嫌疑人李某某通过即时聊天工具出售含淫秽内容的百度云盘账号。李某某通过黄某某、李某等人获取资源。李某开设"名网卡盟"网站,出售含淫秽内容的云盘账号。该网站有注册会员2 000余人,其中有数十人通过该网站购买云盘账号。另外,"名网卡盟"网站还链接到"创天卡盟"等网站。"创天卡盟"网站为赵某开办,共有5名供货商在该网站出售含有淫秽内容的云盘账号。据其中一名供货商供述,已通过"创天卡盟"等网站出售2万多个云盘账号。公安部门已刑事拘留7名犯罪嫌疑人。

(3) 河北衡水王某某等人云盘传播淫秽物品牟利案。

2015年11月,衡水市冀州公安部门在巡查中发现,犯罪嫌疑人王某某涉嫌通过销售云盘账号传播淫秽物品。经查,王某某复制、贩卖百度云盘账号700余个,每个云盘存储容量2T左右。另有多名犯罪嫌疑人经常与王某某批量交易,并各自通过网络即时聊天工具转卖。公安部门已抓获8名犯罪嫌疑人。

(4) 浙江嘉兴周某某等人网络传播淫秽物品牟利案。

2015年12月下旬,嘉兴市秀洲区公安部门在工作中发现,名为"2016最新电影抢先看X"的淘宝店出售含有淫秽视频的百度云盘。经查,该淘宝店的店主为周某某,2015年10月以来,周某某伙同曲某某、刘某某等人制作出大量含淫秽视频的百度云盘,以2元至30元不等的价格出售给下线。其下线从周某某处购买百度云盘账号后,通过QQ、微信等平台出售。公安机关已抓获周某某等7名犯罪嫌疑人。

(5) 辽宁沈阳"3·30"网络传播淫秽物品案。

2015年3月,沈阳市公安局工作中发现某微信公众号发布出售含淫秽视频云盘账号的广告。经查,发布者为犯罪嫌疑人于某某。自 2015 年以来,于某某从上家手中购得云盘账号,再通过微信出售,共获利 1 000 余元。2015 年 4 月,专案组在太原将于某某上线冯某某抓获。经讯问,冯某某贩卖含淫秽视频的云盘账号 400 余个,涉案视频累计 40 万部以上。

(6) 浙江温州叶某某等人网络传播淫秽物品案。

2015 年 11 月以来,以叶某某为群主,张某某、梁某某等人为主要管理者的犯罪团伙,利用 QQ、微信群为工具,通过百度云盘等方式传播淫秽视频,使用支付宝、微信红包等支付,从中牟利。经查,该团伙传播淫秽视频 10 万余部,牟利 10 万余元。公安部门已抓获 12 名犯罪嫌疑人[①]。

(7) 浙江舟山闵某某等人传播淫秽色情信息案。

2016 年 4 月 7 日,浙江省舟山市查获利用百度云盘销售淫秽视频案。经查,3 个月时间,林某通过网络销售内含淫秽视频的百度云盘共 11 000 余组。2016 年 4 月 20 日,公安机关抓获林某的上线闵某某,闵某某从 2016 年 1 月起销售含有淫秽视频的乐视网盘及百度云盘共计 5 万余组,非法牟利 11 万元。公安机关共抓获 3 名犯罪嫌疑人[②]。

3. 6 起"净网"典型案例

(1) 浙江丽水"11·16"网络传播淫秽物品案。

2015 年 11 月 16 日,丽水市青田县公安部门侦查发现,"交友乱聊群""黄视频"等 QQ(微信)群涉嫌传播淫秽物品,共传播淫秽视频 23 000 余部、淫秽图片 4 000 余张、淫秽视频下载链接 500 余条。上述 QQ(微信)群内成员多达 2 800 余人,涉及全国 10 多个省市。公安部门已刑事拘留邱某等 11 名犯罪嫌疑人。

(2) 上海"2·29"网络传播淫秽物品案。

2016 年 2 月 29 日,上海市"扫黄打非"办公室协调公安部门侦查发现,犯罪嫌疑人唐某等 2 人自 2015 年 1 月起,利用计算机网络技术,破解迅雷服务器、115 网盘服务器上的各类视频资源,包括大量淫秽视频,链接至自己架设的"火焰云播"网站,用户可以在线观看。另外,犯罪嫌疑人还在其管

---

① 赖名芳:《全国"扫黄打非"办公室通报一批传播淫秽色情信息案》,《中国新闻出版广电报》2016 年 5 月 18 日,第 002 版。

② 张红兵:《全国扫黄打非办公布"护苗 2016"行动首批案件 严打网络传播淫秽色情信息行为》,《法制日报》2016 年 6 月 7 日,第 006 版。

理维护的"安安阁电影站""安安阁华人站"上大量引用"火焰云播"上的淫秽视频资源,并对网站进行带宽分流,分流服务器多达50余台。截至案发,上述网站浏览量超过3亿次,犯罪嫌疑人通过广告非法获利200余万元。2名犯罪嫌疑人已被刑事拘留。

(3)湖南岳阳"4·25"网络传播淫秽物品牟利案。

2016年3月18日,岳阳市执法部门调查发现,昵称为"老大盈盈""比基尼""牛奶棒"的微信号组建两个专门进行淫秽物品贩卖的微信群,并发展下线代理,每个下线交300元代理费后可以进入群内进行淫秽物品的资源共享和交流。下线代理再向各自的微信好友贩卖淫秽物品。涉案人员高达290人,涉及全国20多个省市,犯罪嫌疑人年龄基本在30岁以下。公安机关已抓获黄某等2名犯罪嫌疑人。

(4)江西上饶"3·7"网络传播淫秽物品牟利案。

2016年3月7日,根据举报线索,上饶市执法部门立案查处一起网络传播淫秽物品牟利案,于4月成功侦破。经查,犯罪嫌疑人李某某开设4个淘宝网店和1个阿里巴巴网店,将成套的淫秽游戏软件、成套的淫秽视频伪装成电脑PC游戏出售,买家遍布全国31个省(区、市)。截至案发,李某某共销售存有淫秽内容的DVD光盘2.3万余张,其中含淫秽视频24万余个,淫秽游戏软件1.7万余个。公安机关已抓获李某某。

(5)浙江绍兴"5·26"网络传播淫秽物品牟利案。

2016年5月26日,绍兴市"扫黄打非"办公室协调市公安局高新区分局破获一起网络传播淫秽物品牟利案。以李某某为首的犯罪团伙通过淘宝网店及微信、QQ等方式,以1至30元不等价格贩卖多类云盘账号,云盘内含有大量淫秽色情视频文件,容量为2T至50T。该犯罪团伙上、下线超100人,遍布全国27个省(区、市),非法获利共计至少600余万元。专案组已抓获13人。

(6)陕西西安"7·19"网络女主播传播淫秽物品牟利案。

2016年7月19日,陕西省"扫黄打非"办公室组织省、西安市、长安区公安网安及"扫黄打非"等部门,成功侦破网络女主播白某某涉嫌从事淫秽色情表演案。犯罪嫌疑人白某某自2015年11月份起在"YOLO"网络直播平台做主播,多次进行淫秽色情直播表演。被该平台封号后,白某某又在许某某帮助下建立两个QQ群,在群内销售淫秽视频,截至案发,共获利10万余元。2 名犯罪嫌疑人已被刑事拘留①。

二、典型案例的网络传播特征

综观近年来网络传播淫秽、色情信息的典型案例,可以发现,这些案例主要集中在微博、微信、网盘、云盘、网络视频、网络直播等领域,体现了犯罪分子善于利用新媒体来为自己牟利。这些案例的传播特征主要表现为六点。

(1) 传播者的匿名性。

网络的匿名性为传播者的匿名性提供了天然的屏障。人人皆可在匿名、化名的掩护下成为信息发布者,而在匿名的环境下,有的人会变得异常大胆,会做出自己在现实生活中做不出的事情。

(2) 受众的广泛性。

由于网络传播具有跨时空性、开放性等特点,任何信息一旦发布到网络上,就会迅速传播开来。传播行为一旦实施,连接互联网的用户都有可能成为受播对象。特别是当传播出现互动或交替的情形时,传播的信息更以几倍、几十倍甚至上百倍的速度翻番,受众不计其数。

(3) 传播的快捷性。

传播的快捷性主要体现在实时性和不间断性上。实时是指网络传播的信息可以与现实社会发生的事件连为一体,达到时间上高度一致,事件即时发生,信息即时网上发布,突破了传统媒体受时间、地点、版面等的限制。不间断是指网上传播的信息是一种动态信息,随着事件的发展不断变化更新,使网民能够更加全面深入地了解事件内容。网络传播的实时不间断性,使现实社会中发生的事与网络传播的信息能够实现无缝对接,在对事件进行全面发布的同时,实现对事件的深度剖析。

(4) 内容的多样性。

在传统媒体上,多数内容是呈现单一的表现形式,无论是文字、图片、视频、音频,都会或多或少受载体局限性的影响。而网络传播则可以将上述内

---

① 张鑫:《全国扫黄打非办公布 6 起净网典型案件 网络女主播传播淫秽物品牟利》,法制网,2016 年 8 月 4 日。

容完全归于一体。在人人都可以成为信息传播者的信息社会,由于不同人群拥有的终端设备不同,对问题的关注点不同,传播的信息内容会呈现多元化态势,五花八门,难以细化分类①。淫秽色情文字、声音、图像等呈现互相交融的内爆状态,这一状态的后果使得以传统媒介为代表的线性叙事结构彻底崩溃,使得传播内容更为虚幻和不确定,事实与虚构信息相互结合,存在于网络信息当中,致使传播内容更加泛化,衍生信息不断呈现。

(5) 媒介的融合性和多媒体性。

网络传播时代,媒介不断融合,网络容纳了报纸、广播、电视传统媒体,而三网融合下的手机更是凭一小小终端"海涵"各种媒体。媒介融合催生了多媒体性的传播载体,淫秽色情从原有的图书、期刊、音像制品等传统出版物转向网络视频、网络小说、网络动漫、网络图片等新媒体出版物与传统出版物并行的局面。视频在线播放软件、共享软件、色情网络电视棒、苹果电子商城、网络直播、微博、微信、网盘、云盘等都成为淫秽色情信息传播的新载体,这些新载体具有技术性强、容量大、使用简单快速便捷等特点,其拓展蔓延之势成为打击网络淫秽色情工作的新难点。

(6) 传受的互动性。

传统淫秽色情信息采取单向传播方式,受众并不参与信息发布,色情网站易于被发现和举报,信息的源头也易于查找。而网络技术发展及传播工具的不断更新扩容,使得使用者可以自行选择任何网络上的节点读取和传送资料、发表意见、寄送及收取电子邮件,甚至和其他单一或多数的网络使用者进行同步交谈、互传信息。这促进了淫秽色情媒体与其受众间的双向互动,用户可以轻而易举地成为自媒体,参与并推动网络淫秽色情信息的传播过程,与信息发布者共建色情世界。色情论坛通过建立会员发原创帖、上传色情小说、影音视频等奖励积分、奖励网站金币以提升浏览论坛权限的制度,鼓励会员创作、上传淫秽色情信息是这种双向互动的典型。还有些软件设计的分享下载获取积分制度,促使使用者在共享中存放淫秽色情信息吸引下载来获取积分。此外,点对点网络下载工具资源平台上的淫秽色情音频、视频资源,大部分都是由用户利用个人电脑已有的影音视频文件制作成

---

① 楼伯坤、王静:《网络传播有害信息刑法规制初探》,《广东行政学院学报》2014年第6期。

种子上传,供其他用户下载①。

第三节 网络传播淫秽、色情信息的治理及问题

网络传播淫秽色情信息危害社会正常秩序,毒害思想、腐蚀人性,尤其对于青少年和儿童危害更大,需要对之予以治理。

一、网络传播淫秽、色情信息的治理

我国对传播淫秽、色情物品实行全面规制,形成了由刑事处罚、治安管理处罚和文化行政处罚构成的梯级处罚机制。

1. 刑事处罚

中国在处理传播网络淫秽色情等违法犯罪行为的法律依据主要是《刑法》第363条至367条。

(1)制作、复制、出版、贩卖、传播淫秽物品牟利罪。

中国《刑法》第三百六十三条规定:"以牟利为目的,制作、复制、出版、贩卖、传播淫秽物品的,处三年以下有期徒刑、拘役或者管制,并处罚金;情节严重的,处三年以上十年以下有期徒刑,并处罚金;情节特别严重的,处十年以上有期徒刑或者无期徒刑,并处罚金或者没收财产。"②这五种行为不需要同时具备,只要实施其中行为之一,即构成本罪。而同时实施几种行为的,也只定一罪,不实行数罪并罚。处罚分为三级:一般处三年以下有期徒刑、拘役或管制,并处罚金;情节严重的,处三年以上十年以下有期徒刑,并处罚金;情节特别严重的,处十年以上有期徒刑或者无期徒刑,并处罚金或没收财产。

此外,2010年1月通过的《最高人民法院、最高人民检察院关于办理利

---

① 刘宁:《传播学视角下突发性淫秽事件信息传播模式及管理对策》,《出版发行研究》2015年第11期。

② 全国人大常委会:《最新中国刑法全文(2016最新版本)》,http://www.66law.cn/tiaoli/9.aspx,2015年8月29日。

用互联网、移动通讯终端、声讯台制作、复制、出版、贩卖、传播淫秽电子信息刑事案件具体应用法律若干问题的解释(二)》①中的第一条指出：以牟利为目的,利用互联网、移动通讯终端制作、复制、出版、贩卖、传播淫秽电子信息的,依照《最高人民法院、最高人民检察院关于办理利用互联网、移动通讯终端、声讯台制作、复制、出版、贩卖、传播淫秽电子信息刑事案件具体应用法律若干问题的解释》第一条、第二条的规定定罪处罚。以牟利为目的,利用互联网、移动通讯终端制作、复制、出版、贩卖、传播内容含有不满十四周岁未成年人的淫秽电子信息,具有下列情形之一的,依照刑法第三百六十三条第一款的规定,以制作、复制、出版、贩卖、传播淫秽物品牟利罪定罪处罚：(一)制作、复制、出版、贩卖、传播淫秽电影、表演、动画等视频文件十个以上的；(二)制作、复制、出版、贩卖、传播淫秽音频文件五十个以上的；(三)制作、复制、出版、贩卖、传播淫秽电子刊物、图片、文章等一百件以上的；(四)制作、复制、出版、贩卖、传播的淫秽电子信息,实际被点击数达到五千次以上的；(五)以会员制方式出版、贩卖、传播淫秽电子信息,注册会员达一百人以上的；(六)利用淫秽电子信息收取广告费、会员注册费或者其他费用,违法所得五千元以上的；(七)数量或者数额虽未达到第(一)项至第(六)项规定标准,但分别达到其中两项以上标准一半以上的；(八)造成严重后果的。实施第二款规定的行为,数量或者数额达到第二款第(一)项至第(七)项规定标准五倍以上的,应当认定为刑法第三百六十三条第一款规定的"情节严重"；达到规定标准二十五倍以上的,应当认定为"情节特别严重"。

第四条指出,以牟利为目的,网站建立者、直接负责的管理者明知他人制作、复制、出版、贩卖、传播的是淫秽电子信息,允许或者放任他人在自己所有、管理的网站或者网页上发布,具有下列情形之一的,依照刑法第三百六十三条第一款的规定,以传播淫秽物品牟利罪定罪处罚：(一)数量或者数额达到第一条第二款第(一)项至第(六)项规定标准五倍以上的；(二)数量或者数额分别达到第一条第二款第(一)项至第(六)项两项以上标准二倍

---

① 中华人民共和国公安部：《最高人民法院、最高人民检察院关于办理利用互联网、移动通讯终端、声讯台制作、复制、出版、贩卖、传播淫秽电子信息刑事案件具体应用法律若干问题的解释（二）》,http://govinfo.nlc.gov.cn/gtfz/xxgk/gwyzcbm/gab/201301/t20130111_3319701.html?classid=451,2010年2月2日。

以上的;(三)造成严重后果的。实施前款规定的行为,数量或者数额达到第一条第二款第(一)项至第(七)项规定标准二十五倍以上的,应当认定为刑法第三百六十三条第一款规定的"情节严重";达到规定标准一百倍以上的,应当认定为"情节特别严重"。

第六条指出,电信业务经营者、互联网信息服务提供者明知是淫秽网站,为其提供互联网接入、服务器托管、网络存储空间、通讯传输通道、代收费等服务,并收取服务费,具有下列情形之一的,对直接负责的主管人员和其他直接责任人员,依照刑法第三百六十三条第一款的规定,以传播淫秽物品牟利罪定罪处罚:(一)为五个以上淫秽网站提供上述服务的;(二)为淫秽网站提供互联网接入、服务器托管、网络存储空间、通讯传输通道等服务,收取服务费数额在二万元以上的;(三)为淫秽网站提供代收费服务,收取服务费数额在五万元以上的;(四)造成严重后果的。实施前款规定的行为,数量或者数额达到前款第(一)项至第(三)项规定标准五倍以上的,应当认定为刑法第三百六十三条第一款规定的"情节严重";达到规定标准二十五倍以上的,应当认定为"情节特别严重"。

第七条指出,明知是淫秽网站,以牟利为目的,通过投放广告等方式向其直接或者间接提供资金,或者提供费用结算服务,具有下列情形之一的,对直接负责的主管人员和其他直接责任人员,依照刑法第三百六十三条第一款的规定,以制作、复制、出版、贩卖、传播淫秽物品牟利罪的共同犯罪处罚:(一)向十个以上淫秽网站投放广告或者以其他方式提供资金的;(二)向淫秽网站投放广告二十条以上的;(三)向十个以上淫秽网站提供费用结算服务的;(四)以投放广告或者其他方式向淫秽网站提供资金数额在五万元以上的;(五)为淫秽网站提供费用结算服务,收取服务费数额在二万元以上的;(六)造成严重后果的。实施前款规定的行为,数量或者数额达到前款第(一)项至第(五)项规定标准五倍以上的,应当认定为刑法第三百六十三条第一款规定的"情节严重";达到规定标准二十五倍以上的,应当认定为"情节特别严重"。

(2)传播淫秽物品罪。

中国《刑法》第三百六十四条规定:"传播淫秽的书刊、影片、音像、图片或者其他淫秽物品,情节严重的,处二年以下有期徒刑、拘役或者管制。组织播放淫秽的电影、录像等音像制品的,处三年以下有期徒刑、拘役或者管制,并处罚金;情节严重的,处三年以上十年以下有期徒刑,并处罚金。制作、复制淫秽的电影、录像等音像制品组织播放的,依照第二款的规定从重处罚。向不满十八周岁的未成年人传播淫秽物品的,从重处罚。"

《最高人民法院、最高人民检察院关于办理利用互联网、移动通讯终端、声讯台制作、复制、出版、贩卖、传播淫秽电子信息刑事案件具体应用法律若干问题的解释(二)》第二条也指出,利用互联网、移动通讯终端传播淫秽电子信息的,依照《最高人民法院、最高人民检察院关于办理利用互联网、移动通讯终端、声讯台制作、复制、出版、贩卖、传播淫秽电子信息刑事案件具体应用法律若干问题的解释》第三条的规定定罪处罚。利用互联网、移动通讯终端传播内容含有不满十四周岁未成年人的淫秽电子信息,具有下列情形之一的,依照刑法第三百六十四条第一款的规定,以传播淫秽物品罪定罪处罚:(一)数量达到第一条第二款第(一)项至第(五)项规定标准二倍以上的;(二)数量分别达到第一条第二款第(一)项至第(五)项两项以上标准的;(三)造成严重后果的。

第三条指出,利用互联网建立主要用于传播淫秽电子信息的群组,成员达三十人以上或者造成严重后果的,对建立者、管理者和主要传播者,依照刑法第三百六十四条第一款的规定,以传播淫秽物品罪定罪处罚。

第五条指出,网站建立者、直接负责的管理者明知他人制作、复制、出版、贩卖、传播的是淫秽电子信息,允许或者放任他人在自己所有、管理的网站或者网页上发布,具有下列情形之一的,依照刑法第三百六十四条第一款的规定,以传播淫秽物品罪定罪处罚:(一)数量达到第一条第二款第(一)项至第(五)项规定标准十倍以上的;(二)数量分别达到第一条第二款第(一)项至第(五)项两项以上标准五倍以上的;(三)造成严重后果的。

2. 治安管理处罚

对于情节显著轻微尚不构成犯罪的制作、复制、出售或传播淫秽物品的行为,《中华人民共和国治安管理处罚法》①第六十八条规定:"制作、运输、复制、出售、出租淫秽的书刊、图片、影片、音像制品等淫秽物品或者利用计

---

① 全国人民代表大会常务委员会:《中华人民共和国治安管理处罚法》,http://yjbys.com/hukou/hujizhengce/746503.html,2005年8月28日。

算机信息网络、电话以及其他通讯工具传播淫秽信息的,处十日以上十五日以下拘留,可以并处三千元以下罚款;情节较轻的,处五日以下拘留或者五百元以下罚款。"

3. 文化行政处罚

据新闻出版署发布的《关于重申严禁淫秽出版物的规定》中的规定:"淫秽出版物应一律查禁。对出版、印制、贩卖、出租、窝藏淫秽出版物者,根据法律规定,应由公安、司法机关依法惩处。在公安、司法机关惩处之前,可先按此文补充规定第二条给予经济的、行政的处罚。""虽不属淫秽出版物,但是色情内容突出,毒害青少年身心健康的,一律不得出版、印制、贩卖、出租、窝藏。如有违反,应给予该单位一项或几项处罚,包括停印、停售、没收所得全部收入、罚款、停业整顿、吊销社号刊号或营业执照。""对虽有艺术价值但夹杂淫秽内容,对青少年产生不良影响的文艺作品如果安排出版,地方出版单位必须事先将选题、印数和发行范围上报省、自治区、直辖市新闻出版局审核批准,并报新闻出版署备案。中央一级出版单位必须事先报新闻出版署审核批准。如有违反,应给出版单位以一项或几项行政处罚,包括没收所得利润、罚款、停业整顿。对地方出版单位的处罚决定,由省、自治区、直辖市新闻出版局作出,报新闻出版署备案;对中央一级出版单位的处罚决定,由其上级主管单位作出。必要时新闻出版署可以直接处理。"①

2016年7月初,文化部出台《文化部关于加强网络表演管理工作的通知》,首次明确了表演者为直接责任人,今后网络直播将实行随机抽查,表演者一旦上"黑名单"将被全国禁演。若开展含有低俗、色情、暴力等国家法律法规禁止内容网络表演的,对提供上述违法违规网络表演的网络表演经营单位,文化行政部门和文化市场综合执法机构应坚决予以查处,没收违法所得,并处罚款;情节严重的,责令停业整顿直至吊销《网络文化经营许可证》;构成犯罪的,依法追究刑事责任②。

---

① 新闻出版署(国家版权局):《关于重申严禁淫秽出版物的规定》,http://code.fabao365.com/law_232920.html,1988年7月5日。
② 《文化部关于加强网络表演管理工作的通知》,文化部网站,http://news.163.com/16/0707/10/BRC7G9RD00014SEH.html,2016年7月7日。

二、网络传播淫秽、色情信息治理的问题

新媒体技术的快速发展给网络传播淫秽、色情信息治理增加了难度。

1. 法律法规不完善

美国的《儿童在线保护法案》《儿童在线隐私保护法案》和《儿童互联网保护法案》,法国的《未成年人保护法》,日本的《关于处罚致使儿童卖春、儿童涉黄相关行为以及儿童保护法律》,以及德国的《阻碍网页登录法》,都从保护未成年的角度出发管制网络淫秽信息,明确了互联网企业和家长学校的义务责任①。

我国对网络管理的现行法律法规还不健全和完备,这不利于打击网上传播淫秽色情违法犯罪活动。目前,我国网络涉黄的法律主要集中在行政法规上,不仅具有局限性,而且过于笼统,缺乏可操作性,已滞后于打击和治理网络涉黄违法犯罪形势的发展。

(1)管辖问题。

互联网时代的淫秽色情信息常常突破省市甚至国界,网上传播淫秽色情违法犯罪活动更是人物分离,也就是说通常违法犯罪行为人与淫秽色情数据所在服务器并不在同一地区。对于不同国家和地区来讲,存在着司法管辖权的问题,法律冲突在所难免,使得一些本具危害性的网络违法、犯罪行为难以得到一国法律制裁,遗毒无穷。

(2)证据问题。

网络涉黄案件取证难、难取证。所谓取证难是由网络的开放性、虚拟性、无地域性决定的。网上淫秽色情的传播则非常隐蔽,网站的建立、维护都是通过互联网完成,管理人员通过加密、代理等方式进行维护,且网站域名经常更换。建站人员、信息采集人员和其他相关人员互相之间完全通过互联网进行联系,并使用其行话和暗语交流,很难获得网站完整的组织结构,用户账号和密码只是一个网上虚拟身份并不对应具体的人,而 IP 对应的也是一个上网终端而不是一个具体的人,由案到人确定犯罪嫌疑人极其

---

① 杨丽莉:《网络淫秽信息的治理——反思"运动式"治理模式》,《法制与社会》2014年第8期。

困难①。牟利资金结算使用第三方支付的方式完成,或者异地开户及网上存取,证据极易被篡改、破坏和灭失。此外,使用境外主机空间建立网站,涉案数据均保存在境外的服务器上,通过涉外司法途径获取周期长、难度大。所谓难取证就涉及网络的立法问题。网络涉黄案件同其他网络违法犯罪案件证据一样已经超出了《刑事诉讼法》规定的证据范畴。尽管网络涉黄案件证据可以归类到《刑事诉讼法》规定证据的视听资料,但网上传播淫秽色情违法犯罪活动形式各异,证据也呈现多样性、电子性、存储性的特点,如何取证、怎样取证、取证有什么标准等,都需要从法律上予以明确。

(3) 查阅问题。

网上淫秽色情信息的泛滥与网民查阅淫秽色情信息密切相关。虽说《中华人民共和国计算机信息网络国际联网管理暂行规定》《计算机信息网络国际联网安全保护管理办法》《互联网上网服务营业场所管理条例》都明确规定,任何单位和个人不得查阅淫秽色情信息,但人们觉得法律难以调控人们的道德领域,因为在自己家中浏览网络色情内容,对他人以及社会并无太大的危害影响,不应算是什么违法行为。因而虽然网络法规规定任何单位和个人不得查阅淫秽色情信息,实际上是难以做到的。

(4) 购黄问题。

现行网络立法和法律法规难以解释"网上购买淫秽物品是否违法"。《刑法》仅对制作、复制、出版、贩卖、传播淫秽物品的行为作出了明确的法律规定,《中华人民共和国治安管理处罚条例》中只是禁止制作、复制、出售、出租或者传播淫秽物品的行为,而网络法规则规定不得制作、查阅、复制和传播淫秽色情信息。如此,如果购黄非牟利性质及不形成传播的并不构成犯罪。此外,如果购黄不违法,那么以牟利为目的的复制、贩卖淫秽物品等行为就会屡禁不绝。因而,利用互联网购买黄色光盘图像等是打击淫秽色情网站中遇到的一个缺乏法律依据的问题,需要在网络立法中予以明确②。

(5) "手机黄毒问题"。

三网融合,使得手机也成为网络传播淫秽、色情信息的渠道。目前我国

---

① 张洁:《构建打击网络淫秽色情犯罪的电子证据体系》,《云南警官学院学报》2012年第1期。

② 杜剑虹:《打击淫秽色情网站的几个法律问题探讨》,《公安学刊》2015年第2期。

对"手机黄毒"现象的重视和治理成效并不明显,究其深层原因是我国缺少一部具有权威性的专门调整电信关系的国家法律《电信法》,而美国、日本、韩国及欧洲各国几乎都在20世纪中后期就出台了《电信法》。目前我国电信行业比较权威的法律仅仅是一部《中华人民共和国电信条例》,这是一部行政法规,内容主要偏重行政措施的规定,很少规范移动运营商、手机内容提供商与手机用户之间的民事法律关系①。

2. 监管技术手段落后

面对互联网信息海量增长和网盘存储、内容分发网络等新技术的兴起,原有的淫秽色情信息监管方法存在发现速度慢、全网排查周期长、节目研判智能化程度低、一线工作人员劳动强度大等问题,依靠人工进行排查、研判、封堵的方式,已经难以满足政府部门的管理要求和行业健康发展秩序的需求。

美国目前采用的主要分级技术标准为互联网内容选择平台(Platform for Internet Content Selection,简称 PICS)。PICS 并非为了审查而设立,而是为了控制网络不良信息的使用,更是为了避免青少年借助网络平台获取不良信息。新加坡则开发了家庭上网系统(Family Access Networks,简称 FAN),通过政府与媒体机构的合作,过滤淫秽、色情信息等。此外,学校、社区和图书馆等场所的计算机中,也安装了必要的过滤软件。从2001年9月开始,韩国也正式施行网络内容分级制度。政府要求网络运营商必须依照PICS 标准,对包含不适宜未成年人浏览阅读的内容设置醒目的标志;相关部门必须安装过滤系统,将含有淫秽和暴力等不良信息的网站列为"黑名单"②。

3. 运动式治理不能治本

为了净化网络环境,相关部门定期开展的网络"扫黄打非",虽然取得了很大的成效,但这些紧一阵松一阵的严打手段只能治标,而不能治本,网络淫秽、色情信息传播会死灰复燃,不能从根本上解决问题。为此,我们必须要建立一套长效机制。要想从根本上净化环境,就需要通过稳定的制度进

---

① 纪红心:《手机黄毒对青少年的毒害及对策研究》,《青少年犯罪问题》2013年第5期。

② 杨丽莉:《网络淫秽信息的治理——反思"运动式"治理模式》,《法制与社会》2014年第8期。

行治理,常态化"扫黄"才能巩固"疗效"。

三、网络传播淫秽、色情信息的治理对策

1. 完善法律法规

完善刑法和刑事诉讼法的有关规定,将网络涉黄立法纳入刑法,加强网络传播淫秽、色情信息治理的针对性。

明确刑法中有关该性质犯罪的罚金数额规定。对于刑法中的有关条文,只是规定了对犯罪人在判处主刑之时需要并处罚金和没收财产,并没有明确罚金的数额标准,这就影响了司法部门的实际操作,应对该性质犯罪罚金的数额标准作出进一步的明确规定。

制定国际公约,加强国际司法协作。由于互联网存在着跨国家、地区传播信息的特性,利用网络传播淫秽色情的违法犯罪已经趋向于国际化了,所以应当及时制定有关的国际公约,加强国际司法的协作,共同防范和打击网络传播淫秽色情的违法犯罪行为。

确立电子证据的法律地位。在实际操作当中,从《刑事诉讼法》到《公安机关办理刑事案件程序规定》,对电子证据都没有具体的法律定位,只有《计算机犯罪现场勘验与电子证据检查规则》对电子证据扣押、封存、提取、固定相关内容进行了描述,在指引和规范日益复杂的实际案件取证工作方面已凸显出极大的矛盾。因此,为司法实务提供明确的法律依据,结束电子证据法律定位的规避状态,已成为我国证据立法迫切需要解决的问题①。

规范移动运营商、手机内容提供商与手机用户之间的民事法律关系。对于移动运营商,规定供应商提前安装相关软件的义务。可借鉴日本《青少年网络环境整备法》要求,手机网络运营商在向未满18岁的未成年提供服务时必须在手机中安装过滤有害网站的软件。对于内容提供商,要规定严格的分级制度。在美国,如果让年龄限制以下的孩子接触到电信运营商及内容提供商就会受到法律的制裁。我国应该加强这方面的立法,将手机游戏分级,针对未成年人制定相应的保护和惩罚措施。对特定网站增加上网

---

① 张洁:《构建打击网络淫秽色情犯罪的电子证据体系》,《云南警官学院学报》2012年第1期。

实名制。在韩国,那些不适宜青少年浏览的网站,实行了严格的年龄和身份核实措施,如有违反必定重罚。我国应当借鉴韩国的做法,在手机实名制基础上,增加特定网站上网实名制的法律规定。

构建网络信息分级制度。美国、法国、意大利、新加坡等国家都采取分级治理的制度,尤其是突出对未成年人的保护。美国的分级制度建设得较为成熟,例如美国联邦政府2006年提案要求含色情内容网站须加入官方警示标识;众议院司法委员会要求色情邮件须加注标识以便收件人有权在未阅读的情况下删除邮件;涉及色情的分级采用内容分级(软色情和硬色情)、受众分类(成年人和未成年人)、控制分层(代码层、内容层、物理层)的划分方式①,在保护正当表达自由的同时对淫秽色情内容进行管制。我国法律体系中并未清晰地对涉淫秽色情的内容进行具体分类,可针对未成年人制定单独的法律,保护未成年人不受网络淫秽色情内容的污染。借鉴新加坡、美国等国家的经验,采取事先分级许可制度,对有关网站内容进行分类、甄别、细化,根据受众心理将其限定在什么范围、哪种程度、可以通过什么途径为哪些人接收②。

2. 注重安全技术的研发和大数据的应用

注重安全技术的研发,要从根本上把握与网络淫秽色情斗争的主动权,必须拥有信息安全核心技术。我国要大力加强原始性创新、集成创新和在引进先进技术基础上的消化、吸收、创新,努力在若干重要领域掌握一批核心技术,拥有一批自主知识产权,造就一批具有国际竞争力的企业和品牌,为我国信息安全和打击网络色情的斗争提供强大的技术支撑。

大数据技术是指所处理的信息规模巨大到无法通过目前的工作模式,在合理的时间内统计、分析出更加有价值的结论。维克托·迈尔-舍恩伯格及肯尼斯·库克耶指出大数据具有大量、高速、多样、价值的特点③。近年来,大数据领域的研究成果已经成功地应用在消费预测、天气预报、疾病治疗等各个方面④。大数据技术在解决海量信息的采集、分类、分析和综合等

---

① 毕研韬:《各国对网络色情的控制手段》,《信息网络安全》2007年第8期。
② 武静:《中国网络淫秽色情的法律规制》,《太原大学学报》2013年第1期。
③ 维克托·迈尔-舍恩伯格、肯尼思·库克耶:《大数据时代》,浙江人民出版社2013年版。
④ 同上。

方面具有突出优势。大数据能够快速、准确定位网络传播的淫秽色情信息，辅助违规信息研判以及违规效果复核，带来监管效率的提高，从而满足政府相关部门的管理需求，减少对青少年身心健康的危害。

利用大数据可以对淫秽色情网站的特征进行总结，归纳出其模板特征，如网站名称、图片信息、视频类型等信息，对访问量大的网站进行搜索，一旦发现符合该特征网站，直接进行上报封堵即可，有效提高发现能力。网络视听节目爬虫技术对疑似网站的视听节目分别进行广度和深度搜索，与关键词库进行比对，是否存在已经定性的违规内容，提高对于网站的研判能力。加强对于网络热词的重点排查，针对网络中传播较多的淫秽色情节目进行重点排查，并且就针对网络中热搜词加强关注，特别是出现的各种事件，做到及时发现、及时上报。面对系统上报的庞大的数据，需要系统进行二次筛选，区别对待已经确定上报过的数据和新发现的数据。对于新上报的网站需要根据其浏览量和影响力来判断，使用不同的颜色进行标注。在得到庞大的数据之后，还需要对数据进行分析整理，按照网站名称、域名、IP 地址、归属地、采集次数等相关方式进行整理，自动生成报告，以供相关政府部门进行参考使用①。

3. 化运动式整治为长久式防控

运动式治理的基本逻辑是：高强度、间歇反复，集中力量打一阵、放松力量停一阵、再抓紧时机打一阵、再停下步伐稳一阵。其行动永远在路上，解决永远无可能②。只有建立长效机制，坚持"打防结合、预防为主，专群结合、依靠群众，加强管理、重在治本"的方针，调动一切积极因素，深入持久地打击网络淫秽色情，维护网络和谐稳定，才能保护信息安全和网民特别是青少年的身心健康。

建立健全全方位的防范监控机制。由于信息网络淫秽色情违法犯罪蔓延，传播快，难以控制，因此需要建立全方位的防范控制机制，实现全方位的有效监管。包括通过信息管理部门，利用信息技术分析潜在的淫秽色情信息，预测可能形成的衍生信息，从而做出主体性的防范和应对措施。包括对

---

① 司凯威：《大数据在网络淫秽色情节目监管中的应用研究》，《广播与电视技术》2015 年第 11 期。
② 杨志军：《运动式治理悖论：常态治理的非常规化——基于网络"扫黄打非"运动分析》，《公共行政评论》2015 年第 2 期。

信息网络和信息系统安全进行监管，对密码进行监管，对信息安全产品进行监管，对安全服务单位资质、检测机构资质和安全从业人员资质进行监管，对互联网域名、IP地址和网络服务提供商等进行监管，有效地监视和控制违法犯罪。

加强科学化管理。从教育、预警、防范、监控、应急处理和打击犯罪等环节和信息网络各方面，采取多种措施进行管理。积极推行"谁主管、谁负责，谁经营、谁负责、谁建设、谁负责、谁使用、谁负责"的管理责任制。各有关单位都应认真厉行自己的责任，齐抓共管，形成合力，对网络淫秽色情信息的制作、销售、传播的各个环节同时采取措施，切断网络淫秽色情网络牟利的各个链条，特别要切断淫秽色情网站的资金渠道，从源头堵住色情网络的收费渠道。相关部门应建立网络分级制度，明确网络淫秽信息的分级标准和相应的管理和制裁标准，并根据淫秽信息的等级对淫秽事件的信息进行管理，例如相关视频、图片不得在主流媒体中出现，对相关评论采取注册制、审核制度，从而有效控制、节制淫秽信息，净化网络信息传播空间。

加强群防群治。网络上淫秽信息越来越隐蔽和趋于多变，尤其是借助论坛、贴吧、博客、微博、微信、即时通信群组等渠道进行传播，而公安机关的力量有限，导致整治难度不断加大。要选择典型案件公开曝光、宣传，发动广大人民群众自觉同网络淫秽色情违法犯罪活动作斗争，形成对网络淫秽色情人人喊打的浩大声势。还应进一步完善举报奖励制度，充分调动广大人民群众参与防范和打击网络淫秽色情犯罪的积极性，努力形成人人关心网络安全，共同抵御网络淫秽色情违法犯罪的浓厚氛围。同时，要继续抓好信息安全法制宣传工作和网络思想道德教育，增强人民群众的法制意识和思想道德观念，自觉遵守网络道德，规范网络行为，逐步削弱和铲除滋生网络淫秽色情违法犯罪的根源①。

4. 加强行业和网民自律

网络技术使传播内容和传播方式发生了颠覆性的变革，普通公众可以更自由地发布信息，这也导致网络信息包含大量不适宜未成年获取的信息。美国将"减少干预、重视自律"作为规制网络的一项重要原则，通过自律机制

---

① 卢新德、刘晶晶：《网络淫秽色情屡打不绝的原因及对策》，《山东社会科学》2008年第5期。

这种软性的社会调控方式,来规避立法滞后性带来的风险。当前,美国的自律模式主要有两方面,一方面是传媒行业的自律,政府制定引导性的政策,传媒行业组织制定实施具体的操作细则。通过政府与行业组织的共同合作,推动传媒行业自律机制的不断完善。另一方面是普通大众的自律,政府借助教育和技术等手段呼吁普通大众加强个人自律。网络媒体兴起后,英国组建了半官方性质的行业自律组织——互联网观察基金会(Internet Watch Foundation,简称 IWF)。IWF 将网络上的不良信息和相关网站通报给网络和技术服务商,让其对上述信息做出拦截或者过滤。公众还可以通过网络热线向 IWF 投诉,IWF 会进行深入调查并做出相应处理。

当今的网络淫秽色情已经形成一个暴利黑色产业链,主要包括内容提供(内容制造)、平台提供(网络空间)和资金支付渠道三大环节。少数内容提供商、网络运营商和金融单位已经形成了一个利益共同体。他们为了获取巨额利润,为网络淫秽色情犯罪分子提供互联网接入、服务器托管、网络存储空间、通信传输通道、费用结算等帮助。因此,只有切断网络色情产业牟利的各个链条,从源头上堵住其财源渠道,才能从根本上铲除网络淫秽色情。

思考题:
1. 举例说明网络传播淫秽、色情信息问题的危害。
2. 网络传播淫秽、色情信息问题的表现形式有哪些?
3. 论述大数据在治理网络传播淫秽、色情信息问题中的作用。

第六章

网络传播危害社会安定信息问题及治理

随着互联网的普及及其在国家政治、经济、社会等各个领域的普遍应用,我国对网络的依赖程度逐渐提高。与此同时,境内外的不法分子和敌对势力也越来越多地利用网络进行犯罪、干扰、渗透、反动宣传等破坏活动,影响社会的安定与和谐。

第一节 网络传播危害社会安定信息问题及表现形式

一、网络传播煽动、暴恐、邪教等危害社会安定信息问题

20世纪90年代以来,互联网因其具有隐蔽性强的特点而成为境内外民族分裂势力组织策划分裂活动所利用的工具。随着大数据、云计算、4G通信、三网融合等互联网及移动终端技术的迅猛发展,社会进入瞬时、全时空传播的移动互联时代,同时,网络信息传播方式也加速了恐怖主义思潮的扩散,形塑出"网上传播,网下实施;境外煽动,境内轰动"的行为范式。"东突厥斯坦"信息中心网站长期利用互联网进行恐怖主义、极端主义、分裂主义的宣传。类似的还有"美国维吾尔协会"、"东突"流亡政府网站、"世维会"网站、瑞典维吾尔文化协会网站、"维吾尔在线"、"阿波罗新闻网"、"美国自由亚洲电台"、"中国茉莉花革命"、"麦西来甫"、埃及的"伊斯兰之声"等民族分裂势力,利用英语、维吾尔语、汉语、土耳其语、德语等进行分裂宣传和分裂活动。境外网站大部分受西方国家的支持,并且与境内的

"维吾尔之声""和田玉""伊斯兰之声""真主唯一"等维吾尔语网站"友情链接",交互渗透,影响舆情传播。

互联网上宣扬暴力恐怖、宗教极端、民族分裂等内容的暴力恐怖音频视频已成为我国暴恐案件多发的重要诱因。近年,我国连续发生在公共场合针对普通民众的重大暴力恐怖袭击事件。以"东突厥斯坦"伊斯兰运动(下称"东伊运")为首的暴力恐怖组织和分裂势力,通过自建网站、在其他大型网站建立宣传发布平台、利用社交网站进行传播、利用大型网盘音视频分享网站提供下载等方式大肆发布暴恐音视频。据统计,2010年有8部,2011年13部,2012年32部,2013年109部,2014年截至6月已发布72部,其数量和频率逐年攀升,并不断通过各种渠道传入境内。2014年破获的涉案暴恐分子几乎都参与了非法宗教活动,收听观看暴力恐怖音频视频,迷信"圣战"灌输和蛊惑,从而疯狂实施恐怖主义袭击活动[1]。据悉,"东伊运"暴恐组织借助自建网站、免费网络硬盘、境外恐怖组织网站、分享网站、社交平台及电子书籍等途径进行音视频对外宣传,积极鼓励境内宗教极端分子和暴力恐怖分子组成暴力恐怖团伙,就地开展"圣战"、杀死"异教徒"。并宣扬只要"圣战殉教"就直接升入天堂,对普通信教群众进行煽动蛊惑。除"东伊运"自主投放外,其组织还鼓动不法分子通过"翻墙"等方式下载恐怖音视频,通过云网盘、多媒体卡、U盘等传播,并利用手机、电视、电脑等共享后供人下载传看[2]。极端分子通过互联网和多媒体卡等载体收听、观看暴恐音视频,借助微博、微信、微电、QQ群及地下非法讲经点等交流制爆经验和"体能训练方式",散布"圣战"思想,商讨袭击目标和袭击方法等,暴恐音视频成为暴恐团伙的"思想指引""行动指南"和"训练教材"[3]。

---

[1] 邹东升、丁柯尹:《移动互联时代的涉恐网络舆论与网络反恐策略》,《甘肃社会科学》2015年第2期。
[2] 潘从武:《"东伊运"密集发布暴恐音视频蛊惑煽动实施暴恐 暴恐音视频成影响新疆稳定最大毒源》,《法制日报》2014年7月17日,第005版。
[3] 马凤强:《网络恐怖主义对新疆安全的危害及其防范》,《新疆社会科学》2016年第1期。

二、网络传播煽动、暴恐、邪教等信息的认定及表现形式

1. 网络传播煽动信息

煽动是指行为人以语言、文字、图像等方式对他人进行敦促、请求、强迫、劝告、命令、威胁、利诱、鼓励、建议①,意图使他人接受或相信所煽动的内容,或去实行所煽动的行为②。网络煽动性信息是指国内外不法分子歪曲事实或者捏造虚假事件,在互联网上大量传播故意误导网民、煽动情绪、严重扰乱社会秩序,引起社会骚乱,甚至导致重大突发性事件产生的有害信息。煽动性信息通常有三类:第一,煽动颠覆国家政权、推翻社会主义制度,或者煽动分裂国家、破坏国家统一的信息;第二,煽动民族仇恨和民族歧视的信息;第三,煽动仇恨政府、非法集会或者非法组党、结社的有害信息③。我国刑法中共有五个罪名涉及煽动型犯罪,分别是:煽动分裂国家罪,煽动颠覆国家政权罪,煽动民族仇恨、民族歧视罪,煽动抗拒法律实施罪和煽动军人逃离部队罪④。

网络传播煽动信息的表现形式主要有:第一,创办网站,例如,2009年以来伊力哈木·土赫提创办"维吾尔在线",恶意杜撰、歪曲事实真相,煽动民族仇视。第二,发帖、创作发送博客,如2009年韶关朱某案。第三,制作、传发音频、视频等电子文件,例如艾合太木·合力多次通过非法网站浏览、下载载有宣扬宗教狂热、鼓吹"圣战""迁徙"、煽动民族仇恨内容的音(视)频文件及电子书,并于2012年10月间多次将下载的内容上传至豆丁网,有意供他人浏览、下载⑤。第四,以微信、QQ等,例如吾布里塔里甫·马木提利用网络聊天软件,接收境外暴恐组织发布的反动虚假信息,先后向多

---

① 班克庆:《浅议煽动恐怖活动罪》,《云南行政学院学报》2012年第3期。
② 黄瑚:《新闻传播法规与职业道德教程》,复旦大学出版社2011年版,第38页。
③ 楼伯坤、王静:《网络传播有害信息刑法规制初探》,《广东行政学院学报》2014年第6期。
④ 班克庆:《浅议煽动恐怖活动罪》,《云南行政学院学报》2012年第3期,第163—169页。
⑤ 潘从武:《新疆依法处理一批利用互联网以及受非法宗教活动蛊惑煽动违法犯罪案件》,《法制日报》2013年6月20日,第02版。

名微信好友转发①。

通过网络媒介,国内犯罪行为人可以主动或被动接收境外恐怖组织编发的宣扬宗教狂热,鼓吹"圣战"、"迁徙",煽动民族仇恨等内容的图片、文稿、音(视)频文件、电子出版物等电子数据,有意将其通过网站、微信、QQ群、论坛等方式进行传播。通过网络途径传播的电子数据、言论等的迅捷度、危害范围和危害性都远远超出口头传播,隐秘性也大大超出宣讲、非法讲经等煽动手段②。

2. 网络传播暴恐信息

(1) 网络传播暴力信息。

网络的开放性、互动性、匿名性使得网民不负责任的言论很容易在网络介质的传递下演变成群体性的网络暴力,给当事人造成极大的痛苦和心理伤害。网络暴力事件常常表现为网民对网络上传播的不良、不公现象进行围剿,甚至通过人肉搜索将攻击行为从线上延伸到线下。网络的草根性和大众化使得网络容易形成有合力的群体,并产生惊人的推动力量。这种力量一旦被异化,就很可能转向网络暴力。除了发帖者和真正的讨伐者,广大"围观"和转发者也会扩大事件的传播范围,成为网络暴力实践者中的一部分。网络暴力最多发的传播媒介是社交网络,其次是手机和在线聊天室。

网络暴力大致可以分为两种:一是由一件客观的事情的出现而引起众多网友的好奇、义愤、谴责等情绪,通过网民间自主性的一问一答方式去侵害受害人的隐私、名誉等权利。这种侵权行为没有确定的发起人,而是来自成千上万网民的口诛笔伐,由于网民在数量上已经形成一定的规模,且网络的匿名性及不稳定性的特点,很难找到确定的侵权人。这类侵权较为典型的有张殊凡事件、虐猫事件等。二是一开始就以发布虚假、不真实消息为手段,故意引导舆论走向偏激的网络暴力。由于一人的恶意、故意将他人的隐私置于网上或故意发布一些有损他人名誉的言语或事实,借网络的舆论攻击、伤害他人,以此来达到私人目的。这种侵权通过调查是可以确定侵权信息发起人的固定身份。这类侵权较为典型的有摸奶哥事件、铜须门

---

① 参见曾贤荣:《新疆喀什宣判 69 案件 113 人获刑》,http://news.ts.cn/content/2014-06/29/content_9953020.htm,2014 年 9 月 20 日。
② 黄彬:《煽动民族仇恨、民族歧视罪的司法定位变化与刑事应对》,《福建警察学院学报》2014 年第 5 期。

事件、死亡博客事件等。

网络暴力以人肉搜索、网络语言暴力进行道德审判等不同的形式呈现在我们眼前，入侵着我们的生活。

人肉搜索也称人肉搜索引擎，是指利用人工参与来提纯搜索引擎提供信息的一种机制，实际上就是通过其他人来搜索自己搜不到的东西，与知识搜索的概念差不多，只是更强调搜索过程的互动而已。其实质在于对当事人的个人情况进行网络曝光，运用全民关注的方式对其进行惩罚。这种行为也许可以很好地缓解网民的怨气，发泄积聚已久的愤怒，但也十分容易侵犯当事人及其家人、朋友的名誉权与隐私权①。

网络语言暴力是指传播者在互联网上借助网络工具受众多、影响广、速度快、匿名性等特点，对特定对象采取辱骂性语言攻击、诅咒、歪曲事实、传播谣言、人肉搜索曝光个人信息等方式，针对特定对象发表具有伤害性、侮辱性和煽动性的言论、图片、视频，并侵害他人合法权益的行为。

网络语言暴力主要包括：一是以直接的谩骂、辱骂等方式泄愤，谩骂者往往将自身置于道德高地，并出于对谩骂对象的无端痛恨而口出污言恶语，使被谩骂者不堪其辱，并难以反驳和澄清。二是以爆料他人隐私、痛楚为手段，达到让人伤心、承受巨大心理压力的目的，从而"惩治"相关对象。三是以歪曲事实、编造谎言、传播谣言为形式，抹黑他们形象，混淆视听，达到诋毁、中伤他们之目的。四是以威胁、恐吓等方式，使受害人遭受恐惧、害怕等心理压力，从而影响受害人的工作和生活。五是其他使受害人受辱、受伤害的网上攻击行为②。

（2）网络传播恐怖信息。

网络恐怖主义是互联网与恐怖主义相结合的产物，它利用被广泛应用和深度依赖的互联网等信息基础设施及自动化设备，将全球性、区域性和国家范围的恐怖活动结合成一种超越疆域限制的新恐怖活动形式，融合暴力破坏和思想渗透。它具有隐蔽、扩散快、影响大等特点，是影响力和破坏力更大的综合形式的恐怖活动类型，破坏世界和平与稳定，危害人民群众的生

---

① 张文君：《互联网时代的网络泄愤与政府治理》，《未来与发展》2014年第9期。
② 谢天长、何炜玮、陈晗婧：《网络语言暴力治理的法律对策》，《云南警官学院学报》2015年第4期。

命财产安全①。我国面临的恐怖威胁呈现出地域扩大化、袭击频率上升、手段血腥残忍的严酷态势。

1997年,美国联邦调查局专家马克·波利特最早定义网络恐怖主义,认为它是"出于政治目的由次国家组织或秘密的个人有预谋地针对信息、计算机系统、计算机程序和数据实施的、导致针对平民的暴力行为"②。此后,网络恐怖主义概念变得内涵更丰富、外延更广泛,恐怖组织一切与网络有关的活动都可列入网络恐怖范畴,包括恐怖宣传、招募人员、传授暴恐技术、筹措资金、组织和策划恐怖袭击、渲染恐怖场景、实施网络攻击和破坏等③。

恐怖信息是指扬言实施杀人、放火、爆炸、投放危险物质扰乱公共秩序的行为④。恐怖活动人员传播非法信息实施6种行为:威胁实施恐怖活动;煽动、宣传、美化以及合法化恐怖主义;训练恐怖分子;招募恐怖分子;恐怖主义募资与融资;散布种族主义和仇外主义材料,否认、支持或者为种族灭绝寻找正当借口。以上行为有的是暴力恐怖活动的准备、动员和组织行为,有的本身(如威胁行为)就是恐怖活动,它们虽然仅表现为散布信息,但能与暴力恐怖袭击一样造成社会公众的恐慌,严重破坏社会秩序。该类网络恐怖活动发展迅速,所有大的恐怖活动组织都建立了网站,不仅网站数量迅速增加,网站的质量和复杂程度也在提升,音视频文件数量迅速增加,宣传效果大为提高,信息交流方式由单一的信息推送转变为信息交流互动,对抗侦查能力极大地提高。恐怖活动人员利用互联网的技术特性,通过匿名的网络咖啡店、不安全的无线接入点、被侵入的计算机系统来隐藏真实身份,代理服务器、移动网络服务、云计算服务等技术方法也是经常使用的方法⑤。

传播暴力恐怖音视频是当前煽动恐怖活动的重要方式,具有隐蔽性、影

---

① 顾建国:《网络反恐,中国在行动》,《世界互联网大会》2014年第12期。
② Mark M. "Politic: Cyberterrorism Fact or Fancy?", Proceedings of the 20th National Information Systems Security Conference, 1997, pp. 285-289.
③ 叶慧珏:《反恐专家罗伯特·佩普:打击恐怖主义需要战略与战术上的平衡》, http://pinglun.21cbh.com/2014/7-3/0NMDAwMzZfMTIxOTA0Ng.html,2014年7月3日。
④ 楼伯坤、王静:《网络传播有害信息刑法规制初探》,《广东行政学院学报》2014年第6期。
⑤ 皮勇:《全球化信息化背景下我国网络恐怖活动及其犯罪立法研究》,《政法论丛》2015年第1期。

响的广泛性、内容直观形象等特性,较之通过口头、书面等传统方式,音视频的鼓动性、诱惑性和便捷性更强,是信息化环境下更强大的煽动方式①。暴恐音视频非法传播已成为当前影响新疆稳定的最大毒源。

3. 网络传播邪教信息

随着与"法轮功"等邪教组织斗争的不断深入,境内"法轮功"组织体系基本摧毁,但"法轮功"利用互联网开展的活动仍很猖獗。由于网络传播突破了时空、地域的限制,以其传播内容的海量性、传播方式的隐蔽性、传播速度的及时性,打破了传统宗教活动在固定的宗教场所的局限性,同时为境外向我国境内进行宗教渗透提供了便利的手段,也给我们的民族宗教工作带来困难。一些境外敌对势力还自设了一些非法网站进行"传教",对信教群众进行反政府的煽动活动,"法轮功"等邪教组织也开始大肆利用网络这把高科技双刃剑,勾结联系、散布谣言、宣传其歪理邪说、迷惑群众、发展壮大其组织、抢夺阵地、制造事端、破坏社会稳定,对我们党和国家提出了严峻挑战。

据有关方面统计,目前全世界大约有近1万种各种各样的邪教组织,其中有上百个邪教在传教活动中运用了互联网②。其中,"法轮功"对互联网的利用程度大大超过其他邪教,为全世界邪教中利用互联网最多、最充分的第一大户。从1996年开始,"法轮功"第一次把《转法轮》全部上传至网络。此后,"法轮功"又陆续在世界各地设立了网站。

"法轮功"邪教组织被中国政府依法取缔之后,李洪志等人躲在国外,建立了"法轮功"专题网站,以便通过国际互联网将李洪志的"经文"传达给"法轮功"分子。网络已成为国内外"法轮功"邪教组织内部信息传递的主要通道,境外"法轮功"组织通过专题网站,对我国境内"法轮功"人员发布指令和通告,并提出要求。境内的"法轮功"人员也同样通过网络向境外"法轮功"组织传递信息。

各种邪教组织主要用以下手法通过互联网进行非法宣传活动。

(1)发邮件。

---

① 皮勇、杨淼鑫:《煽动恐怖活动行为入罪若干问题》,《中国犯罪学学会年会论文集(2014年)》,2014年11月15日。

② 苏祖勤:《国外是怎样防范和惩治邪教的》,《中国反邪教协会第三次报告会暨学术研讨会论文集》,2001年9月1日。

在经济利益驱使下,网络上出现了一批邮箱地址批发商,他们收集个人和一些组织的电子邮箱地址,将其出售给任何付款人。邪教分子买到这些地址后,便通过电子邮箱的群发功能,以直接发邮件、附件携带、超级链接、发放图片的方式同时大量发送、传播有关"法轮功"的各项信息。

(2) 网络聊天中发言。

在聊天室、QQ 或其他网络聊天软件中,邪教分子闯入正在聊天的人群,匆匆说上一句话就走,甚至别人还未回复,他就离去。邪教分子采取这种"打一枪换个地方"的手法,积极出没于各个地方,煽风点火。

(3) 在论坛中发言。

各类邪教分子在各种论坛,特别是一些人气较旺、留言较多,而版主责任心不够强或精力照顾不过来的论坛上频频现身,以或直白或隐晦的语言攻击政府、宣传教义,极尽中伤造谣、惹是生非之能事。在上述活动中,邪教分子为了避开关闭账号、封堵端口或封堵路由等方法的限制,利用某一个中介服务商的服务器登录论坛、聊天室或其他地点进行宣传活动。这样一来,只要更换中介服务商的服务器就可以使封堵行动失去意义。

(4) 设立网页,变相宣传封建迷信和邪教。

与直接设立网站相比,网页不进行直截了当的宣传,而是以其他的名义(如占星术、占卜、命运、风水、八字、测字、看相、特异功能、鬼魂神灵、心灵感应、天外来客、UFO 和外星人、宗教)进行隐性宣传,具有很大的欺骗性和隐蔽性。特别是一些网页打着介绍宗教知识和异闻趣事的幌子,行宣传伪人体科学、伪生命科学、伪思维科学和邪教之实。

(5) 利用网络技术手段,攻击我国反邪教网站和其他网站。

目前,已发生多起"法轮功"组织及其顽固分子利用网络技术手段,破坏我国反邪教网站和其他网站的事件。其主要做法是,以"黑客"方式入侵我国多个互联网网址服务器,从而使经由该等服务器进入的网站瘫痪,或者自动转驭至境外的"法轮功"网站。

综上,网络已经成为"法轮功"等邪教组织进行攻击性捣乱破坏活动的主要工具。在传统的传播方式被截断后,境外"法轮功"组织充分利用现代信息技术,突破网络封锁,对境内进行各种攻击性捣乱破坏活动。其信息的传播更为隐蔽,渠道更广泛。除开始的电子邮件和利用一些娱乐网、商务网的留言帖、BBS 论坛进行信息发布外,还直接利用现有的即时通信工具

QQ、网易泡泡、MSN 等进行信息交流、传播，并利用这些工具的群发功能散布虚假消息，攻击政府和国家领导人，推荐其歪理邪说，让人防不胜防。

第二节　网络传播危害社会安定信息典型案例

一、伦敦骚乱案

2011 年 8 月的伦敦骚乱，参与者直接通过黑莓信息网络平台互相沟通、分享即时照片、商定集合地点等。黑莓信息平台成了骚乱暴徒的信息时报。伦敦暴力骚乱当天，当地的参议院议员里克·德·布瓦（Rick De Bois）恰好在现场，亲眼见证了整个骚乱的过程：从骚乱号召帖在黑莓信息平台上出现，到暴力骚乱开始逐渐不可控制。里克在此过程中发现这次暴力骚乱同往常有所不同。其中最鲜明的特点是参与骚乱的暴徒们似乎都非常自信能随时自如地从防暴警察的人网中撤出而不用受到任何惩罚。这就是网络信息传播平台的能量。"快闪族"的最初的定义是一群特定人群通过网络迅速集合在某个地点进行表演，并将整个过程放到网络上的行为。但越来越多的"快闪族"行为渐渐变味成快闪抢劫团伙，甚至快速绑架团伙。"快闪族"的含义也渐渐从恶作剧性质变味成了犯罪和骚乱的行为。

近年来暴力骚乱越来越频繁的原因之一在于科技的力量在组织大规模暴力骚乱中起到了推波助澜的作用。通过借助网络平台，人们可以极其迅速地组织、煽动起一场大规模的游行或者骚动，其效率之高、成事之便超乎想象，又能减去许多麻烦，更加简便易行。类似的"快闪骚动"会渐渐从普通公众集会活动延伸至政治性的抗议中。新的抗议者正在类似 Twitter 的社交网络上茁壮成长。从一段五十秒的暴动录影中，可清晰看到一个青年是如何轻松地用手机传递信息，从而成功地随时加入或者退出暴动。这种隐秘的通信方式本身就足以轻松地将骚乱暴徒同普通的旁观者混在一起。

这种网络暴力骚动的威胁在于其网络上的有组织性和网络下身份的不明确性，任何骚乱的参与者都可以随时在警察的眼皮下逃得无影无踪，然后再在附近重新聚合开始新的一轮暴力活动①。

二、新疆暴恐、邪教案

2012年8月,麦合苏木·纳麦提将收集存储在个人手机多媒体卡中挑拨民族关系、制造民族隔阂、煽动民族仇恨的80余个音(视)频,多次播放给亚森江·麦麦提等多人观看,并先后通过电脑复制、蓝牙传送等方式传输到亚森江·麦麦提等数人手机多媒体卡中进行扩散。2012年8月至12月,亚森江·麦麦提又多次将上述音(视)频转给他人传看、复制,造成恶劣社会影响。法院一审以煽动民族仇恨、民族歧视罪分别判处二被告人5年6个月和5年有期徒刑,并分别剥夺政治权利两年。

新疆阿克苏地区中级人民法院经审理查明,2009年11月至2011年10月间,被告人阿力木·麦麦提、艾力·托合尼亚孜在宗教极端思想影响下,为实施"迁徙""圣战",多次组织、纠集艾力·萨木萨克等4名被告人观看、复制在个人手机多媒体卡、MP4中存储的境外恐怖组织暴力恐怖音(视)频,进行非法"太比力克"活动,宣扬、散布宗教极端、暴力恐怖思想,并组织暴恐体能训练,伺机进行暴力恐怖活动。2010年11月,被告人阿力木·麦麦提在网吧内将MP4中宣扬"圣战"、煽动民族仇恨内容的音(视)频文件上传微博中,供他人浏览、观看,造成恶劣社会影响。据此,法院一审以组织恐怖组织罪分别判处被告人阿力木·麦麦提、艾力·托合尼亚孜有期徒刑13年、10年;以参加恐怖组织罪分别判处艾力·萨木萨克等3名被告人6至4年有期徒刑。被告人艾克帕尔·艾合麦提因犯罪情节轻微并认罪悔过,被免予刑事处罚。

新疆吐鲁番地区中级人民法院经审理查明,被告人帕它尔·力提甫、沙塔尔·力提甫、娜力汗·阿布都热合曼通过阅读、观看载有宣扬宗教极端、暴力恐怖思想的反动书籍、视频后,产生偷越国(边)境进行"迁徙""圣战"的意图。2013年2月,帕它尔·力提甫等3名被告人经商议后,筹集经费、购买装备,并推选帕它尔·力提甫为团伙头目,驾车前往喀什准备偷越国(边)境。当帕它尔·力提甫等被告人行至边境区域时,被边防人员发现后

---

① 秦勉:《社交网络如何煽动暴力?》,《北京科技报》2012年2月13日,第030版。

实施暴力抗拒，后被抓获。法院一审以领导恐怖组织罪判处被告人帕它尔·力提甫有期徒刑11年，剥夺政治权利3年；以参加恐怖组织罪分别判处被告人沙塔尔·力提甫、娜力汗·阿布都热合曼有期徒刑8年和7年，并分别剥夺政治权利两年。

2014年5月26日，群众举报称有人在网络传播境外恐怖组织实弹训练的视频文件和宣扬"独立和自由"的煽动性音频文件。后经警方调查，犯罪嫌疑人居某共计利用互联网传播暴恐视频1部，反动组织"太比力克"煽动性音频5个，上述暴恐音视频被大量下载。警方迅速将居某抓获，法院依法对居某判处有期徒刑15年。

2014年6月2日，阿克苏地区沙雅县公安局根据群众举报打掉一暴恐团伙，抓获4名犯罪嫌疑人，查缴弓弩、长剑8把。经调查，自2013年12月以来，该团伙成员多次聚集观看暴恐音视频，制爆试爆，密谋计划袭击基层干部和群众。

2014年6月7日，喀什市公安局在盘查中查获手机存有制爆视频的两名犯罪嫌疑人。通过顺线深挖打掉一暴恐团伙，抓获3名犯罪嫌疑人，查缴大量制炸涉爆物品。经调查，该团伙多次组织观看暴恐音视频，仿照暴恐音视频制作爆炸装置，并预谋在喀什市实施暴恐袭击①。

第三节　网络传播危害社会安定信息的治理及问题

一、网络传播煽动、暴恐、邪教等危害社会安定信息的治理难题

在网络社会环境下，犯罪嫌疑人的证据、主体信息、犯罪行为危害性等定罪量刑因素所需的侦查活动均被网络所复杂化、难题化。

第一，法律不完善。当前打击恐怖主义犯罪的主要依据有《刑法》《国家

---

① 潘从武：《"东伊运"密集发布暴恐音视频蛊惑煽动实施暴恐　暴恐音视频成影响新疆稳定最大毒源》，《法制日报》2014年7月17日，第005版。

安全法》《反分裂国家法》《关于加强反恐工作有关问题的决定》等,以及2014年新疆维吾尔自治区相关部门颁发的《关于严禁传播暴力恐怖音视频的通告》《关于依法严厉打击暴力恐怖活动的通告》《关于加强互联网信息安全管理的通告》等。在涉恐舆论规制方面,现有规定只是对网络上制造、传播谣言做了笼统规定,缺乏对涉恐舆论信息管制的系统立法。此外,网络煽动民族仇恨、民族歧视如何认定"情节严重"、"情节特别严重",言论发布者的主观动机、手段恶劣性、后果的严重程度等因素均尚无明确的判断标准,情节严重程度的认定尚属公安人员、检察官和审判人员在不同诉讼阶段的自由裁量范围①。例如2000年通过的《全国人民代表大会常务委员会关于维护互联网安全的决定》第2条规定:为了维护国家安全和社会稳定,对有下列行为之一,构成犯罪的,依照刑法有关规定追究刑事责任……(三)利用互联网煽动民族仇恨、民族歧视,破坏民族团结。该决定体现了在网络社会下利用网络进行煽动民族仇恨、民族歧视的刑法惩罚的适时性。但是该法律对于利用互联网煽动民族仇恨、民族歧视的"情节严重"的程度仍然没有定性,司法实践活动对该决定的适用仍有一定困难。在新媒体环境下,舆论控制权反转使得每个人都可能成为舆论的引导者、控制者②,网络不能游离于法治之外,网络快速发展的同时,立法必须跟进。

第二,调查取证难、信息处理慢。目前,基层公安机关的网络技术的提升尚需一定时间,国外恐怖组织通过丰富的网络手段对国内进行指挥、操纵、煽动、资料传播,使得公安机关的证据追踪、定位难上加难。一些网站日志留存不全,对于司法机关调取IP地址等相关信息的请求反应不迅速,调动结果反馈不及时,甚至根本不反馈,导致司法机关无法及时有效固定准确,给调查带来很大难度。网络犯罪发生在互联网的虚拟空间,无传统刑法上的犯罪现场之说,犯罪分子可能跨省甚至跨国实施犯罪行为,这就需要公安机关的省际乃至国际合作的密切展开,很可能导致错失逮捕嫌疑人及保全证据的良机③。况且电子证据易损坏、难提取,往往存在保存之后被法庭

---

① 黄彬:《煽动民族仇恨、民族歧视罪的司法定位变化与刑事应对》,《福建警察学院学报》2014年第5期。
② 康晓光:《中国第三部门观察报告2014》,社会科学文献出版社2014年版,第213页。
③ 于志刚:《传统犯罪的网络异化研究》,中国检察出版社2010年版,第207页。

采信的困难①。此外,恐怖组织利用国际大型社交网站和即时通信工具传播暴恐音视频,速度非常快,发现处理难。

第三,在煽动民族仇恨、民族歧视的涉案证据中存在大量的少数民族语言,这使得侦查人员对该罪证据的辨别、认定过程中存在极大困难②。

第四,标准不统一,由于各国针对打击网络恐怖主义的立法不尽一致,对什么是恐怖主义及其网上行为的认识和认定标准不统一,客观上增加了国际合作的难度,造成打击不力③。

二、网络传播煽动、暴恐、邪教等危害社会安定信息的防范及治理

1. 完善和健全法律体系

由于恐怖活动组织和人员越来越多地利用新的信息和通信技术尤其是互联网来实施恐怖活动,为此西方许多国家先后把反网络恐怖主义纳入国家网络安全战略的重点。如2001年美国的《爱国者法》、2010年英国的《国家安全战略报告》,2014年6月俄罗斯的刑法修正案,更是明确了对利用媒体或互联网在内的通信工具公开煽动极端主义活动的行为追究刑事责任④。联合国安理会通过了第1963号决议⑤、第2129号决议⑥和第2133号决议⑦予以回应。除了联合国的法律文件,多数国家也在本国刑法或反恐

---

① 靳慧云:《试析网络犯罪案件侦查中的障碍》,《中国人民公安大学学报(社会科学版)》2003年第5期,第90页。
② 黄彬:《煽动民族仇恨、民族歧视罪的司法定位变化与刑事应对》,《福建警察学院学报》2014年第5期。
③ 顾建国:《网络反恐,中国在行动》,《世界互联网大会》2014年第12期。
④ 邹东升、丁柯尹:《移动互联时代的涉恐网络舆论与网络反恐策略》,《甘肃社会科学》2015年第2期。
⑤ 联合国安全理事会第1963(2010)号决议,联合国安全理事会网站,http://www.un.org/zh/sc/documents/resolutions/2010/s1963.htm,2014年5月10日。
⑥ 联合国安全理事会第2129(2013)号决议,联合国安全理事会网站,http://www.un.org/zh/documents/view_doc.asp?symbol=S/RES/2129(2013),2014年5月10日。
⑦ 联合国安全理事会第2133(2014)号决议,联合国安全理事会网站,http://www.un.org/zh/documents/view_doc.asp?symbol=S/RES/2133(2014),2014年5月10日。

法中明令禁止煽动恐怖主义行为。目前已有 21 个国家法律规定煽动恐怖主义构成犯罪,或者将煽动恐怖主义以实施恐怖主义罪、煽动(他人)犯罪或者相关犯罪处罚①。2014 年,第 68 届联大决议通过了《联合国全球反恐战略》,要求各国高度关注恐怖分子利用互联网等信息技术从事煽动、招募、资助或策划恐怖活动。

习近平总书记指出,没有网络安全就没有国家安全,要把握好舆论引导的时、度、效。国家建立了由中央国家安全委员会、网络安全和信息化领导小组统一指挥,各部门、各地区、各层级协同配合的全方位反恐机构体系。对照中央提出的总体国家安全观、"全民反恐"、反恐体制创新等新思路,目前我国的反恐斗争尚存在三点不足:一是在移动互联背景下,恐怖主义行动已经实现了"虚拟"和"现实"的因应与衔接,而当前的反恐策略还多拘泥于传统反恐认知,投入网络反恐的资源不足;二是尚未形成明晰、长远和系统的舆论战略意识,机制配合、技术手段与涉恐舆论管治还处于被动应对阶段;三是借用舆论武器主动反击恐怖主义的思路和举措还不成熟,对涉恐舆论的处置和引导不及时、不到位。

目前仍具有法律效力的全国人大常委会《关于加强反恐怖工作有关问题的决定》(以下简称《决定》)只规定了"恐怖活动""恐怖活动组织""恐怖活动人员"等概念,尚无法律界定"恐怖活动犯罪"。但是,《刑法》《刑事诉讼法》已经使用了"恐怖活动犯罪"的概念,并有相应的实体和程序的规定。在司法实践中,大量恐怖活动犯罪适用的是普通刑事犯罪罪名,如果继续维持当前这种不明确规定"恐怖活动犯罪"的立法状态,将不利于正确认定和依法严厉惩治恐怖活动犯罪,不利于相关部门法的协调与适用,还会造成国际司法合作上的障碍。2015 年 6 月 24 日人大常委会审议的《刑法修正案(九)(草案)》顺应了这种立法趋势和需求,第 6 条和第 15 条规定了新的恐怖活动犯罪,"以制作资料、散发资料、发布信息、当面讲授等方式或者通过音频视频、信息网络等宣扬恐怖主义、极端主义的,或者煽动实施暴力恐怖活动的";"以暴力、胁迫等方式强制他人在公共场所穿着、佩戴宣扬恐怖主义、极端主义服饰、标志的"。其中煽动恐怖活动罪是

---

① 李湘北、程春喜:《"独狼行动":西方国家的心腹大患》,《中国国防报》2013 年 6 月 4 日,第 11 版。

重要的犯罪。二次审议稿第 8 条规定,增加刑法第一百二十二条之三:"以制作、散发宣扬恐怖主义、极端主义的图书、音频视频资料或者其他物品,或者通过发布信息、当面讲授等方式宣扬恐怖主义、极端主义的,或者煽动实施恐怖活动的,处五年以下有期徒刑、拘役、管制或者剥夺政治权利,并处罚金;情节严重的,处五年以上有期徒刑,并处罚金或者没收财产。"①但是,相关法条对该罪的行为方式、煽动内容、法定刑的设置还有不足,现有反恐立法对"恐怖活动犯罪""恐怖主义"等概念的界定还不够科学和明确②。

网络暴力属于共同侵权行为,《侵权法》第三十六条规定:网络用户、网络服务提供者利用网络侵害他人民事权益的,应当承担侵权责任。网络用户利用网络服务实施侵权行为的,被侵权人有权通知网络服务提供者采取删除、屏蔽、断开链接等必要措施。网络服务提供者接到通知后未及时采取必要措施的,对损害的扩大部分与该网络用户承担连带责任。网络服务提供者知道网络用户利用其网络服务侵害他人民事权益,未采取必要措施的,与该网络用户承担连带责任。首先,对于发起者不确定的网络暴力侵权,服务提供商应该承担全部的责任;其次,对于由于一人私人目的,而恶意发起的网络暴力侵权,发起人应该负主要责任,而服务提供商承担次要责任,此时,应适用《侵权责任法》第三十六条的规定,当然这种责任是一种连带的共同侵权责任③。

要在法律上明确网络语言暴力的范畴,进一步细化网络语言暴力行为中相关各方的责任,让网络服务商、网民等不同责任主体,在各自的法律责任范围内承担相应民事、行政和刑事责任。概而言之,在明确了网络语言暴力的范畴之后,对网络语言暴力行为的控制能产生直接且明显效果的措施应当是保证能够对行为责任人的法律责任追究④。

---

① 商浩文:《论宣扬恐怖主义、煽动恐怖活动行为的刑法规制》,《华北水利水电大学学报(社会科学版)》2015 年第 4 期。
② 皮勇、杨森鑫:《论煽动恐怖活动的犯罪化——兼评〈刑法修正案(九)(草案)〉相关条款》,《法律科学(西北政法大学学报)》2015 年第 3 期。
③ 曾新宇、李平:《"网络暴力"中民事法律责任之承担与分配问题初探》,《辽宁行政学院学报》2014 年第 11 期。
④ 谢天长、何炜玮、陈晗婧:《网络语言暴力治理的法律对策》,《云南警官学院学报》2015 年第 4 期。

目前，我国在开展网络反邪教工作方面所涉及的法规和规章有：《关于维护互联网安全的决定》《中华人民共和国计算机信息网络国际联网管理暂行规定》《关于加强信息网络国际联网信息安全管理的通知》《互联网等信息网络传播视听节目管理办法》《互联网文化管理暂行规定》《互联网信息服务管理办法》《互联网站从事登载新闻业务管理规定》《互联网电子公告管理规定》《关于进一步加强互联网新闻宣传和信息内容安全管理工作的意见》等。

中国法律法规中关于严禁利用互联网宣扬邪教的有关规定包括：《全国人民代表大会常务委员会关于维护互联网安全的决定》第二条：为了维护国家安全和社会稳定，对有下列行为之一，构成犯罪的，依照刑法有关规定追究刑事责任：（四）利用互联网组织邪教组织、联络邪教组织成员、破坏国家法律、行政法规实施。《互联网信息服务管理办法》第十五条：互联网信息服务提供者不得制作、复制、发布、传播含有下列内容的信息：（五）破坏国家宗教政策，宣扬邪教和封建迷信的。第二十条：制作、复制、发布、传播本办法第十五条所列内容之一的信息，构成犯罪的，依法追究刑事责任；尚不构成犯罪的，由公安机关、国家安全机关依照《中华人民共和国治安管理处罚条例》《计算机信息网络国际联网安全保护管理办法》等有关法律、行政法规的规定予以处罚；对经营性互联网信息服务提供者，并由发证机关责令停业整顿直至吊销经营许可证，通知企业登记机关；对非经营性互联网信息服务提供者，并由备案机关责令暂时关闭网站直至关闭网站。《互联网上网服务营业场所管理条例》第十四条：互联网上网服务营业场所经营单位和上网消费者不得利用互联网上网服务营业场所制作、下载、复制、查阅、发布、传播或者以其他方式使用含有下列内容的信息：（五）破坏国家宗教政策，宣扬邪教、迷信的。第二十九条：互联网上网服务营业场所经营单位违反本条例的规定，利用营业场所制作、下载、复制、查阅、发布、传播或者以其他方式使用含有本条例第十四条规定禁止含有的内容的信息，触犯刑律的，依法追究刑事责任；尚不够刑事处罚的，由公安机关给予警告，没收违法所得；违法经营额1万元以上的，并处违法经营额2倍以上5倍以下的罚款；违法经营额不足1万元的，并处1万元以上2万元以下的罚款；情节严重的，责令停业整顿，直至由文化行政部门吊销《网络文化经营许可证》。上网消费者有前款违法行为，触犯刑律的，依法追究刑事责任；尚不够刑事处罚的,由公安机关依照治安管理处罚法的规定给予处罚①。

2. 建立健全网络管理体制

对互联网的管理,基本上是传统管理机构将各自管理的范围延伸到互联网上。因此,实践中容易出现政出多门、多头管理和管理缺位的现象,影响到网络管理的效果。鉴于网络的特殊性和发展的快速性,建议制定《网络管理法》,增强法律的针对性、系统性和可操作性,进一步规范网络社会行为规则,建立一个分工明确、管理有效的管理体制,为开展好网络反暴恐、反邪教工作提供法律保障和组织保障。

借鉴国际上其他国家打击网络恐怖主义犯罪的成功经验,并结合我国网络反恐的实际,成立维护网络安全、打击网络恐怖主义的专门机构。机构要发挥以下功能:综合利用全球定位系统、大数据和智慧城市等多种信息系统,提升情报搜集、数据挖掘与分析能力;加强对网络恐怖主义的情报收集,特别要严密监测那些服务器在境外的、由网络恐怖主义势力开办的网站,加强对涉恐特殊网站、涉恐网络敏感信息的搜寻、定位、封堵、攻击和瘫痪工作;对恐怖高危人群的网络运行轨迹进行实时监督、记录和跟踪,及时掌握和研判可能发生的网络恐怖主义行为,并采取有效方式进行反击;打破网络反恐部门之间的壁垒,形成跨部门协同处置恐怖主义有害信息、防范网络恐怖主义有害信息传播的工作机制,建立以专业反恐部门为轴心,以网监、刑侦、特警等部门为依靠力量的网络反恐协作机制,进一步发挥网络反恐合力;加强防御技术的研发和利用,提高技术对抗能力,以增强对各种新型恐怖作案方式的技术应对;加强网络反恐队伍建设,着力培养网络反恐信息技术人才,招聘网络专家、黑客高手等计算机专业人才加盟网络反恐队伍,引进高素质的兼职网络反恐专家,同时还可派遣人员赴发达国家学习网络反恐经验,不断提高网络反恐队伍的整体水平,打造高技术精英的"网络特警",加大网络安全技术的研发、网络侦查,培养高素质的网络安全和信息化人才;壮大网络反恐舆论人才队伍,特别是要吸收精通民族语言、熟悉民族风俗、在民族群体中享有威望的宗教领袖、民族干部加入反恐舆论队伍②。

---

① 霞光:《严禁利用网络宣扬邪教》,《天津政法报》2015年11月13日,第005版。
② 邹东升、丁柯尹:《移动互联时代的涉恐网络舆论与网络反恐策略》,《甘肃社会科学》2015年第2期。

注重少数民族网络意见领袖对网络舆情引导的作用。少数民族网络意见领袖熟悉本民族语言文字、历史文化、宗教信仰和风俗习惯、生活方式。同时,他们受教育程度较高,具有较强的民族责任感,善于利用网络获取信息与表达意见。因此,在本民族中有较大的话语权,能对本民族受众的思想观念和行为方式产生强大的感召力和影响力,能够在诱发少数民族地区民族关系事件的热点问题、敏感问题的群体性事件网络舆情引导中发挥重要作用,勇于"发声"和"亮剑"。

建立网上反恐阵地,及时驳斥极端思想,瓦解恐怖组织;设立网上举报平台,鼓励社会组织和公民及时举报其发现的网上涉恐信息和线索,积极参与打击网络恐怖主义犯罪。

要加大资金和技术投入,开展有效的网上封堵、监管工作,提高网上发现、处置邪教活动的能力,做到对恐怖主义等活动信息和网站及时发现、及时查处。要不断开发新的网络监控、防范软、硬件,记录、封闭和禁止恐怖主义等网站,加强对网络流入、流出信息的监督和控制,提高国内网站防范恐怖主义等组织破坏的能力。改进现在比较僵化的"非法字符检查程序",使其能灵活对待用户的发言;对一些真正有问题的发言,能自动跟踪其网络接入端口,对国内隐藏活动的恐怖主义活动分子通过跟踪活动地点的方法直接将其绳之以法;对在国外活动的恐怖主义分子除继续利用关闭账号、封堵端口或封堵路由等方法限制外,与专业人员合作,在避开喜欢妖魔化中国的西方舆论界的同时,设法封闭其原始端口、破坏电脑基本数据或服务器数据等信息战的方法,彻底摧毁其利用代理服务器活动的能力。

3. 强化网络媒体的自律,提高人民群众的防范意识

发挥以"网"治网的作用,激发网络服务提供商和互联网协会的自律意识,使互联网行业进行网络舆情传播的自我管理、自我约束,贯彻非法信息和不良内容及时删除及链接截断制度的执行,完善网络舆情的监测预警机制①。要发挥中国互联网协会等行业协会的作用,制定《互联网站禁止传播伪科学、封建迷信和邪教等不良信息自律规范》,强化"违法和不良信息举报中心"网站的职能,受理群众举报邪教在网络上活动的信息。通过开展行业

---

① 陈媛、古丽阿扎提·吐尔逊:《网络舆情法律规制的国外经验及其启示》,《求知》2016年第4期。

自律活动，使网络媒体承担相应的社会责任，自觉地接受社会公众的监督，加强自我约束和管理，抵制违法和不良信息传播以及不道德行为，用正确的导向、健康的内容、优质的服务赢得公众的信任，真正把互联网建设成为传播先进文化、反对暴恐、邪教等组织的重要阵地。

一是通过开设相关专题网站、刊登报纸杂志、发送手机短信等形式，揭露网络恐怖主义的反动本质和危害，使广大群众充分认识到网络恐怖主义分裂中国的罪恶目的，认识到其利用新疆少数民族群众朴素的宗教感情和民族感情，散布民族分裂主义、宗教极端主义和暴力恐怖主义，宣扬"圣战殉教进天堂"谬论，煽动以自杀式袭击等极端方式进行所谓的"圣战"已成为恐怖组织残害生命、制造恐慌的思想来源。网络恐怖主义是当代国际政治生活中的一个毒瘤，是与现代文明根本对立的。

二是广泛开展网络空间社会责任感和网络法律意识的宣传教育工作，提升广大网民的社会责任感，不发布、散播虚假或未经证实的网络舆情信息，从源头上制止网络谣言和网络暴力的发生。将培养网络空间意见领袖的任务纳入网络舆情规制工作之中。可效仿俄罗斯的做法，管理微博大V、微信公众账号管理者和APP维护人，增强其言论表达的自律性，并在突发事件应对时赢得意见领袖们的积极响应和正面呼声。要强化法律意识，坚决维护法律尊严。要让广大人民群众清醒地认识到任何践踏国家法律、破坏社会秩序、危害人民群众生命财产安全的人都要受到法律的制裁，任何制作、传播、播放、复制、存储暴恐怖视频的都是违法行为，也都将受到法律的制裁。

在网络中普及科学知识，倡导求真务实的科学精神，用科学的事实揭露邪教信条的虚妄，揭露邪教的种种骗局，彻底清除邪教滋生的土壤，以利于提高民族素质，塑造积极向上的民族精神，实现科教兴国的战略目标。在网络上应该面向社会公众，特别是面向青少年加大科普教育宣传力度，尤其在科学精神、科学思想和科学方法的宣传和普及方面狠下功夫。坚决依法打击那些给人民生命财产安全和社会正常秩序造成危害的巫术、迷信和伪科学活动，建立健全对重大突发公共事件中巫术、迷信和伪科学活动的防范处理机制。加强有针对性的宣传教育工作，消除公众在对待科学、传统文化和宗教等相关问题上的模糊认识。

三是鼓励群众提升自身素养，了解和掌握防范网络恐怖主义的相关知识,不受网络恐怖分子的蛊惑、挑唆;面对网络恐怖谣言不信谣、不传谣,揭露恐怖主义分子的丑恶嘴脸,共同谴责网络恐怖主义的卑劣行径,加强防范和打击网络恐怖主义的国际合作。我国可以借鉴日本、澳大利亚、法国的网络媒介素养教育的有关制度,在义务教育阶段开设网络媒介素养教育课程,编写符合青少年成长特点的网络媒介素养教材,从小培养他们的信息获取、辨识及使用能力,并逐渐将网络媒介素养教育覆盖全民,提升中华民族整体的媒介素养①。

四是广泛发动公民和社会组织参与。中国政府鼓励公民和社会组织积极参与打击网络恐怖主义,一些互联网企业在网站上设立了举报平台,公民和社会组织可以举报其发现的网上涉恐信息和线索。

打击网络恐怖主义需要全社会的参与和支持,每个组织、企业、公民都应主动担当,积极参与,特别是互联网企业要主动采取各种措施,坚决切断涉恐信息网上传播渠道,不给恐怖组织提供网上活动空间和技术便利,防止互联网成为滋生恐怖主义的温床②。

动员网民参与反邪教活动。反邪教工作是一个全民性工作,只有广大网民参与到工作中,才能真正打破邪教分子利用网络宣传教义、迷惑群众、突破困境、实现野心的幻想。

4. 加强国际合作,构建全球监测、防范和打击网络恐怖主义的安全体系

网络的隐蔽、高效、远程、便利特点决定了网络恐怖主义不受国界地域限制,任何一个国家都不可能单凭自身的力量就可以对网络恐怖主义进行有效的防范、制约和打击。因此,加强国际合作,构建全球监测、防范和打击网络恐怖主义的安全体系势在必行。

一是构建信息安全的国际协作框架,参与国际信息共享,全面掌握网络恐怖主义的新目标、新动态、新形式;在国际协作框架下互相提供帮助和支持,防止和打击网络恐怖主义分子对我国信息资源的删除、更改、盗取等违法行为,保障我国的网络信息安全。

二是加强网络技术国际研发合作。我国的网络技术研发比较弱,在加

---

① 陈媛、古丽阿扎提·吐尔逊:《网络舆情法律规制的国外经验及其启示》,《求知》2016 年第 4 期。

② 顾建国:《网络反恐,中国在行动》,《世界互联网大会》2014 年第 12 期。

强独立研发、提升网络技术的同时,我国要积极加强与网络技术先进国家的合作,共同研发防范网络恐怖主义的网络技术。鼓励和支持优秀的网络信息技术研究者参与国际上先进网络技术的项目研究,了解和掌握世界上最先进的理念与技术,以促进我国网络信息技术能力和水平的提高。

三是加强打击网络恐怖主义的国际司法合作。恐怖犯罪的国际化决定了在查证、追踪和抓捕网络恐怖主义分子时,没有相关国家的协助是很难顺利完成的。因此,我国在查证、追踪和抓捕涉及境外的网络恐怖主义分子时,应积极寻求网络恐怖主义分子所在国的协助与支持,共同进行抓捕打击。同时,我国要积极开展打击网络恐怖主义的国际交流与合作,当他国向我国寻求打击网络恐怖主义分子的帮助时,我国要在不损害国家主权与利益的前提下,给予最大程度的协助和支持①。

思考题:
1. 举例说明什么是人肉搜索。
2. 什么是网络暴力,它包含哪几种形式?
3. 如何治理网络传播危害社会安定信息的问题?

---

① 马凤强:《网络恐怖主义对新疆安全的危害及其防范》,《新疆社会科学》2016年第1期。

第七章

网络侵犯名誉权问题及治理

在人人都有麦克风的时代，每个人都可以轻易地通过各种自媒体渠道对身边的人和事发表自己的观点，而在分析、推测或者评论的过程中就很可能会侵犯他人的合法权益。传播的便捷带来了网络侵害名誉权案件的频发①。网络侵害名誉权主要是利用网页、论坛、网吧、博客、微博、微信、搜索引擎等新兴传播工具对他人进行侮辱或者诽谤，它呈现出主体隐蔽性强、传播范围广、损害后果不易确定等特点。互联网时代，诽谤、侮辱信息已经成为引起侵权及诉讼的主因。一方面，网络侵犯名誉权案件的社会关注度高；另一方面，网络侵害名誉权案件涉及的法律问题相对复杂，司法裁判也存在一定难度。

第一节 网络侵犯名誉权问题及表现形式

一、网络侵犯名誉权的新特征

网络名誉权是传统名誉权保护制度在新时期的发展，对网络侵犯名誉权行为的规制仍然需要依赖传统名誉权相关的法律法规。"西方国家对名

---

① 2013年8月至2016年6月，北京市第三中级人民法院审理网络侵害名誉权案件70件，约占案件总量的60.34%。其中侵权行为多通过门户网站、企业官方网站、公司官方网站和微博等渠道进行传播，涉及网络服务提供者间接侵权责任案件15件，判决网络服务提供者承担间接侵权责任6件，其中涉及门户网站2件。参见《北京网络侵害名誉权案件高发》，中国新闻网，2016年8月4日。

誉权的保护历程也表明传统诽谤法可以被应用到任何一个新出现的传播媒介当中。"①网络侵犯名誉权所表现出的侵权信息发布便捷、传播速度快、范围广、侵权信息不易清除、权利救济难度高等特点也造成了网络时代名誉权保护难度的增加。例如，网络游戏、虚拟社区等社交媒体中一般采用积分、排名、等级等因素对用户进行评价，而对于这些构成用户评价因素的侵犯就可能成为网络侵权名誉权的客体②。网络名誉权的主体、客体、侵权行为、侵权责任的复杂性等相较于传统名誉侵权都已经发生很多变化。

从网络名誉权侵权案件来看，网络侵犯他人名誉权的类型可大致归纳为五类：第一，公民的网络语言中如果措辞不当，容易构成名誉侵权。如"王八蛋""小人""贱人"等这些词汇都会贬低他人人格。由于网络语言的随意性，这类情绪化的表达一旦在网络上肆意传播就可能贬低他人在社会公众心目中的形象，造成对他人社会评价的降低。第二，一些自媒体热衷于报道明星的个人隐私，很可能造成他人名誉受损。这些年，明星状告自媒体侵犯网络名誉权的案件不仅数量不少，而且也容易引发社会关注。第三，公民在对自认为他人有违法行为，并进行监督和举报的时候，很容易构成对他人的名誉侵权。第四，作为网络服务提供商，网络媒体在提供信息咨询和新闻媒介服务的过程中，很可能会承担名誉侵权责任。第五，在一些特定关系当中，如医疗、法律、用工以及商品消费等各类服务关系中，享受服务过程中出现利益纠纷就很可能演变为网上的诽谤、侮辱，由此引发网络名誉侵权。

二、网络侵犯名誉权的现行法规

为了适应新时期对网络名誉权保护的需要，我国先后出台了许多应对

---

① 刘满达、孔昱：《网络环境下的名誉权保护初探》，《浙江社会科学》2007年第3期。

② 1999年，吉林市的张凌迷上了北京联众电脑技术有限公司（简称联众）联众游戏中的四国军棋，起名叫"豪门玉儿"，在线时间11 256小时，获"司令"称号，积分排名第一，2003年1月20日被"联众"清零。张凌认为联众损害了自己的名誉权，请求法院判其在国家级报刊及联众网络上公开道歉，并恢复积分和排名、赔偿精神抚慰金5万元，成为吉林省因网络游戏纠纷而状告网络公司的第一案。吉林市船营区人民法院2004年9月1日判决联众在联众世界网络上发表"致歉通告"，恢复"豪门玉儿"积分并赔偿精神抚慰金3万元。

网络名誉侵权的相关法律规范。1997年12月公安部发布的《计算机信息网络国际联网安全保护管理办法》第10条规定,互联单位、接入单位及使用计算机信息网络国际联网的法人和其他组织发现公然侮辱他人或者捏造事实诽谤他人信息的,应当保留有关原始记录,并在二十四小时内向当地公安机关报告。国务院于2000年9月公布施行的《中华人民共和国电信条例》第63条规定,使用电信网络传输信息的内容及其后果由电信用户承担。2000年9月25日国务院颁布施行的《互联网信息服务管理办法》第十五条第八项规定,互联网信息服务提供者不得制作、复制、发布、传播侮辱或者诽谤他人的信息。2000年10月8日信息产业部颁布的《互联网电子公告服务管理规定》第9条、13条规定,任何人不得在电子公告服务系统中发布含侮辱或者诽谤他人、侵害他人合法权益的信息。电子公告服务提供者发现其电子公告服务系统中出现明显属于该类信息的,应当立即删除,保存有关记录,并向国家有关机关报告。2000年12月28日第九届人大常委会第19次会议通过的《关于维护互联网安全的决定》第4条提到,利用互联网侮辱他人或者捏造事实诽谤他人构成犯罪的,可依照刑法有关规定追究刑事责任。可以说,与网络内容监管相关的法律法规中,一般都会有与名誉相关的规定。此外,《侵权责任法》也明确规定了网络服务提供商应当承担责任的几种情形。其中第三十六条规定,网络用户、网络服务提供者利用网络侵害他人民事权益的,应当承担侵权责任。网络用户利用网络服务实施侵权行为的,被侵权人有权通知网络服务提供者采取删除、屏蔽、断开链接等必要措施。网络服务提供者接到通知后未及时采取必要措施的,对损害的扩大部分与该网络用户承担连带责任。网络服务提供者知道网络用户利用其网络服务侵害他人民事权益,未采取必要措施的,与该网络用户承担连带责任。

而随着社会上侵害网络名誉权现象的频繁出现,为满足此类案件司法审判实践的需要,与名誉权有关的司法解释也在增加。有关部门在2013年、2014年曾先后发布《关于办理利用信息网络实施诽谤等刑事案件适用法律若干问题的解释》及《关于审理利用信息网络侵害人身权益民事纠纷案件适用法律若干问题的规定》等重要法律文件。而且,2014年最高人民法院发布的《关于审理利用信息网络侵害人身权益民事纠纷案件适用法律若干问题的规定》对于《侵权责任法》第三十六条第二、三款规定中网络服务提供者接到通知后是否采取必要措施的认定以及"知道"侵权行为的认定做出了更为详细的规定,由此有利于司法机关更加准确地判断网络服务提供商应当承担的责任。该司法解释中的第六条指出,认定网络服务提供者采取的删除、屏蔽、断开链接等必要措施是否及时,应当根据网络服务的性质、有效通知的形式和准确程度,网络信息侵害权益的类型和程度等因素综合判断。另外,对于网络服务提供者知道网络用户利用其网络服务侵害他人民事权益中的"知道",该司法解释第九条提到,应当综合考虑下列因素:(一)网络服务提供者是否以人工或者自动方式对侵权网络信息以推荐、排名、选择、编辑、整理、修改等方式作出处理;(二)网络服务提供者应当具备的管理信息的能力,以及所提供服务的性质、方式及其引发侵权的可能性大小;(三)该网络信息侵害人身权益的类型及明显程度;(四)该网络信息的社会影响程度或者一定时间内的浏览量;(五)网络服务提供者采取预防侵权措施的技术可能性及其是否采取了相应的合理措施;(六)网络服务提供者是否针对同一网络用户的重复侵权行为或者同一侵权信息采取了相应的合理措施;(七)与本案相关的其他因素。

三、网络侵犯名誉权法律适用上的主要问题

网络名誉权保护的法律适用中主要存在三方面的突出问题:一是网络侵犯名誉权在构成要件上与传统名誉侵权相比有一定的特殊性;二是网络侵犯名誉权法律责任的承担具有相当的复杂性;三是网络侵犯名誉权抗辩事由的发展还不够成熟。

1. 网络侵犯名誉权构成要件的特殊性

网络名誉权是公民或者法人在网络环境中享有的维护自己名誉的权利。其实质虽与传统名誉权无太大差别,但在网络名誉权各个构成要件的具体内容上仍有不同。这种差异性就增加了司法实践中认定网络侵犯名誉权行为的难度。一般认为,侵害网络名誉权包括行为人行为违法、行为人主观上有过错、受害人有名誉被损害的事实以及违法行为与损害后果之间有因果关系四个构成要件。下面就结合这四个方面具体分析网络侵犯名誉权的特殊性。

(1) 行为人行为违法。

据我国有关名誉侵权的法律规定,侮辱、诽谤和宣扬隐私是三种侵犯名誉权的违法行为。但2009颁布的《中华人民共和国侵权责任法》已将隐私权作为一种独立的民事权利给予单独保护,所以,侵犯名誉权的违法行为主要是侮辱、诽谤。由于网络的即时性、交互性、匿名性、开放性以及网络信息传播极具流动性、扩散性,因此,网络侮辱、诽谤违法行为的认定相较于侵害传统名誉权侵权行为的认定可以适用较为宽松的标准。对于网络侵犯名誉权行为违法性的判断,不能仅仅因为言语过激、情绪化表达或者无法证明涉嫌侵权信息的客观真实就认为是诽谤或侮辱行为。网络侵犯名誉权的实质是对他人人格的贬低,导致对其社会评价的降低,因此,要根据言论发布时的相关情境,联系上下文,还要结合加害人的事后表现等多种因素综合分析之后再作出判断。此外,网络名誉权的侵权主体,除了网上发布信息的网络用户,还可能包括网络服务提供商(Internet Service Provider,缩写为ISP)等其他主体。ISP的违法行为既包括通过信息服务直接对他人进行侮辱、诽谤这种违法行为,也有当侵权事实发生以后,侵权人在接到被侵权人要求删除或采取补救措施的要求时,未采取相应措施,听任违法行为继续发展等这类违法行为。

(2) 侵权人主观方面存在过错。

通常认为,侵权人主观方面存在过错是网络侵犯名誉权不可或缺的构成要件。而且,在侵害网络名誉权的构成要件中,过错扮演着非常重要的角色。过错包括故意和过失两种形式。传统名誉侵权中,过失这种过错形式更为常见,但网络用户发布信息侵害名誉,更多地表现为故意。而与此不同的是ISP提供服务过程中造成名誉权侵害的又会以过失为主。过错的标准问题直接关系网络侵犯名誉权主体是否需要担责以及责任的大小,因此,作用举足轻重。由于网络名誉侵权中的受害人具有接近媒介反驳错误指控和自愿卷入公开论证的特征,因此,就有美国学者认为,网络名誉权受害者都应被视作公众人物[1]。1964年美国沙利文案中确立的公众人物标准需要证明侵权人具有"实际恶意",否则受害人将难以获得诽谤法的保护。不过,这

---

[1] 王眉:《网络传播中的名誉侵权问题研究》,中国广播电视出版社2008年版,第35页。

种针对网络名誉侵权"过错"的观点是值得商榷的。一方面,网络名誉权侵权案件中,不能说网络是开放的,就可以说任何人都拥有了平等的发言权;另一方面,也不能认为网络中普通网民参与具有自愿性,就将其等同于公众人物为了获得自身利益而情愿承担信息"公开"代价的行为。因此,网络名誉侵权"过错"的判断不能一概适用公众人物的过错标准,否则,就可能无法为普通公众遭受的网络名誉侵害提供有效的法律救济。但是,考虑到网络的特性,仍然可以采取与传统名誉权相比较高的过错认定标准,以便保护网络环境中公众的自由表达。

(3) 损害事实。

对受害人所造成的损害表现为:网络传播活动中受害人社会地位的下降或者名誉的贬损,以及因名誉贬损所引发的精神损害,或者因名誉损害所产生的财产损失。一般认为,对于损害事实的判定,只要求受害人名誉受损的事实被第三人获知即可。如果侵权行为人只是通过电子邮箱或 QQ 聊天工具向受害人发送了侵权言论,没有被第三人获悉,不构成网络名誉侵权。至于是否对受害人造成了精神损害或者财产损失这都不是认定网络名誉权的必要条件。不过,对于网络名誉侵权的判定中究竟是否需要损害事实这一构成要件,还存在争议。例如,有人认为,"造成后果和影响属于确定赔偿责任的问题,名誉侵权案中只要有侮辱、诽谤事实的存在,就可认定为名誉侵权"①。

(4) 违法行为与损害后果之间有因果关系。

网络名誉侵权的认定中,行为人的行为应当是针对受害人为特定对象实施的,受害人名誉受损的结果与行为人行为之间有直接的因果关系。网络侮辱、诽谤所导致的名誉贬损是直接指向了明确的受害人,也就是说,侵权信息指向虚拟主体背后的真实个体。网络名誉侵权中,针对虚拟主体网络名誉权的保护,实际上等同于对现实生活中真实主体名誉权的保护。由于网络虚拟身份与真实身份的关联性,对它的名誉权的侵害,也同样会导致真实主体在现实生活中的名誉受损、社会评价的降低。被称作中国"网络名誉侵权第一案"的张静诉俞凌风网络环境中侵犯名誉权纠纷案的判决,就说

---

① 沈木珠:《网络名誉侵权与我国名誉权保护制度的完善》,《法学杂志》2008 年第 6 期。

明对虚拟身份的侮辱、诽谤同样可以构成对网络名誉权的侵害①。此外,因果关系要件不需要受害人举证,网络用户或者网络服务提供商只要实施了侮辱、诽谤等贬低他人名誉的不法行为,导致他人名誉受损或社会评价降低,就可以认定违法行为与损害后果之间存在因果关系。

2. 侵害网络名誉权承担法律责任具有相当的复杂性

(1) 网络传播侵害名誉权的刑事责任。

网络传播活动对于他人名誉的加害行为,既可以承担民事责任,也可能会承担刑事责任。我国刑法第 246 条规定,捏造事实诽谤他人,情节严重的,构成诽谤罪。2013 年最高人民法院和最高人民检察院发布的《关于办理利用信息网络实施诽谤等刑事案件适用法律若干问题的解释》为网络诽谤案件的处理提供了明确的法律依据。该司法解释将两类网络侵权名誉的行为纳入诽谤罪。一是,将网络上"捏造事实诽谤他人"的两种情形认定为诽谤罪。第一种情形是"捏造损害他人名誉的事实,在信息网络上散布,或者组织、指使人员在信息网络上散布的";第二种情形是"将信息网络上涉及他人的原始信息内容篡改为损害他人名誉的事实,在信息网络上散布,或者组织、指使人员在信息网络上散布的"。二是,将"明知是捏造的损害他人名誉的事实,在信息网络上散布,情节恶劣的"同样可以认定为"捏造事实诽谤他人"。此外,该司法解释还规定,将"同一诽谤信息实际被点击、浏览次数达到五千次以上,或者被转发次数达到五百次以上的"应当认定为刑法第二百四十六条第一款规定的"情节严重"。由此可见,通过司法解释中对诽谤罪的重新解释,就实现了对网络诽谤行为的刑事处罚。不过,20 世纪以来,世界范围内针对名誉权的刑事处罚呈现出逐步减少的趋势。

(2) 网络传播侵害名誉权的民事责任。

网络名誉权侵权的民事责任可以分为直接侵犯行为人的责任和 ISP 为

---

① 该案中,原告张静,网名红颜静;被告俞凌风,网名华荣道、大跃进。在现实生活中,二人通过聚会相互认识,并相互知道网名所对应的人的真实身份,且张静的红颜静的网名及真实身份还被其他网友所知悉。被告多次在网站的公开讨论板块上发表署名大跃进的文章辱骂红颜静,原告在被侵权后也曾在网站上发表过损害被告名誉的文章。后原告起诉被告侵犯其名誉权。法院认为,红颜静这一网名的真实身份已被他人所知,所以此时的交流已不仅仅局限于虚拟的网络空间,交流的对象也不再是虚拟的人,而是具有现实性、针对性的,这就不可避免地影响了他人对张静的评价,因此,被告应承担侵权的民事责任。

第三方侵权承担的责任两种类型。通过法律责任的规定让侵害网络名誉权主体承担相应的责任的目的在于：一方面使得受害人被侵害的权利状况得以恢复，降低或消除不良影响；另一方面，通过惩罚性措施，如赔偿等以此抚慰受害者的心理创伤，补偿其财产损失。网络名誉侵权的民事责任承担方式主要有恢复名誉、停止侵害、消除影响和赔礼道歉、赔偿损失四种。网络名誉权侵权案件中，一般要根据侵权的具体情况，选择适用何种责任承担形式。

① 直接侵权行为人的责任承担。

网络传播名誉侵权中的直接侵权行为人包括网络用户和网络服务提供者。这里的"直接"，是指网络用户和网络服务提供者等主体单独为侵犯名誉权承担责任的情形。主要包括三种类型。

第一类是网络用户在网上发布信息侵权。互联网时代，人人都可以利用网页、论坛、网吧、博客、微博、微信、搜索引擎等新的传播工具便捷地表达自己对各种事件的看法。而网络表达的随意性、匿名性、扩散快等特点使得网络用户发表评论、分析、推测等又极易引发网络名誉权侵权纠纷。例如，方舟子与崔永元名誉权纠纷案中，法院最终判定二人部分微博言论均构成对对方名誉权的侵害，各自应承担停止侵权、赔礼道歉、赔偿损失等法律责任①。

第二类是网络服务提供商自己发布的信息侵权。根据所提供服务内容的不同，一般可以将网络服务提供商（ISP）分为三类：仅提供网络访问服务的 IAP(Internet Access Provider)；提供内容服务的 ICP(Internet Content Provider)，又称在线服务商 OCP(Online Content Provider)和空间服务提供者 IIP(Internet Intermediary Provider)②。一般认为，网络服务提供商的类型不同，责任内容也会存在差异。第一类网络接入提供商只是纯粹提供物理连接，其在网络名誉侵权中处于被动、中立地位，因此，不应承担由网络传播引发的网络名誉侵权责任。第二类网络内容提供商直接参与网络传播活动，生产相关内容，如果该类信息内容侵犯他人名誉权，毫无疑问需要为

---

① 《方舟子与崔永元名誉权纠纷案宣判　双方均要上诉》，腾讯娱乐，http://ent.qq.com/a/20150625/020324.htm，2015 年 6 月 25 日。

② 马映雪，韩强：《试论网络服务提供商网络名誉侵权责任的认定》，《徐州工程学院学报(社会科学版)》2010 年第 2 期。

自己发布的侵权信息承担责任。第三类也就是网络中介服务提供商,它的责任问题相对复杂一些,当第三方在网上发布侵权信息时,它需要根据相关法律承担相应的责任。

第三类主要是网络传播者的侵权责任。网络的多元主体参与特性就决定了网络用户很可能接触到其他人发布的侵权信息,由此就会涉及传播者的法律责任问题。一般认为,虽说网络名誉权的侵害最终是通过众多网民的传播才导致的损害后果,但是,对于网络传播者个体责任的追究并不具有合理性。"网络环境下侵权信息的传播者,其地位实际上类似于现实生活中通过口头语言的传递者。网络环境下的行为主要通过书面的形式做出的,用户在接触到一些自己比较感兴趣或者能激发他们好奇心的信息时,难免会用转贴文字的形式将这些信息传播出去。如果将侵权信息的内容以口头语言的形式散布到现实社会不需要承担责任,而将侵权信息以文字形式转贴到网络空间就需要承担责任,恐怕是极不公平的。"①然而,最高人民法院《关于审理利用信息网络侵害人身权益民事纠纷案件适用法律若干问题的规定》中对于网络传播中的"转载"行为作出规定,这表明此类主体的传播行为也要根据相关的注意义务承担责任。该司法解释第十条规定,人民法院认定网络用户或者网络服务提供者转载网络信息行为的过错及其程度,应当综合以下因素:(一)转载主体所承担的与其性质、影响范围相适应的注意义务;(二)所转载信息侵害他人人身权益的明显程度;(三)对所转载信息是否做出实质性修改,是否添加或者修改文章标题,导致其与内容严重不符以及误导公众的可能性。这说明,自媒体上对于侵权信息的传播造成名誉权损害的,也会根据注意义务的不同情况进行综合判断,从而确定传播者是否要承担相应的责任②。

② ISP 为第三方侵权的责任承担。

ISP 虽然并未直接实施侵犯网络名誉权的行为,但是却为侵权行为的发生提供了条件。因此,ISP 可能会为第三方侵权的承担责任。"尽管 ISP

---

① 刘满达、孔昱:《网络环境下的名誉权保护初探》,《浙江社会科学》2007 年第 3 期。
② 相关案例如嘉兴市菲利普车业有限公司诉金华市绿源电动车有限公司名誉侵权,参见《"菲利普"告赢"绿源"》,《财经时报》》,http://www.zj.xinhuanet.com/newscenter/2007-02/15/content_9323045.htm。

没有直接参与到侵权行为当中,但客观上为侵权行为人提供了一定的网络设施、网络平台,同时其在很大程度上是作为控制网络运行的主要力量而存在的。因此,有学者认为,网络服务商也应当在盈利的同时,承担维护网络上的公共安全、促进社会正义的责任。"①

全国人大常委会法工委 2002 年 12 月向第九届全国人民代表大会常务委员会第三十一次会议提交的《中华人民共和国民法(草案)》第九编侵权责任第十章"有关侵权责任主体的特殊规定"部分,就提到了网络侵权中网站的责任问题。"第三十六条,网络经营者明知用户通过该网站实施侵权行为,或者经权利人提出警告,仍不采取措施删除侵权内容等措施消除后果的,网站经营者与该网络用户承担连带责任。"②此后,《侵权责任法》第三十六条以及《关于审理利用信息网络侵害人身权益民事纠纷案件适用法律若干问题的规定》第六、第九条,同样规定了网络服务提供者承担连带责任的两种不同情形:对于"明知"通过该网站实施侵权行为而未尽到相应的注意义务的责任,以及经权利人提出警告,仍不采取措施删除侵权内容等措施消除后果的,应该承担相应的责任。不过,前一种情形是最为复杂的,也是争议最大的。一种观点认为,施以博客服务商某些情形下主动发现有害信息并采取措施的法律责任是符合"应当意味着能够"法则的。法律对博客服务商提出"应当"的行为要求并未超出服务商"能够"做到的能力范围,因为博客以侮辱形式侵权具有明显的可识别性,它主要是通过谩骂的言辞对他人人格进行恶意攻击与贬低,侵权恶意与故意容易为博客服务商直观地识别与判断③。另一种观点却认为,"不应当加重 ISP 对所传输信息的严格审查义务。但是 ISP 应采用一些过滤技术防止侵权信息的传播,对于明显的侵权信息,ISP 有义务进行及时的删除,否则应承担侵权责任"④。可见,学者们虽然主张应加强对 ISP 的监管,强化 ISP 的法律责任,但在具体思路上目

---

① 董皓、张楚:《牵住网络安全的"牛鼻子"——互联网安全与网络服务商责任制度的建立》,《计算机安全》2004 年第 5 期。
② 张新宝:《在互联网上的侵权问题研究》,中国人民大学出版社 2003 年版,第 27—28 页。
③ 陈堂发:《首例博客名誉侵权案法理探讨——兼与〈博客名誉侵权,网络服务商该当何责?〉一文作者商榷》,《国际新闻界》2007 年第 2 期。
④ 邱潇可:《网络环境中言论自由权与名誉权保护之均衡》,《东岳论丛》2012 年第 7 期。

前仍存在较大分歧。我们认为,对于前面第一种情形下 ISP 的法律责任问题,不可能在法律上一开始就作出明确的规定,而只能由法官根据个案中的实际情况综合判断。不过,另一方面仍需健全相关规范,将责任明确化、具体化,以便降低 ISP 的法律风险①。而后一种承担责任的情形,是当前我国网络名誉权纠纷的司法审判中被运用最多的,它主要是借鉴了知识产权领域的"通知—删除"制度。

3. 网络名誉权保护中抗辩事由的发展还不成熟

抗辩事由一般指行为人的行为虽然给他人造成了损害,但其行为并不构成侵权,不承担侵权责任的情形。网络名誉侵权由于涉及言论自由这一重要价值,为了体现二者之间的利益平衡,满足公共利益的需要,网络名誉侵权中就出现了一些抗辩事由,也就是法律上的免责事由。网络侵犯名誉权的抗辩事由中,既有继承了传统名誉侵权中抗辩事由的部分,又有根据网络名誉权自身的特殊性而发展出的抗辩事由。前者主要体现为直接侵害名誉权行为的抗辩事由,后者主要是指网络服务提供商为第三方侵犯名誉权承担责任中的抗辩事由。

(1) 直接侵权行为的抗辩事由。

直接侵权行为的抗辩事由主要有真实性抗辩、公正评论、合理引用或重复传播以及其他抗辩事由,这些抗辩事由在传统名誉侵权中也都是适用的。

真实性抗辩,是指网络名誉侵权案件中网络用户以信息真实或者"真诚地相信信息是真实的"作为抗辩理由,就可以免除侵权责任。而发布或者传播虚假信息很可能会造成对他人的诽谤,从而构成对网络名誉权的侵犯。由于网络信息传播主体的多元性,那些专门从事新闻信息服务的信息发布

---

① 目前,学界对 ISP 的注意义务进行了很多讨论,观点不一。例如,有人提到网络服务提供者的法定义务为:(一) 在提供服务时应保持中立义务;(二) 防止危害结果扩大的义务;(三) 协助调查的义务;(四) 合理注意义务;(五) 尊重用户通信秘密和个人隐私义务。参见董晓波:《网络名誉侵权的特征及民事责任》,《金陵科技学院学报》2004 年第 1 期。还有人将网络服务提供者的义务分为:(一) 网络服务提供者的分类及其信息审查义务;(二) 及时采取必要措施的义务;(三) 向网络用户发出通知的义务;(四) 向被侵权人提供信息披露的义务。参见王振兴:《网络环境中的名誉权侵权问题研究》,中国社科院硕士论文,2013 年。这些还只是理论上关于 ISP 注意义务的探讨,今后还需要逐步变成更加明确的法律规定。

者,对他们在真实性方面应有更高的要求。

公正评论是保障网络中意见自由表达,创建网络社会健康有序的良好环境所需要的。除了发布虚假事实可能造成对他人的诽谤,不公正的评论也可能成为对他人的诽谤。而公正评论,一般要求评论的对象与社会公共利益有关,如国家机关权力的行使,关系公众的重大利益等;此外,还要求评论是公正的,即评论是以事实为基础,具有诚意地发表自己的看法,"对事不对人",而不是为了攻击他人。这里的"诚意"体现在,在相同条件之下,社会一般公众也可能做出类似的评论,即是符合常情常理的,而不是严重不当的评论。法院关于网络名誉权纠纷的案件判决中也会适用公正评论原则①。公共事务中的言论表达,比如政治和社会事件中网络上理性、自由地发表意见、看法很可能会对社会公共生活产生积极的影响。而若是为了保护私人的名誉权就过于强调评论的客观真实性以及意见的妥当性,或动辄以侵犯网络名誉权为由诉至法庭,由此就可能造成寒蝉效应,制约公众自由的意见表达。因此,在此情况下对言论自由给予制度保护上的倾斜,就成为国家政策层面的一种考量。随着社会的发展,各国面临的社会问题也愈来愈大,国家与社会的关系进一步走向合作,此时,更依赖于公众自由表达的意见市场在沟通、协调国家、社会之间利益的重要角色。而公正评论抗辩事由就成为保障其作用更好发挥的制度支撑。

合理引用或重复传播抗辩事由对于言论秩序的形成也是不可或缺的。互联网环境中,除了少数是原创内容之外,很多信息都是通过转发而来,是对他人创造内容的引用或者重复传播。而且,这类信息内容在网络空间中占据很大的比重。不过,对于引用或者重复传播的要求是必须"合理",其包含两方面的含义:一是,行为人主观上不具有恶意,引用只是为了告知某个消息或说明某个问题,不是为了侵害他人的名誉。二是,行为人客观上引用或重复传播的事实具有合理的可信性,如法律、法规认定的事实,人民法院的判决文书,合法的仲裁机构认定的事实,公民、法人关于自身活动公

---

① 例如,方舟子与崔永元名誉权纠纷案判决中就曾提到,"考虑网络用户对网络言论具有较高的宽容度,及人们对相关传闻所能尽到的注意义务程度等因素,如微博发言者对相关事实的表述有一定事实依据,其观点、评论属于主观上善意的认知,其表述方式未明显偏离表述依据,则相应表述不应视为侮辱、诽谤"。参见《方舟子与崔永元名誉权纠纷案一审宣判》,《人民法院报》2015 年 6 月 26 日。

布的有关材料等①。符合上述条件的"合理"引用或重复传播才可以成为涉嫌侵犯网络名誉权时的抗辩事由。方舟子与崔永元名誉权纠纷案中,法院就是以此抗辩事由认为二人的争论中部分微博不构成侵权,判决中写道:"引用、转发的他人微博。引用人、转发人不明知也不应知其引用、转发内容构成侵权的,其引用、转发行为不构成侵权。"②网络时代,由于信息类型多、形式多样、内容的解读存在一定的难度,这都增加了普通网民转发公民、法人等发布的信息时对其真实性作出鉴别的困难。因此,通过提升公民的媒介素养,确保"引用"或重复传播的"合理"性,也已刻不容缓。

除此之外,网络名誉权侵权中还有其他一些抗辩事由,如受害人同意、第三人过错等。受害人同意是指受害人事先明确表示自愿承担某种损害结果,只要行为人在受害人所表示的自愿承担损害结果的范围内对其实施侵害,则不承担民事责任。受害人同意一般应具备四个条件:受害人事先明示的真实的同意之意思表示;行为人主观上的善意;加害行为不超过受害人同意的范围和限度;受害人同意不违反法律、社会公共利益和社会公德③。第三人过错抗辩事由是指,有一些网络名誉侵权是由于黑客、技术故障导致,没有这些因素就不会产生名誉受损的结果,这种情况行为人可免除责任④。第三人过错也是针对网络名誉权的抗辩理由。

抗辩事由是侵权责任的免责事由,而为了平衡言论自由与网络名誉权,促进二者协调发展,不断发展网络名誉权的抗辩事由就有着十分重要的意义。可以说,网络名誉权保护逐步增强的同时,与之相对的抗辩事由也会不断发展。

(2) 网络服务提供商为第三方侵权承担责任中的抗辩事由。

下面这一部分的抗辩事由基本上是在网络环境下才有的,它们伴随着网络侵犯名誉权过程中多元主体的出现而产生,因此,这是传统媒体侵犯名

---

① 邱潇可:《网络环境中言论自由权与名誉权保护之均衡》,《东岳论丛》2012年第7期。
② 《方舟子与崔永元名誉权纠纷案一审宣判》,《人民法院报》2015年6月26日。
③ 李积兵:《网络新闻侵害名誉法律问题研究》,复旦大学硕士论文,2008年。
④ 邱潇可:《网络环境中言论自由权与名誉权保护之均衡》,《东岳论丛》2012年第7期。

誉权中不曾存在的,是后来在网络名誉权制度的完善过程中才发展起来的。网络服务提供商为第三方承担责任中的抗辩事由中主要涉及相关的注意义务和"免责条款"是否免责这两个问题。

对于自己发布的信息内容,网络服务提供商应该与传统媒体一样,在发布之前承担信息的审查核实义务,否则就可能要承担侵权责任。而对于网络服务提供商为第三方侵权行为是否承担责任的问题,就需要讨论网络服务商承担何种注意义务可以免责。此种情况下,网络服务提供商由于很难证明涉嫌网络诽谤材料的真实性,或者说对真实性它们是很难履行审核义务,因此,真实性抗辩对于由第三方引发的网络名誉侵权案件中是很少被使用的。不过,网络服务提供商承担了合理的注意义务也是可以免责的。这主要体现在:一是,已经知道内容侵权或已经发现内容侵权,及时阻止而使侵权行为无法得以实施;二是,在接到受到人的告知后,及时移除涉嫌侵权言论①。这两种情况都表明网络服务提供商已经尽到合理的注意义务,因此,当出现网络名誉权纠纷时,就可以以此作为抗辩事由,免除自己的法律责任。而在网络名誉权纠纷中,网络服务提供商由于其身份容易确定,因此,被作为共同被告而一同提起诉讼就十分常见,在这种情况下,上述抗辩事由对减少纠纷、化解风险、促进互联网服务提供商的健康发展就具有重要的价值。

另外,网络服务提供商的"免责条款"是否可以免除第三方网络名誉权侵权中的法律责任?很多网站都会在醒目位置写有"严禁发表侮辱、诽谤、教唆、淫秽内容作品",否则由用户自行承担责任的条款,而这就相当于用户与网络服务提供商之间的一项服务合同。但是,这种合同约定却不能在网络服务商遇到第三人侵犯网络名誉权时,成为针对受害人合法诉求的抗辩事由。这是由于"免责条款"只是网络服务提供商与用户之间的约定,它对于合同之外的第三人(受害人)并不形成任何约束力,毕竟合同的效力只能够存在于订立合同的当事双方。法院在司法判决中,也认为"免责条款"不能够免除 ISP 对于信息内容合理的审核义务,出现侵犯网络名誉权的纠纷,

---

① 王眉:《网络传播中的名誉侵权问题研究》,中国广播电视出版社 2008 年版,第 105 页。

ISP仍然可能因未尽到合理的注意义务而承担民事责任①。

第二节 网络侵犯名誉权的综合治理

网络传播侵害名誉的现象相较于传统媒体时代,数量更多,范围更广,影响更大。对这一问题的应对,需要综合施策,多管齐下。这就包括,"完善网络犯罪立法;提高网络用户的道德水平,净化网络风气;鼓励网络行业自律,充分利用技术手段,实现'网络自治';加强行政监管,建立自律监管与行政监管的良性互动关系;合理平衡网络名誉权保护和网络言论自由之间的利益关系"②。只有通过政府监管、社会自治、技术创新等多种手段,发动社会公众共同参与才能遏制网络侵害名誉权的发展势头。

一、完善网络侵犯名誉权相关法律制度

当前,网络侵犯名誉权相关法律法规,既包括传统名誉权保护的相关法律法规,也有对网络名誉权进行保护的专门规范。对于传统名誉权的保护,从宪法、民法、刑法到各类不同层级的法律法规中都已有相关规定。不过,名誉权法律规定的分散性及缺乏系统性等问题会制约网络环境中名誉权制度的发展。

2013年英国通过诽谤法修正案,完善了抗辩事由的相关内容。"2013年诽谤法改革几乎涉及所有抗辩事由,对诽谤诉讼抗辩体系进行了重新整合。该法案第二章系统地规定了被告可得援引的抗辩,包括真实性、诚实观点、公共利益、网站运营者抗辩、同行学术评论观点以及报道特权抗

---

① 孔家花园饭店起诉大众点评网名誉侵权案中,大众点评网董事长张涛也曾提到,每个网友都有发表言论的自由,在每个网页下端,网站登出了"免责条款"。但是,法院最终判决大众点评网站构成名誉侵权。法院认为,被告创立大众点评网站,为社会公众提供了交流餐饮信息的媒介,其作为互联网信息服务提供者对其经营的网站有管理之责,对网民通过其网站发表的信息和评论有合理审核的义务。参见《上海一网站点评餐馆吃官司 网民骂人网站有责》,解放日报网,2012年3月2日。

② 参见刘满达、孔昱:《网络环境下的名誉权保护初探》,《浙江社会科学》2007年第3期。

辩等。"①由于名誉权问题涉及言论自由和人格权这两项重要的法律价值，因此，有必要制定专门的名誉权法，完善名誉权保护制度的法律体系，以此满足网络时代对媒体、公民的言论自由和名誉权给予合理保护的需要。除此之外，还要加快完善网络名誉权保护具体的法律制度。一是，通过在法律或者司法解释中进一步明确 ISP 注意义务的内容，以此增强网络名誉侵权中 ISP 法律责任认定的准确性。二是，发展网络传播中媒体名誉侵权的抗辩事由。互联网时代为媒体的舆论监督提供了更好的技术条件，但同时也面临着一些政府官员以侵害其名誉权为由，频繁地将媒体、记者告上法庭的风险。面对这种情况，网络名誉权法律制度除了在过错方面要提高针对公言论名誉侵权的构成要件标准，还需要在法律上进一步完善真实性抗辩、公正评论抗辩等免责的内容。

　　由于立法上名誉权保护的法律规定相对简单，特别是缺乏对于公言论、私言论的区分，这也就增加了网络侵犯名誉权案件中法官司法裁判的困难。"《侵权责任法》没有具体规定自媒体侵权案件法律适用的情况下，法官没有解释法律的原则和标准，在没有相应原则和标准的情况下，法官的特定价值判断趋向于多元性，因此并不一定符合立法者的意图。"②而网络侵害名誉权法律适用标准的模糊，增加了法官自由裁量的空间，这有可能会造成司法不公的后果。所以说，还应当出台针对网络名誉权案件审理适用法律的实施细则。

二、提升对于网络名誉权侵权行为行政监管的法治化水平

　　各国政府的互联网内容监管机制有一些共同特征，主要包括：对于网络和内容普遍实行分别管理的制度，对网络内容实行事前监管、充分发挥民间组织的作用。具体表现为：以传统法规为基础进行法律监督；责令采取内容分级和信息过滤；辅以强制性的网络内容审查和监控，建立社会投诉举

---

　　① 岳业鹏：《英国诽谤法的抗辩体系：传统构造与最新发展——以〈2013 年诽谤法案〉为中心》，《求是学刊》2015 年第 5 期。
　　② 杨立新、刘欢：《自媒体自净规则保护名誉权的优势与不足》，《甘肃社会科学》2013 年第 1 期，第 81—85 页。

报机制以及倡导行业的自我协调与监管等手段①。对于侵害名誉权的这一类信息内容的监管而言,也是如此。

随着网络迅猛发展,由于相关的伦理、法律制度还不健全,目前我国网络侵害名誉权现象仍然比较突出,所以,行政监管就成为一种重要手段。几乎所有的与网络内容监管相关的行政法规中都会将侵害名誉权的这类信息作为禁止传播的内容加以明确规定。2016年年初《互联网信息内容管理行政执法程序规定(征求意见稿)》对外公开征求意见。这一网络内容监管程序法规的制定,体现了政府网络内容行政监管法律体系的进一步完善。这对于推动网络侵害名誉权行为行政监管的法治化也具有一定的进步意义。不过,在加强对网络名誉权侵权等违法内容监管的同时,还需要不断提升政府内容监管的法治化水平。一方面,在权力的合理性层面注重注意义务的合理设置,防止ISP监管责任的泛化;另一方面,要注意对权力的监督,加强其合法性。而且,由于ISP事实上已经承担了对网络名誉侵权等信息的监管职责,因此,也要加强对ISP权力运行的监督,确保权力的规范化运作。

三、加强行业自律,推动社会自治

网络内容参与的广泛性,使得网络侵犯名誉权这类信息的治理需要依靠不同主体的共同参与,做到共享共治。

其一,媒体、网络大V等意见领袖应更加注意自己的言论。媒体、网络大V等在网络空间中具有较大的影响力,不仅不应当传播侵害他人名誉的信息,而且要坚守信息真实性底线,理性发声,向社会传递正能量。网络上的意见领袖对其粉丝具有号召力,他们的言行对其追随者很容易形成示范效应,引发其他群体的跟风模仿,因此,应当重视发挥网络意见领袖在建设良好网络生态中的作用。

其二,加强行业的自律。通过技术的研发,网络服务提供商具备了遏制侵犯名誉权信息传播的能力。而且,通过建立虚假信息的监测、过滤、举报

---

① 黄春平:《西方传媒内容监管机制的历史考察》,社会科学文献出版社2012年版。

等机制,提升了虚假信息监管的效率,由此大大减少了网络名誉侵权现象的发生。例如,新浪结合自己的实践经验,逐步积累起了内容过滤的关键词词库,对于侵权内容进行技术处理。很多网络服务提供商都建立了不良信息的举报制度。而且,在与用户的服务使用协议当中都有"不得利用网络服务上传、展示或传播任何虚假的、骚扰性的、中伤他人的、辱骂性的、恐吓性的、庸俗淫秽的或其他任何非法的信息资料"等相关规定。网络新闻的发展中自律机制也扮演着重要的角色。为推动和加强行业自律,人民网、新华网、新浪网等三十多家互联网新闻信息服务单位共同签署《互联网新闻信息服务自律公约》,其中就承诺自觉接受政府管理和公众监督,坚决抵制淫秽、色情、迷信等有害信息的网上传播,抵制与中华民族优秀文化传播和道德规范相违背的信息内容。通过行业协会牵头,互联网服务提供商共同参与制定自律公约,加强对自我的监督,这是遏制网络侵害名誉权信息传播,促进行业健康、快速发展重要途径。除此之外,网站自身的自治机制对于侵害名誉权信息传播的治理也有着重要的作用。搜狐社区中,以"斑竹"为核心形成了网民的自治群体。"斑竹"必须自愿、义务为社区服务,搜狐社区中每个论坛"斑竹"的限额为5名,他们的职责涉及服务管理、活动管理、内容管理等三个方面。他们可以行使包括协调并处理网友纠纷、解答网友疑问、删除违规帖文、遴选论坛精品文章并向社区推荐等多项职权。此外,针对违法内容,搜狐社区实施扫水员制度。扫水员由网民担任,自愿和义务为社区服务,受"斑竹"领导。其职权包括对于广告、色情、违法的帖文给予删除处理,除此之外的帖文均不得操作①。

  第三,加强网民的宣传教育,增强网民文明上网的自觉意识。网络内容良莠不齐,只有认真鉴别,而不随意转发,才能降低虚假信息等不良信息内容的传播。通过发动公众对虚假信息进行举报,才能有效减少网络谣言等不实信息的传播,达到净化网络空间的目的。事实上,绝大多数的网民具有社会责任感和正义感,都会遵守法律法规和社会公德,这也为打造网络清朗空间提供了根本保证。

---

  ① 马骏等:《中国的互联网治理》,中国发展出版社2011年版,第154页。

第三节　网络侵犯名誉权的典型案例

随着网络名誉权纠纷越来越多地起诉到法院,司法裁判就成为化解因发布侮辱、诽谤信息侵害他人权益纠纷的重要途径之一。网络名誉权的司法裁判,使得当事人的合法权益得到维护,有利于减少网络"口水战"等导致的权利侵害,而且净化了网络空间,从制度层面促进网络明净清朗起来。

一、网民发布侮辱、诽谤信息侵害网络名誉权

徐大雯与宋祖德、刘信达侵害名誉权民事纠纷案①

2008年10月18日凌晨1时许,著名导演谢晋因心源性猝死,逝世于酒店客房内。2008年10月19日至同年12月,宋祖德向其开设的新浪网博客、搜狐博客、腾讯网博客上分别上传了《千万别学谢晋这样死!》《谢晋和刘××在海外有个重度脑瘫的私生子谢××!》等多篇文章,称谢晋因性猝死而亡、谢晋与刘××在海外育有一个重度脑瘫的私生子等内容。2008年10月28日至2009年5月5日,刘信达向其开设的搜狐网博客、网易网博客分别上传了《刘信达愿出庭作证谢晋嫖妓死,不良网站何故黑箱操作撤博文?》《刘信达:美×确是李××女儿,照片确是我所拍》《宋祖德十五大预言件件应验!》《宋祖德的22大精准预言!》等文章,称谢晋事件是其亲眼所见、其亲自到海外见到了"谢晋的私生子"等内容。2008年10月至11月间,齐鲁电视台、成都商报社、新京报社、华西都市报社、黑龙江日报报业集团生活报社、天府早报社的记者纷纷通过电话采访了宋祖德。宋祖德称前述文章其有确凿证据,齐鲁电视台及各报社纷纷予以了报道。成都商报社记者在追问宋祖德得知消息来源于刘信达后,还通过电话采访了刘信达。刘信达对记者称系自己告诉了宋祖德,并作出了同其博客文章内容一致的描述。徐大雯以宋祖德、刘信达侵害谢晋名誉为由起诉,请求停止侵害、撤销博客

---

① 案例来源于《徐大雯与宋祖德、刘信达侵害名誉权民事纠纷案——精神损害赔偿应与侵权人的过错程度相适应》,中国法院网,2014年10月9日。

文章、在相关媒体上公开赔礼道歉并赔偿经济损失 10 万元和精神损害抚慰金 40 万元。

上海市静安区人民法院一审认为，博客注册使用人对博客文章的真实性负有法律责任，有避免使他人遭受不法侵害的义务。宋祖德、刘信达各自上传诽谤文章在先，且宋祖德称消息来源于刘信达的"亲耳所闻、亲眼所见"，而刘信达则通过向博客上传文章和向求证媒体叙述的方式，公然宣称其亲耳听见了事件过程并告诉了宋祖德。两人不仅各自实施了侵权行为，而且对于侵犯谢晋的名誉有意思联络，构成共同侵权。诽谤文章在谢晋逝世的次日即公开发表，在此后报刊等媒体的求证过程中继续诋毁谢晋名誉，主观过错十分明显。宋祖德、刘信达利用互联网公开发表不实言论，使谢晋的名誉在更大范围内遭到不法侵害，两被告的主观过错十分严重，侵权手段十分恶劣，使谢晋遗孀徐大雯身心遭受重大打击。综上，判决宋祖德、刘信达承担停止侵害、在多家平面和网络媒体报醒目位置刊登向徐大雯公开赔礼道歉的声明，消除影响；并赔偿徐大雯经济损失 89 951.62 元、精神损害抚慰金人民币 200 000 元。宋祖德、刘信达不服上诉，上海市第二中级人民法院维持原判，驳回上诉。

二、ISP 为第三方侵犯网络名誉权承担责任

深圳市海大装饰有限公司与北京新浪互联信息服务有限公司名誉权纠纷案①

2005 年 5 月 6 日，新浪网深圳房产装修论坛页面出现了一篇题为《声讨海大装饰》，内容主要为投诉海大公司装修存在质量问题的网文，随后很多人在此跟帖。海大公司发现后要求新浪公司删除上述信息，新浪公司于当年 6 月 1 日将此网文及跟帖删除。6 月 10 日，海大公司以新浪公司侵害其名誉权为由向法院起诉，提出了赔偿 102 万余元等请求。

同年 8 月 8 日，南山区法院作出一审判决：新浪公司未能依法及时停止传输、删除上述网文及跟帖中对海大公司的侮辱性语言，已构成名誉侵权，

---

① 案例来源于《新浪被海大诉侵权终审仍败诉》，法制网，http://www.legaldaily.com.cn/misc/2006-02/27/content_272379.htm，2006 年 2 月 27 日。

应向海大公司赔礼道歉,消除影响,并赔偿海大公司经济损失35万余元和预期经济损失30万元合计近66万元。

一审判决后,新浪公司不服上诉,深圳市中级法院经开庭审理后,作出了驳回上诉,维持原判的终审判决。

二审判决在评判新浪公司上诉主张和本案争议焦点时,对网络方面的一些热点问题提出了明确看法:

一是认定网络服务者应对网民言论尽到注意义务。深圳中院认为,电子论坛服务具有不同于一般传统意义上新闻媒体的特点,即后者对于作者提供的文章需要先经过审查,并有权决定是否刊载在载体上,而前者的提供者和管理者无法对发布的信息作事先审查。因此,电子论坛服务提供者所承担的审查等注意义务,一般发生在相关信息发表于论坛网页之后。根据我国信息产业部《互联网电子公告服务管理规定》第13条规定,电子论坛服务提供者发现其服务系统中出现明显属于侮辱、诽谤他人,侵害他人合法权益的信息时,应当立即删除,保存有关记录,并向国家有关机关报告。电子论坛服务提供者是否履行上述法定义务,就是判断其是否尽到注意义务的客观标准。新浪公司主张其对论坛信息只是需要承担监管和协助调查的义务,与我国法律规定不符,法院不予采纳。

二是认定网络评价属社会评价的一种表现形式。深圳中院认为公民、法人享有名誉权,其体现在公民、法人的人格利益受法律保护,民事主体因过错侵害他人的名誉权造成损害的,应承担相应的民事责任。通过网络对民事主体进行的评价或发表的言论,属于社会评价的一种表现形式,相对于社会评价的其他形式并无本质的不同,同样可能构成对他人人格利益的侵害。新浪公司主张原审判决混淆了社会评价与网络评价的区别,网络社区中的评价不构成现实人格利益,是误解了网络评价的本质,法院不予采纳。

三是认定新浪公司未尽合理的注意义务。深圳中院认为,《声讨海大装饰》这篇文章针对海大公司使用了"欺骗""冒牌公司"等字样,已超出了正常的对于商品或服务的评价范畴;尤其在该文后面的跟帖中出现了"狗崽子""去死吧""远离奸商"等明显侮辱性的言辞。这些论坛内容从社会一般观念上判断即足以认定明显属于侮辱、诽谤他人,损害他人合法权益的不良信息。新浪主张上述言论并未严重失实,其未必能够判断这种言论是否构成诽谤或侮辱而应该立即删除,与事实不符,法院不予采信。另外,新浪公司对于《声讨海大装饰》文章及其跟帖,并非仅仅消极地提供信息发布条件,而是采取了积极的行为对该信息加以控制和利用。这一行为虽然没有直接发表言论的内容,但为上网用户发表侵权不符合常理性的言论提供了更为有利的条件。新浪最迟在2005年5月16日就已经发现《声讨海大装饰》的文章及跟帖,却未及时加以删除,反而编辑建立"窗口",与相关内容进行链接,为损害的进一步扩大提供便利条件。因此,新浪公司作为电子论坛服务的提供者,未尽到合理的注意义务,具有过错,应承担相应的侵害名誉权的民事责任。

三、媒体发布信息内容真实不构成侵犯网络名誉权

合生元诉315投诉网侵权案[①]

"法国合生元"是法国品牌还是地道的国货?网友在315投诉网上发布的一篇关于合生元的调查文章引起了一场历时两年的名誉权官司,并在媒体上引起轩然大波。

一审法院查明,2005年8月23日,广州合生元发现315投诉网上贴了一篇署名为武文的转帖文章《法国合生元及其研究数据可靠性》(以下简称《法文》),该文章指合生元产品并非法国公司研制生产,"合生元=皇帝的新衣""千万不要轻易相信这类产品的蒙人式宣传"。这篇文章一经发布就引起了众多网友的跟帖,绝大多数网友表示了对合生元产品的困惑、质疑、愤慨甚至产生取消购买的念头。广州合生元发律师函要求315投诉网立即删除此文,但315投诉网并未立即删除。于是,广州合生元将315投诉网告上了天河区人民法院,称315投诉网的行为侵犯了合生元的名誉权,并索赔10万余元。天河法院一审认定,315投诉网的行为对合生元的名誉权构成侵害;判令立即删除315投诉网上的文章并关闭相关主题论坛,向合生元道歉,并赔偿合生元经济损失8万元。315投诉网不服判决,向广州市中级人民法院上诉要求撤销原判。

315投诉网在上诉状中提出,一审判决没有对《法文》的内容到底是真

---

① 案例来源于《合生元状告315投诉网侵权案终审败诉》,《南方日报》2008年11月14日。

实还是虚假予以认定,而是回避或遗漏了这一问题。内容是否真实,是315投诉网是否侵害广州合生元名誉权的关键问题。虚假才构成诽谤,真实并不构成诽谤。该文作者对合生元的调查内容基本属实,如为广州合生元生产益生菌产品的是拉曼公司,而非法国合生元公司,生产益生菌的工厂确实在一个山区小镇上等,均是客观事实。315投诉网的代理人广东格林律师事务所杨河律师表示,《法文》自始至终都没有指称"合生元"并非法国公司研制生产,所质疑的只是"合生元"这个品牌是否真的是法国品牌,而事实证明,"合生元"确实不是法国品牌,而是在中国注册的一个品牌(商标)。所谓的"法国合生元",其实只是将由法国拉曼公司的某个分厂生产的益生菌运到国内分装后,以"合生元"的牌子销售。广州中院二审认为,产品质量或服务质量与大众生活紧密相关,产品安全涉及公共利益,应当将之置于公评之下,这也是舆论监督的正当要求。对产品质量或服务质量的评价和辩论应当是开放、畅所欲言的,作为一个企业应当接受公众舆论和消费者的严格监督,以保障广大消费者的权利,并促进企业产品质量和服务水平的提高,因此,企业有容忍批评的义务。法院在判决中指出,《法文》中"合生元=皇帝的新衣"等言辞虽然片面偏激,观点也许不尽全面,但表达的是作者对保健食品功效的质疑甚至批评,并无辱骂、贬损的恶意,因此不属于损毁性语言。而事实上对保健食品的功效在社会上素来存在比较广泛的争议,因此《法文》应属于正当的舆论监督。法院还表示,《法文》明确提出"合生元"并非法国公司研制,缺乏充分的事实依据,应认定其关于"合生元"研制地的描述失实,但是该部分失实描述尚不足以构成整篇文章"主要内容失实",虽然该文及相关评论也许会对合生元的声誉造成损害,但基于对批评的容忍义务,广州合生元理应自我克制、给予必要的容忍。据此,广州中院作出上述终审判决。

四、网络名誉侵权中公众人物应当履行更高的注意义务

金山起诉奇虎360董事长周鸿祎微博名誉侵权案①

2010年,因为软件兼容等问题,北京金山安全软件有限公司与北京奇

---

① 案例来源于《金山诉360侵权案终审周鸿祎被判删除微博并赔5万》,正义网,2011年8月31日。

虎360科技有限公司董事长周鸿祎利用微博平台大打口水战,并最终对簿公堂。该案也被称作是"国内微博第一案"。金山安全公司认为,周鸿祎作为同业竞争企业中有一定影响力的负责人,故意散布虚假事实,恶意炒作,要求其撤回相关微博文章,发表致歉声明,并承担金山安全公司股价损失6亿元中2%的经济损失,合计1 200万元。对此,周鸿祎否认自己的微博言论存在侮辱、诽谤内容,至于金山丢了6个亿,周鸿祎的回复是:"那是和朋友开玩笑的话,完全是调侃之意,自己没有能力操纵股价。"

一审法院认定周鸿祎的微博言论构成侵权,判令其删除20条微博,同时在新浪、搜狐、网易的微博首页发表致歉声明,赔偿8万元。一审宣判后,双方均提起上诉。二审期间,金山安全公司明确以周鸿祎在其新浪微博、搜狐微博、网易微博中的20条博文作为指控侵权的载体。对此,二审法院认为,金山安全公司提供的20条博文中,部分博文涉及的事件发生在2005年,而金山安全公司成立于2009年,故金山安全公司无权主张权利。但通观周鸿祎微博的前后文,确实读不出周鸿祎主观上的善意,也不能排除其借助对金山安全公司技术上的指责而获得自己利益的可能性,且其中两条微博描述带有明显的侮辱性质。对此,周鸿祎应当予以删除,并通过发表致歉声明等方式以赔礼道歉,消除影响。并提醒周鸿祎,其他博文内容虽然尚未达到构成侵犯名誉权的程度,也应以此为警戒,审慎自己的言行。在终审判决书上,法院还专门针对微博发出提醒:个人微博作为一个自由发表言论的空间,可以以个人的视角,通过寥言片语,表达对人对事的所感所想。同时,由于微博上的言论具有随意性,主观色彩浓厚,甚至一些语惊四座的表达方式,都成为吸引"粉丝"关注的要素。鉴于微博对丰富人们的精神生活具有一定的积极意义,每个网民都应该维护它,避免借助微博发表言论攻击对方,避免微博成为相互谩骂的空间。否则人人都有可能被他人博文所侵害。

思考题:

1. 网络侵犯名誉权的主要表现。
2. 判定网络服务提供商侵权责任中"知道"的主要参考因素。
3. 网络名誉权侵权的抗辩事由。

第八章

网络侵犯隐私、个人信息问题及治理

大数据等新媒体技术以前所未有的速度发展,带来了深刻的社会影响,促使网络个人信息保护成为热点问题。大数据时代完全颠覆了过去对个人信息精准收集的模式,即"告知与许可"规则,转向对分散的个人信息进行数据挖掘①。个人信息一旦以数据形式被保存下来,便很难对个人隐私进行保护。与此同时,出于商业、公共事业和科技研究等需要,企业、政府和研究机构越来越依赖数据挖掘,大数据的广泛应用已经成为大势所趋。在全球化、大数据时代,互联网技术急遽发展的今天,一方面人类日常生活中的交往活动更多依托于网络空间展开,人们愈加依赖网络信息系统运行,大大提高了现代生活的效率。另一方面,由于个人信息传播、存储、搜集与使用所带来的网络隐私和个人信息保护等相关问题变得更加突出,成为影响个人生活乃至整个国家安全的重要命题。

第一节 隐私权与个人信息权的概念

一、隐私、隐私权与网络隐私权

隐私,指个人生活中不愿为他人知悉的秘密,主要包括四部分:第一,个人信息:身高、体重、三围、住址、电话、肖像、收入、生理缺陷、残疾状况

---

① 史卫民:《大数据时代个人信息保护的现实困境与路径选择》,《情报杂志》2013年12月。

等;第二,私人领域:卧室、病房、电话亭、休息室、身体的敏感部位等;第三,个人私事:恋爱、婚姻、生育、避孕、堕胎、收养子女等;第四,私人活动:家庭生活、夫妻性生活、私人日记、信函等。

隐私权,又称"宁居权",是公民个人依据法律规定保护自己的隐私不受侵害的权利。它包括两层含义:一是公民对于自己与社会生活无关的私人事项,有权要求他人不打听、不搜集、不传播,也有权要求新闻传播媒体不报道、不评论、不非法获得;二是公民对于自己与社会公共生活无关的私生活,有权要求他人不得任意干涉,包括自己的身体不受搜查,自己的住宅和其他私生活区域不受侵入和窥探①。

1960年,美国学者威廉·普罗瑟(William Prosser)综合美国已有涉及侵犯隐私的300多个法院判例,归纳出隐私权法实际上包含四种侵权:第一,侵扰他人的隐遁安宁;第二,盗用他人姓名或肖像;第三,公开他人私人生活;第四,公开地使他人被公众误解。

中国人对隐私的认知深受中国社会文化的影响。2003年学者刘德良曾归纳出中国法学界对隐私定义的六种观点。

第一种观点认为,隐私是个人不愿为他人知晓和干预的私人生活,它包括个人信息的保密、个人生活不受干扰、个人私事决定的自由三个方面。

第二种观点认为,隐私又称为私人生活秘密或私生活秘密,是指私人生活安宁不受他人非法干扰,私人信息保密不受他人非法搜集、刺探和公开等,它分为私人生活安宁、私人信息秘密两类。

第三种观点认为,隐私,又称生活秘密,是私人生活中不欲人知的信息。

第四种观点认为,隐私,就是私生活,它相对于公共生活而言,是指与公众无关的纯属个人的私人事务,包括私人的活动、私人的活动空间以及有关私人的一切信息。

第五种观点认为,隐私是一种与公共利益、群体利益无关的,当事人不愿他人知道或他人不便知道的信息,当事人不愿他人干涉或他人不便干涉的个人私事,和当事人不愿他人侵入或他人不便侵入的个人领域。它包括三种形态,一是个人信息,为无形的隐私;二是个人私事,为动态的隐私;三是个人领域,为有形的隐私。

---

① 黄瑚:《网络传播法规与职业道德教程》,复旦大学出版社2015年版,第49页。

第六种观点认为,隐私是指不愿告人或不为人知的事情①。

综上所述,当前我国法学界对隐私的界定和赋权,主要从民法和宪法两个角度。民法主要从人格权角度对隐私权进行界定,保护平等主体之间的侵权和利益平衡关系,针对的是私权利,即和公共利益无关的私人事务;"隐"是指私人事务不被他人打扰和侵入,是一种对公共性的脱离;更多地体现保护人格尊严这种人格权的终极价值②。

2010年7月《中华人民共和国侵权责任法》生效,其中第二条首次将隐私权置于名誉权和肖像权同等地位,成为一种独立的人格权为民法所保护。然而,相关的条文中却没有明确界定隐私权所包含的内容。2014年10月9日,中国最高人民法院颁布《最高人民法院关于审理利用信息网络侵害人身权益民事纠纷案件适用法律若干问题的规定》,首次在司法实践层面,明确了网络侵权中的隐私保护问题。在具体条文中明确了以个人信息为代表的隐私的具体范围。

随着个人生活对互联网的依赖日益加深,又引申出网络隐私权的概念。网络隐私权是隐私权在网络空间中的体现。网络隐私包含的主要内容为:个人数据、私人信息、个人领域。网络隐私权大致有如下内容:第一,知情权,用户有权知道网站收集了关于自己的哪些信息,这些信息将用于什么目的,以及该信息会与何人分享。第二,选择权,消费者对个人资料的使用途径拥有选择权。第三,合理的访问权限,消费者能够通过合理的途径访问个人资料并修改错误的信息或删改数据,以保证个人信息资料的准确与完整。第四,足够的安全性,网络公司应该保证用户信息的安全性,组织未被授权的非法访问。用户有权请求网站采取必要而合理的措施,保护用户的个人信息资料的安全③。

二、隐私权与个人信息权

随着大数据、云计算等高新科技的发展,大量信息中包含着个人隐私,

---

① 刘德良:《互联网对隐私保护制度的影响》,《中国科技论坛》2003年第3期。
② 王利明:《隐私权的新发展》,《人大法律评论》2009年第1期。
③ 黄瑚、邹军、徐剑:《网络传播法规与道德教程》,复旦大学出版社2006年版,第120页。

隐私权和个人信息权的权利边界难以划分。以美国为例,其法律从实用主义的角度出发,并未在立法上严格区分个人信息权和隐私权。可实际上,仍然必须承认隐私和个人信息之间的区别。而且,随着日后科技发展与社会进步,为了更好地保护公民个人信息和隐私安全,应该对隐私权和个人信息权的界限予以厘清。

早在 1950 年《欧洲人权公约》中就对隐私权有所定义。《欧洲人权公约》第八条规定:人人有权享有使自己的私人和家庭生活、家庭和通信得到尊重的权利。隐私权的概念由美国哈佛大学教授路易斯·D. 布兰代斯(Louis D. Brandies)和塞缪尔·D. 沃伦(Samuel D. Warren)在《哈佛法学评论》上发表的《论隐私权》一文提出,文章指出隐私权就是在任何情况下,每一个人都被赋予决定自己所有事情不公之于众的权利,都有不受他人干涉打扰的权利①。随着隐私权理论的不断发展,其定义也得到了更加精确的表达,王利明在《人格权法新论》中提出,隐私权是自然人享有的对其个人的、与公共利益无关的个人信息、私人活动和私有领域进行支配的一种人格权②。

而个人信息权则受到德国信息自治权的影响。1983 年德国联邦宪法法院的"人口普查法判决"将信息自治权解释为,保障个人有权自我决定、透露或使用其个人数据之权利,属于一般人格权的具体表现。1995 年欧盟出台《个人信息保护指令》,率先确立了个人信息保护的原则,对个人信息的概念作出规定。该指令强调,个人信息权指向的是对个人的识别,使个人信息权区别于隐私权。目前我国学界主流观点认为,个人信息权是"个人信息主体依法对其个人信息所享有的支配、控制并排除国家或者他人侵害的权利"③。个人信息权的核心概念是个人信息,突出特征是支配与控制,强调个人对其信息的主宰。

从权利属性上看,隐私权是一种消极的、防御性的权利,也就是说只有在权利受到侵害的情况下,个人才能行使该权利,请求他人排除妨害、赔礼道歉等。个人信息权则是一种积极的、主动性的权利,除了能防御他人对个

---

① 王景玉:《政治透明问题研究》,浙江大学出版社 2013 年版,第 75 页。
② 王利民:《人格权法新论》,吉林人民出版社 1995 年版,第 487 页。
③ 刁胜先:《论个人信息权的权利结构——以"控制权"为束点和视角》,《北京理工大学学报(社会科学版)》2011 年第 3 期。

人信息的侵害以外,更表现为对个人信息的控制和利用。

依据《欧洲人权公约》第八条规定,隐私权中所保护的隐私主要是指如个人身体健康状况、家庭状况、婚姻状况等个人不愿意公开的且与公共利益无关的私人生活信息或私人活动,强调的是私密性。而个人信息权着重于个人身份的识别,即能否通过某种信息直接或间接地指向特定的某个人,与特定某人的身份联系起来,则可以认为该信息具有可识别性[1]。

值得注意的是,个人信息与隐私存在着交叉的情况,如不经他人允许将他人未公开且不愿意公开的照片在网络上散布,既侵犯了隐私权也侵犯了个人信息权。然而,个人信息并非就是隐私,如个人在某网站上公开的电话号码,该网站未经同意,将电话号码搜集并转卖给他人,该网站侵犯的是个人信息权而并未侵犯其隐私权。

此外,个人信息与隐私的载体有所不同,个人信息必须以固定化的方式表现出来,而隐私则不限于此,不需要固定化地记录下来,如私人之间的谈话,但是如果通过录音方式将私人之间的谈话记录下来,那么该私人谈话既是隐私又是个人信息。

由于隐私权和个人信息权的属性和客体有所不用,其在权利救济上也有所区别。侵犯隐私权的情况下,带来的损害一般是精神上的,而非物质损害,所以一般主张以精神损害赔偿作为救济手段;在侵犯个人信息权的情况下,由于个人信息通常包含商业价值,则有可能造成权利人的财产性损害,因而权利人可以通过主张财产性赔偿得到救济。

在对隐私权和个人信息权进行分析以后,可以清晰地看出网络隐私的保护不仅涉及隐私权,还与个人信息权有着密切关联,因为我们一般意义上所谈论的网络隐私,包括了传统隐私的内容,以及通过网络收集、利用个人信息等个人信息权所关注的问题,而这些内容既是隐私权所关注的,也是个人信息权所涵盖的。

---

[1] 王利明:《个人信息权的法律保护——以个人信息权与隐私权的界分为中心》,《现代法学》2013 年第 4 期。

第二节　网络侵犯个人信息的表现

一、利用科技手段，收集个人信息

1. 通过网络通信工具收集个人信息

人们如今的生活已经越来越离不开电子邮件、微信等网络通信工具了，然而网络通信工具的安全性却容易受到威胁。邮箱地址、社交媒体账号、网络个人信息等常常被网络检索和多次传播。近年网络通信工具密码被盗、黑客侵入等问题频发。个人还可能收到植入了木马程序的电子邮件或网络链接，如果不慎点击，个人电脑将遭遇入侵，从而被盗取个人信息，甚至银行账号密码等。此外，大量的垃圾邮件、营销信息通过网络通信工具进行传播，严重影响到用户的正常生活和工作，这在某种意义上也属于对个人信息的侵犯。

2. 利用 cookie 技术收集个人信息

Cookie 技术是指从客户端的硬盘读取数据的一种技术[①]。不可否认，cookie 给人们生活带来很大便利，例如利用 cookie 进行网站登录时可以免于每次都输入自用户名及密码，还可以储存个人的网络使用偏好等。但是 cookie 也被很多网络商家利用，成为营销的工具。利用 cookie 技术可以监视网络用户的网上动态，比如用户的购物习惯、兴趣偏好，便于日后定制化的内容推送。近年来，利用 cookie 收集用户个人信息的问题越来越严重。通过 cookie 的记录，网站能够了解到用户都浏览了哪些网站、下载过什么资料。如今，cookie 已经成为个人网络信息安全的一大隐患。

3. 网络服务提供商和网络内容提供商收集用户个人信息

网络服务提供商（ISP）和网络内容提供商（ICP）是向网络用户提供网络服务的电信运营商。二者的区别在于，网络服务提供商应为网上信息交流提供各种中介服务的第三方主体，而不应包括直接作为信息交流的一方当

---

① 李乃亮：《网络环境下侵犯个人信息的行为分析及法律保护》，中国社会科学院硕士学位论文，2014 年。

事人 ICP[①]。无论是网络服务提供商还是网络内容提供商,他们作为为用户提供网络服务的机构,在侵犯用户个人信息上可以说是有先天的便利,与此同时,在侵犯用户信息方面,他们也往往成为条件便利的"惯犯"。

4. 电子政务和电子商务中对个人信息的侵犯

在现实生活中,政府机关和商家企业可以借由问卷调查、交易活动、医疗资料以及应聘者提供的个人资料等来收集个人信息。电子政务和电子商务活动中其网站也可能会被侵入以致个人信息被盗取。民众一旦发现信息被侵犯,很难发现罪魁祸首。

二、披露个人信息,引发网络谣言

网络是一个开放的、互动性强的交流平台,信息海量、把关弱化,因而比传统媒体更加容易发生侵权现象。很多网站几乎是"零门槛",把关人角色严重缺位,导致大量披露个人信息的文字、图片等内容出现在网络上,直接侵害了他人的隐私权。并且,由于网络传播的无序性特点导致对受害人造成的伤害更大。在网络传播的各个领域,如网络虚拟社区、网络新闻平台、个人博客、微博、微信等社交媒体平台、电子邮件等网络通信工具等都可能产生网络侵犯个人信息的现象。

2009年10月,河北容城"艾滋女"事件引起社会广泛关注。一名自称闫德利的女子在其博客上发文,称自己是一名患有艾滋病的卖淫女,不仅公开发布姓名、身份证号和家庭住址,还曝光了大量艳照,同时公布了279位"嫖客"的手机号码。这一事件引发公众的广泛关注,迅速成为网络上的爆炸性新闻,报纸、电视等传统媒体进行跟踪报道,并再度引发网络空间热议。该事件引起了警方、医疗机构、新闻记者等多方社会力量共同介入。经过调查,闫德利确有其人,网络上公布的身份证号、家庭地址、照片等确为其本人。经过医疗机构检查鉴定,闫德利本人并未患有艾滋病。所谓"嫖客"手机号码,来自其手机通讯录信息。该事件经查实是闫德利的前男友杨某所为,假冒"闫德利"的行为是为了报复闫德利跟他分手。虽然该事件的始末最终大白于天下,但其影响将很难在短时间内消除。这一经典案例因其特

---

① 刘德良:《网路时代的民法学问题》,人民法院出版社2004年版。

殊性,有以下几个方面值得特别关注。

第一,杨某假冒闫德利身份在网络空间公布其个人信息属于侵犯隐私权的行为。身份证号和家庭住址纯属个人的信息和生活空间,无关社会公共利益,属于隐私权的基本内容。身份证号可以显示个人的籍贯、性别、出生年月日等具体信息,并含有本人的正面清晰的照片。家庭住址所在则关乎本人的经常性社会关系的处所,是个人安身立命、稳定生活的基础。个人不仅无权请求出示、调查这些信息及其载体,更无权公布这些信息。只是在例外情况下,才能由公职人员在出示法定证件等合法程序的情况下进行查阅。杨某的行为显然不存在任何正当目的和抗辩事由,故而,他在网络空间公布闫德利的身份证号和家庭住址等个人信息的行为侵犯了闫德利的隐私权。本案中杨某使用闫德利姓名的行为,使她受到社会公众的误解,并导致她的社会评价降低,直接侵害了闫德利的姓名权,间接侵害了她的名誉权。同时,杨某在空间上传了大量闫德利的生活照片及艳照。未经其本人同意而公布他人的照片还侵害了肖像权。

第二,杨某不仅公布了闫德利的个人信息,而且还公布了279名"嫖客"的手机号码。在该案中,这279位电话号码所有人确系纯粹的受害者。根据警方对本案的调查,闫德利不存在卖淫行为,因为不存在所谓的嫖娼事实。杨某在网络上公开发布这些电话号码,并辅以嫖客身份的说明,这一行为侵害了这些人的隐私权和名誉权。虽然网络谣言被澄清了,但是在一定时间内,这些流言却可能会导致这些个体社会评价降低,家庭中夫妻关系发生纠葛,甚至婚姻关系的破坏,影响家庭的稳定性,对其本人的社会关系造成负面影响。

第三,本案中"艾滋女"发展成为轰动一时的媒介事件,与网络媒体的蜂拥转载密不可分。在"闫德利"发布博文后,许多网站就争相转载和炒作。其中,番禺网、奥一网、凤凰网、新民网、东北网、华龙网、中国娱乐网、中国经济网等都发布了以"艾滋女"为题的报道。甚至,新民网《艾滋女闫德利博客裸照曝光》一文转载大量"闫德利"QQ空间的裸照。网站不同于博客等自媒体,它是按照新闻媒体传播流程运作的、具有公信力的、能够产生巨大社会影响力和能够迅速形成社会舆论的互联网站。因此,网站必须有一定程度的约束和规范,要对发布的信息负责。然而,在"艾滋女"事件中,网站跟风炒作,使得报道的真实性和准确性受到践踏。而大量色情内容的转载和散播,极大地侵犯了当事人的权益,在社会上造成恶劣影响。这一过程充分显示出当前新闻网站"把关人"角色缺位,眼球经济导向下产生的点击率至上的理念,刺激了网络谣言的发酵。

三、售卖个人信息,形成黑色产业链

利用网络科技收集个人信息可以用于网络营销,非法披露个人信息可能引发网络暴力,而售卖网络个人信息则是网络诈骗的源头,这些都是网络侵犯个人信息的表现。首先网络收集个人信息的门槛很低,网上购物、房产登记、升学考试等公民的常规行为都可能会不经意地"出卖"自己的姓名、身份证号、电话、住址等个人信息。一般情况下,个人信息会经历"被收集、遭泄露、被买卖"等环节,最后落入不法分子手中,成为电话骚扰、网络诈骗的有力工具。如今虽然网络带给我们的生活很多便利,但是各类电话骚扰、网络诈骗令人不堪其扰,尤其是基于网络个人信息的精准诈骗让人防不胜防。

2016年8月,即将入读南京邮电大学的18岁山东临沂女孩徐玉玉,接到以发放助学金为由的诈骗电话,最终被骗取了学费9 900元。在报警回家的路上,徐玉玉突然心脏骤停,经医院抢救无效,不幸离世。案发后公安机关调查了徐玉玉个人信息泄露的源头以及电信网络诈骗的经过。经查明,犯罪嫌疑人利用技术手段攻击了"山东省2016高考网上报名信息系统",并在网站植入木马程序,获取了网站后台登录权限,盗取了包括徐玉玉在内的大量考生报名信息。有媒体在采访中发现,就在徐玉玉受骗的同一天,她的多位同学也先后接到了类似的诈骗电话。

除此案之外,2016年针对大学新生的电信诈骗案件接二连三地发生。2016年7月,广东省高考录取新生蔡淑妍接到不法分子假冒"奔跑吧,兄弟"栏目组发出的虚假中奖短信,前后三次汇款,共计被诈骗金额9 800元。2016年8月,山东理工大学学生宋振宁被不法分子以银行卡扣缴年费、身份被冒用等虚假理由骗走1 996元后,心脏骤停不幸离世。一时之间连续发生的大学生遭遇电信网络诈骗案件,造成了严重的后果,引发社会广泛关注。

实际上,网络销售个人信息已经形成了黑色产业链。据媒体报道,在某些网站,公然售卖考生信息者大有人在。这些卖家对于包含考生姓名、学

校、电话、住址在内的信息进行打包出售。"有些人会专门去联系相关的培训机构或诈骗团伙,从而把手上的数据卖到下游。而下游这些团队,有专人负责诈骗的话术编写培训、线上通过第三方支付平台洗钱、线下 ATM 机提款等,分工非常明确。"① 由于作案分子常常在电话里能够准确无误地说出受害者的姓名、院校等信息,实施精准诈骗,让被害人受到蒙蔽。

根据业内人士测算,中国网络安全相关的黑色产业链(简称"网络黑产")市场规模已经达到千亿级别。《2016 中国网民权益保护调查报告》显示,过去一年间,我国网民因垃圾信息、诈骗信息、个人信息泄露等遭受的经济损失高达 915 亿元,人均 133 元。

第三节 网络侵犯个人信息典型案例

一、网络信息侵犯纠纷第一案

原告王菲与死者姜岩系夫妻关系,双方于 2006 年 2 月 22 日登记结婚。2007 年 12 月 29 日,姜岩从自己居住楼房的 24 层跳楼自杀身亡。姜岩生前在网络上注册了名为"北飞的候鸟"的个人博客,并进行写作。在自杀前 2 个月,姜岩关闭了自己的博客,但一直在博客中以日记形式记载了自杀前两个月的心路历程,将王菲与案外女性东方的合影照片贴在博客中,认为二人有不正当两性关系,自己的婚姻很失败。姜岩的日记显示出了丈夫王菲的姓名、工作单位地址等信息。姜岩在 2007 年 12 月 27 日第一次试图自杀前将自己博客的密码告诉一名网友,并委托该网友在 12 小时后打开博客。在姜岩于 2007 年 12 月 29 日跳楼自杀死亡后,姜岩的网友将博客密码告诉了姜岩的姐姐,姐姐将姜岩的博客打开。张乐奕系姜岩的大学同学。得知姜岩死亡后,张乐奕于 2008 年 1 月 11 日注册了非经营性网站,名称与姜岩博客名称相同,即"北飞的候鸟"(网址:http://orionchris.cn/)。在该网站首页,张乐奕介绍该网站是"祭奠姜岩和为姜岩讨回公道的地方"。张乐奕、

---

① 《骚扰电话不厌其烦 信息泄露防不胜防:徐玉玉案背后的"诈骗毒瘤"叩问信息安全隐患》,人民网,http://www.chinapeace.gov.cn/2016-08/26/content_11364196.htm,2016 年 8 月 26 日。

姜岩的亲属及朋友先后在该网站上发表纪念姜岩的文章。张乐奕还将该网站与天涯网、新浪网进行了链接。

姜岩的博客日记被转发在天涯社区论坛中,后又不断被其他网民转发至不同网站上,姜岩的死亡原因、王菲的婚外情等情节引发众多网民的长时间、持续性关注和评论。许多网民认为王菲的婚外情行为是促使姜岩自杀的原因之一;一些网民在进行评论的同时,在天涯虚拟社区等网站上发起对王菲的"人肉搜索",使王菲的姓名、工作单位、家庭住址等详细个人信息逐渐被披露;更有部分网民在大旗网等网站上对王菲谩骂、进行人身攻击,还有部分网民到王菲家庭住址处进行骚扰,在门口刷写、张贴"逼死贤妻""血债血偿"等标语。

大旗网系由凌云公司注册管理的经营性网站。在姜岩死亡事件引起广泛关注后,大旗网于2008年1月14日制作了标题为《从24楼跳下自杀的MM最后的BLOG日记》的专题网页,主要包括如下内容:对姜岩自杀事件发生经过的介绍;相关帖子的链接;网民自发到姜岩自杀的小区悼念的现场情况;对网民进行现场采访的内容;对姜岩的姐姐、姜岩的同学张乐奕、姜家的律师进行电话采访的内容和"网友留言""心理专家分析"等专栏。大旗网在专题网页中使用了王菲、姜岩、东方的真实姓名,并将姜岩的照片、王菲与东方的合影照片、网民自发在姜岩自杀身亡地点悼念的照片、网民到王家门口进行骚扰及刷写标语的照片等粘贴在网页上。

王菲分别起诉张乐奕、凌云公司、天涯在线,请求停止侵害、删除信息、消除影响、赔礼道歉并赔偿精神抚慰金。

北京市朝阳区法院认为,公民的个人感情生活包括婚外男女关系均属个人隐私。张乐奕披露王菲的个人信息行为侵害了王菲的隐私权。凌云公司在其经营的大旗网上对关于该事件的专题网页报道未对当事人姓名等个人信息和照片进行技术处理,侵害了王菲的隐私权并导致王菲的名誉权遭受损害,应当承担删除专题网页、赔礼道歉和赔偿精神损害等侵权责任。天涯公司经营的天涯虚拟社区网根据有关法律法规制定了上网规则,对上网文字设定了相应的监控和审查过滤措施,在知道网上违法或侵权言论时采取了删除与本案有关的网络信息,已经履行了监管义务,不承担侵权责任。

本案在网络侵犯个人信息的相关问题中具有典型意义。通过法院对本案的审理裁判,哪些信息是个人信息,哪些个人信息是个人隐私,有违公序良俗的个人信息是否应当受到保护,这些问题的答案都随着互联网时代的到来发生着深刻的变化。本案是曾引起舆论广泛关注的所谓博客自杀第一案。本案中,虽然原告王菲的婚外情在道德上值得批评,但这并非公众干预其个人生活的合法理由。公民的个人感情生活包括婚外男女关系均属个人隐私,无论是个人通过互联网披露,还是媒体的公开报道,都应当注意个人隐私的保护①。

二、关于被遗忘权的案例

2011年,西班牙男子冈萨雷斯在谷歌上搜索自己的名字时,发现早在1998年他因为财务问题而被法院强制拍卖物业的新闻报道。于是冈萨雷斯向西班牙数据保护局提交投诉,以媒体和搜索引擎侵害其隐私权为由要求《先锋报》删除数据信息,并要求谷歌西班牙分部或谷歌公司删除数据链接。西班牙数据保护局支持冈萨雷斯对谷歌西班牙分部和谷歌公司的诉求,要求删除链接并保证其他用户无法通过搜索引擎打开该信息,但驳回了当事人对《先锋报》的投诉。谷歌西班牙分部和谷歌公司分别向西班牙高等法院提起诉讼,西班牙国立高等法院将两案合并后,提交到欧盟法院。欧盟最终以新闻自由为由,判决《先锋报》不承担责任。不过,欧盟法院认为,谷歌作为搜索引擎运营商,应视为《个人数据保护指令》中的数据控制者,为保障公民的被遗忘权,不能以新闻自由为由予以豁免,认定谷歌应当承担删除责任。

在本案中,欧盟法院提出了适用被遗忘权的三个要件,揭示了哪些搜索结果能被删除。这三个要件分别为不必要的、不相关的、已经过时的,也就是说数据主体不必要的、不相关的和已经过时的信息都应从搜索结果中删除。

在对本案进一步展开讨论之前,有必要对本案判决确立的被遗忘权的发展进程有所了解,以便更深刻地理解被遗忘权的内涵与意义。

被遗忘权的最初形态可以追溯到1995年的《个人数据保护指令》,其中

---

① 案例来源于最高法发布"'网络侵权'典型案例分析",中国法院网,http://www.chinacourt.org/index.shtml。

规定:"有关公民可以在其个人数据不再需要时提出删除要求,以保护个人数据信息",但该规定只能说具有雏形,严格意义上说与被遗忘权的内涵存在差距,其强调的是已完成个人信息收集目的或用途的情况,而按照"谷歌诉冈萨雷斯被遗忘权案"所确立的被遗忘权的内涵则更为宽广,主要数据主体认为个人信息是不必要的、不相关的和已过时的,就能提出删除的要求。

然而,随着互联网的迅速发展,社交平台和网络自媒体的兴起,公民的个人信息已经变得无处隐藏。因此,欧盟 2012 年 1 月出台的《一般数据保护条例》草案第 17 条正式增设了"被遗忘和删除的权利",规定"信息主体有权要求信息控制者删除与其个人信息相关的资料信息,特别是当信息主体是不满十八岁的未成年人时"。2014 年 3 月,欧盟再次对《一般数据保护条例》进行修正,将第 17 条"被遗忘和删除的权利"精简为"删除权",并不再强调"当信息主体是未成年人"这一条件,而是明确表明"信息主体有权要求任何已知的第三方删除针对上述信息的所有复制和链接",扩大了行使"删除权"的主体范围。

该草案遭到美国社会的强烈反对,美国商务部甚至向欧盟提交了长达 15 页的抗议书,美国作为全球搜索引擎行业最发达的国家,认为被遗忘权的实施将不利于商业操作,对消费者的隐私保护亦未起到强化作用。

我国法律学者谢琳认为欧盟法院确立的被遗忘权存在不合理之处并且难以执行,我们国家未必一定借鉴欧盟模式,对被遗忘权的引进应持审慎态度[①]。虽然被遗忘权这一概念尚未在我国个人信息保护立法中被正式提出,但是我国也有网络信息"通知—删除"制度。2009 年《侵权责任法》第 36 条第 2 款规定:"网络用户利用网络服务实施侵权行为的,被侵权人有权通知网络服务提供者采取删除、屏蔽、断开链接等必要措施。"其中,被侵害的民事权益包含了隐私权。当然,侵权责任法的标准比欧盟被遗忘权标准要高得多,只有当用户的隐私权遭到侵犯,网络服务提供商才需要删除相关链接。

我国的相关法律法规同样有被遗忘权的踪迹。最高人民法院《信息网络侵权司法解释》第十二条最后一款规定:"网络用户或者网络服务提供者

---

① 谢琳、甄秀文:《我国个人信息立法保护探析》,《网络空间法制化——互联网与国家治理年度报告(2015)》,商务印书馆 2015 年版。

以违反社会公共利益、社会公德的方式公开前款第四项、第五项规定的个人信息,或者公开该信息侵害权利人值得保护的重大利益,权利人请求网络用户或者网络服务提供者承担侵权责任的,人民法院应予支持。"与欧盟法院判决所提出的不必要、不相关、已经过时的标准相比较,其着重强调以公共利益、社会公德或权利人值得保护的重大利益作为标准。

三、关于社交媒体上的个人信息被用于公开报道的争议

2014年岁末,上海外滩发生拥挤踩踏事故,共造成36人死亡、49人受伤。这一突发事件成为新年伊始世界各地报纸的头条新闻。有媒体对一位不幸罹难的复旦大学女生进行了人物特写报道,曝光了其个人信息以及来源于社交媒体的相关信息。报道引发了社会各界关于新闻法规与伦理问题的讨论,网络平台的争论尤为激烈。其中关于媒体使用当事人发布于社交网络的个人信息进行报道是否侵犯隐私的争论成为一个焦点。

在这场争论当中,当事人生前所在学生组织通过复旦大学官方微博呼吁"媒体尊重她、保护她,不要再挖掘她的隐私,不要再刊登她的照片,让逝者安宁"。复旦大学校友会通过微信公众号发布《复旦学生致部分媒体的公开信》,指出"把一个女孩子的微信、QQ、照片公布在网上的行为,不仅仅碾压了作为逝者的尊严和隐私权,更是将她亲人的伤疤血淋淋地揭露在了众人的面前,供大家评论、指点"。针对上述批评,有媒体从业者提出不同观点,微信公众号"微观者说"发布了名为"广州媒体人"写给复旦学生的公开信。他认为"网络时代人们对个人信息极为敏感,但往往忽略了很多信息是当事人主动公开的,并不具有隐私性质"。他同时指责学生群体的表达为"泛道德化指责,忽略操作而直奔操守,实在令人遗憾"。

案件发生之后,关于媒体引用当事人主动发布于社交媒体的个人信息进行报道是否侵犯隐私,学界也进行了讨论。南京大学陈堂发教授从法律层面进行分析,认为从既有的法律和主导的司法理念来说,报纸报道该学生的个人信息没有侵犯隐私权①。2014年6月最高人民法院司法解释《关于

---

① 陈堂发:《网络环境下大学生对隐私保护倾向从宽原则——从"外滩拥挤踩踏事件"报道的伦理争议说起》,《新闻记者》2015年第2期。

审理利用信息网络侵害人身权益民事纠纷案件适用法律若干问题的规定》第十二条明确规定,"对自然人自行在网络上公开的个人信息加以扩散的,权利人主张请求隐私权保护的,人民法院不予受理"。但是陈堂发教授也指出,媒体只要没有经过当事人同意,无论通过什么渠道获得遇难者照片并刊登都是侵犯肖像权的行为。

此外,还有学者从新闻伦理的角度对案例进行了更为广泛的讨论。复旦大学赵民副教授认为,当事人发布于社交媒体的内容应当分不同情况处理。第一种是公开的社交媒体,如微博、推特等。媒体引用实名账户公开发布于社交媒体的一般内容不算侵犯个人隐私。第二种是半公开的社交媒体,如微信朋友圈、人人网、QQ空间等。这些以线下身份为基础的半公开社交媒体上发布的内容,当事人显然预设其在特定范围内传播,因此媒体公开引用的行为是不恰当的①。

在大学生和媒体人的这场争论中,媒体人认为对复旦女生的人物特写报道属于社会公共事件的构成部分,具有显著的公共价值,因此隐私应该被限制。虽然新的司法解释认可社会公共利益可以作为弱化隐私保护的抗辩事由,但就此事件而言,媒体对于复旦女生生平经历、兴趣爱好、情感婚恋等个人信息的披露与社会公共利益的关联性显然并不大。复旦大学谢静教授认为,这样的新闻报道缺乏公共价值,但是符合公众的情感消费需求。所以,媒体只不过是借公众知情权的名义在消费遇难者。悲情消费是典型的市场主义而不是专业主义。

四、关于网络服务提供者的责任边界问题

蔡继明教授以政协委员身份公开发表假日改革提案,建议变黄金周集中休假为分散休假,增加部分传统节日为法定节假日,全面推行带薪休假。该方案后由全国假日办转呈国家发改委,并引起社会关注。网络用户在百度贴吧中开设"蔡继明吧",发表具有侮辱、诽谤性质的文字和图片信息,蔡继明的个人手机号码、家庭电话等个人信息也被公布。百度公司在百度贴

---

① 陆晔、谢静、葛星、赵民:《在满足知情权与消费遇难者之间——一场由"上海外滩踩踏事件"新闻报道引发的学术讨论》,《新闻记者》2015年第2期。

吧首页分别规定了使用百度贴吧的基本规则和投诉方式及规则。其中规定,任何用户发现贴吧帖子内容涉嫌侮辱或诽谤他人、侵害他人合法权益的或违反贴吧协议的,有权按贴吧投诉规则进行投诉。蔡继明委托梁文燕以电话方式与百度公司就涉案贴吧进行交涉,但百度公司未予处理,梁文燕又申请做"蔡继明贴吧"管理员,未获通过,后梁文燕发信息给贴吧管理组申请删除该贴吧侵权帖子,但该管理组未予答复。2009年10月13日,蔡继明委托律师向百度公司发送律师函要求该公司履行法定义务、删除侵权言论并关闭蔡继明吧。百度公司在收到该律师函后,删除了"蔡继明吧"中涉嫌侵权的网帖。蔡继明起诉百度公司请求删除侵权信息,关闭蔡继明吧、披露发布侵权信息的网络用户的个人信息以及赔偿损失①。

北京市海淀区法院一审认为,百度贴吧服务是以特定的电子交互形式为上网用户提供信息发布条件的网络服务,法律并未课以网络服务商对贴吧内的帖子逐一审查的法律义务,因此,不能因在网络服务商提供的电子公告服务中出现了涉嫌侵犯个人民事权益的事实就当然推定其应当"知道"该侵权事实。根据《互联网电子公告服务管理规定》,网络服务商仅需对其电子公告平台上发布的涉嫌侵害私人权益的侵权信息承担"事前提示"及"事后监管"的义务,提供权利人方便投诉的渠道并保证该投诉渠道的有效性。百度公司已尽到了法定的事前提示和提供有效投诉渠道的事后监督义务,未违反法定注意义务。百度公司在2009年10月15日收到蔡继明律师函后,立即对侵权信息进行删除处理,不承担侵权责任。由于百度公司已经删除了侵权信息并采取了屏蔽措施防止新的侵权信息发布,蔡继明继续要求百度公司关闭涉诉贴吧于法无据,且蔡继明因公众关注的"国家假日改革"事件而被动成为公众人物,成为公众关注的焦点,出于舆论监督及言论自由的考虑,应当允许公众通过各种渠道发表不同的声音,只要不对蔡继明本人进行恶意的人身攻击及侮辱即可。而"蔡继明吧"只是公众舆论对公众人物和公众事件发表言论的渠道,以"蔡继明"命名吧名只是指代舆论关注的焦点,其本身并无侵害其姓名权的故意,对关闭蔡继明吧的请求不予支持。

关于蔡继明诉前要求百度公司提供相关网络用户的个人信息,百度公

---

① 案例来源于最高法发布"'网络侵权'典型案例分析",中国法院网,http://www.chinacourt.org/index.shtml。

司依照《互联网电子公告服务管理规定》第十五条未直接向蔡继明提供侵权网络用户信息,并无过错。蔡继明诉讼请求百度公司提供上述信息,百度公司亦当庭表示在技术上可以提供,故蔡继明要求百度公司通过法院向蔡继明提供涉嫌侵权的网络用户信息的诉讼请求理由正当,一审法院对此予以支持。

北京市第一中级法院二审认为,百度公司在收到梁文燕投诉后未及时采取相应措施,直至蔡继明委托发出正式的律师函,才采取删除信息等措施,在梁文燕投诉后和蔡继明发出正式律师函这一时间段怠于履行事后管理的义务,致使网络用户侵犯蔡继明的损害后果扩大,应当承担相应侵权责任。根据本案具体情况,百度公司应当赔偿蔡继明精神抚慰金十万元。

本案涉及网络服务提供者的责任边界问题,在三个方面具有参考意义:一是通知人通知的方式及效果与网络服务提供者公示的方式存在关系,只要通知人满足了网络服务提供者公示的通知方式,网络服务提供者就应当采取必要措施。二审法院认定原告委托的代理人投诉至原告律师函送达之间这一段期间的责任由百度公司承担,即以此为前提。二是判断网络服务提供者是否知道网络用户网络服务侵害他人权益,不能仅以其提供的服务中出现了侵权事实就当然推定其应当"知道"。三是要注意把握对公众人物的监督、表达自由与侵权之间的界限,实现两者之间的平衡,一、二审法院对删除蔡继明吧的诉讼请求不予支持,利益衡量妥当。

第四节 网络侵犯个人信息的治理与讨论

总体而言,我国惩治网络侵犯个人信息保护网络隐私方面的立法亟待完善。迄今为止,我国主要以 2009 年的《侵权责任法》作为侵犯隐私权的救济法,除此之外虽有多项法律法规涉及个人信息保护,但其中大部分都是孤立的、零散的,缺乏专门性、完整性的立法。2003 年,我国曾经拟定《个人信息保护法草案》,但由于种种原因,立法进程被搁置。直至近几年来,随意收集、擅自使用、非法泄露甚至倒卖公民个人信息,侵入、攻击信息系统窃取公民个人电子信息,以及网络诈骗、诽谤等违法犯罪活动大量发生,严重损害公民、法人和其他组织的合法权益,危害国家安全和社会公共利益。因此,完善民法立法体系的要求再次被提上日程,呼吁将《民法通则》作为总领性法律,在《侵权责任法》《物权法》《合同法》之外,再制定《人格权法》《个人信息保护法》等专项法律。以下对我国在惩治网络侵犯个人信息、保护网络隐私方面的立法现状和进程进行简要梳理。

一、保护网络隐私的立法现状

1.《侵权责任法》

2009年12月正式通过的《侵权责任法》对保护公民民事权益作了全方位、多层次、立体化的规定,内容涉及公民生活的诸多方面,与公众利益息息相关。该法对保护公民隐私权具有重要意义。根据《侵权责任法》第二条规定,隐私权首次在中国法律中得以确定并作为中国民事权益得到保护,在中国隐私权法律保护领域具有划时代的意义。

《侵权责任法》第三十六条规定:"网络用户、网络服务提供者利用网络侵害他人民事权益的,应当承担侵权责任,网络用户利用网络服务实施侵权行为的,被侵权人有权通知网络服务提供者采取删除、屏蔽、断开链接等必要措施。网络服务提供者接到通知后未及时采取必要措施的,对损害的扩大部分与该网络用户承担连带责任。"这一条文对互联网环境下的运行秩序进行了系统的规范。

2.《关于加强网络信息保护的决定》

2012年全国人大常委会通过了《关于加强网络信息保护的决定》(以下简称《决定》),全文共十二条,规定了网络信息保护的范围、相关义务主体及其义务、侵权的救济途径,以及侵权人的法律责任。

(1) 网络信息保护的范围。

《决定》第一条规定:"国家保护能够识别公民个人身份和涉及公民个人隐私的电子信息。"该规定限定了我国网络信息保护的范围,可以看出我国法律是将个人信息和隐私区别看待的。

(2) 相关义务主体及其义务。

《决定》在义务主体方面有所区分,主体义务可以区分为禁止性义务、保障性义务和特殊义务①。在禁止性义务方面,《决定》明确规定了禁止任何组织和个人窃取、非法获取或者非法向他人提供公民个人电子信息,擅自发送商业电子信息。在保障性义务方面,规定网络服务提供者和其他企事业单位收集和使用个人信息时,要遵循合法、正当、必要的原则,应当采取技术措施和其他必要措施,并规定要向收集者明示其收集、使用目的、方式和范围,公开其规则。该条文的规定与传统个人信息保护的原则相一致,强调了目的合理原则和比例原则。《决定》还明确了网络服务提供者的特殊义务,包括管理其用户发布信息的义务,要求用户提供真实身份信息的义务,配合有关主管部门并提供技术支持的义务等。

(3) 侵权救济与违反的法律责任。

《决定》第八条规定,当发生侵权行为时,公民有权要求网络服务提供者删除有关信息或者采取其他必要措施予以制止。第九条规定,任何组织和个人对违反《决定》的侵权行为都有权向有关主管部门举报、控告,被侵权人可以向法院提起民事诉讼。第十一条规定违反该《决定》的主体需要承担的法律责任,包括可追究其刑事责任、民事责任或行政责任。但是需要指出,该决定在承担法律责任的规定中,仅作了原则性、笼统性的规定,并未具体说明何种情况下违反主体需要承担何种法律责任。

该决定仅仅涵盖了网络服务提供者,适用范围过窄。虽然对个人信息保护有一定的指导作用,但是条文涉及的范围不够全面。尽管该《决定》的制定机构是全国人民代表大会常务委员会,但其本质上不能算是法律。

3. 民事司法解释

最高法院的一系列民事司法解释也对网络隐私权的法律保护作了一定程度的规范。其中,2014 年 6 月 23 日最高人民法院审判委员会第 1 621 次会议通过,自 2014 年 10 月 10 日起实施的《最高人民法院关于审理利用信息网络侵害人身权益民事纠纷案件适用法律若干问题的规定》,第十二条在利用司法手段保护个人信息方面作出规定,首次明确了个人信息保护的范围:"网络用户或者网络服务提供者利用网络公开自然人基因信息、病例资料、健康检查资料、犯罪记录、家庭住址、私人活动等个人隐私和其他

---

① 谢林、甄秀雯:《我国个人信息立法保护探析》,《网络空间法制化——互联网与国家治理年度报告(2015)》,2015 年。

个人信息,造成他人损害,被侵权人请求其承担侵权责任的,人民法院应予支持。"

同时,最高法院还发布了八起网络侵权典型案例,从司法判例的角度详细解读了网络环境下个人信息隐私保护的具体操作办法,其中两起涉及如何界定网络信息隐私,侵权人以及网络服务商应该承担的责任以及相应的法律经济等。

二、《网络安全法》规范个人信息保护

2016年11月7日,十二届全国人大常委会第二十四次会议表决通过《中华人民共和国网络安全法》(简称《网络安全法》)。《网络安全法》共有七章七十九条。有专家对《网络安全法》的内容进行分析,指出其具有六大亮点:一是明确了网络空间主权的原则;二是明确了网络产品和服务提供者的安全义务;三是明确了网络运营者的安全义务;四是进一步完善了个人信息保护规则;五是建立了关键信息基础设施安全保护制度;六是确立了关键信息基础设施重要数据跨境传输的规则①。《网络安全法》是我国网络领域的基础性法律,明确强调了对个人信息的保护,坚决打击网络诈骗。《网络安全法》于2017年6月1日起实施。

1. 明确网络收集个人信息的边界

《网络安全法》第四十条规定,网络运营者应当对其收集的用户信息严格保密,并建立健全用户信息保护制度。第四十一条规定,网络运营者收集、使用个人信息,应当遵循合法、正当、必要的原则,公开收集、使用规则,明示收集、使用信息的目的、方式和范围,并经被收集者同意。

新出台的《网络安全法》强调网络运营者要对收集的用户信息严格保密。一定程度上确定了被遗忘权,也就是说网络运营者收集的个人信息,公民有权要求网络运营者删除或者更正。《网络安全法》的一个重点是明确了收集个人信息的边界,网络运营者不得收集与其提供的服务无关的个人信息。例如,地图导航软件需要用户的地理位置,这是功能性要求,可以满足;

---

① 王春晖:《专家解读〈网络安全法〉具有六大突出亮点》,新华网,http://news.xinhuanet.com/info/2016-11/08/c_135813341.htm。

但如果要用户提供姓名和身份证号，就属于不必要了。再如，打车软件需要用户的手机号码，以便出行即时联络，但是打车服务结束后，应该对用户的联系方式进行保密处理。

2. 以法律形式斩断买卖个人信息的黑色产业链

《网络安全法》第四十二条规定，网络运营者不得泄露、篡改、毁损其收集的个人信息；未经被收集者同意，不得向他人提供个人信息。第四十四条规定，任何个人和组织不得窃取或者以其他非法方式获取个人信息，不得非法出售或者非法向他人提供个人信息。

针对当前通讯信息网络诈骗等新型网络违法犯罪的多发态势，《网络安全法》第四章设定了两项禁止性规定：一是不得设立用于实施诈骗，传授犯罪方法，制作或者销售违禁物品、管制物品等违法犯罪活动的网站、通讯群组；二是不得利用网络发布与实施诈骗，制作或者销售违禁物品、管制物品以及其他违法犯罪活动有关的信息。

2016年以徐玉玉案为代表的一系列网络诈骗案件造成严重后果，引发社会关注。新型网络犯罪日益呈现出精准化、职业化的特征。在互联网、大数据时代，侵犯个人信息和实施通讯信息网络诈骗是两大主要新型网络违法犯罪类型，其中"违法犯罪活动的网站和通讯群组"以及"利用网络发布与实施诈骗"是上述两大犯罪的两个"终端"。《网络安全法》以法律形式保障公民网络空间的合法权益不受侵害，确保网络信息依法有序自由流动。

3. 首次明确个人信息泄露后，网络运营者应采取补救措施

《网络安全法》第四十二条规定，网络运营者应当采取技术措施和其他必要措施，确保其收集的个人信息安全，防止信息泄露、毁损、丢失。在发生或者可能发生信息泄露、毁损、丢失的情况时，应当立即采取补救措施，按照规定及时告知用户并向有关主管部门报告。

新出台的《网络安全法》首次明确个人信息数据泄露通知制度，使当前个人信息泄露无法杜绝的情况下，能够通过告知可能受到影响的用户，增强用户对相关诈骗行为的警惕性。这也将倒逼相关机构提高网络安全防护能力，降低个人信息泄露风险。同时，《网络安全法》对泄露个人信息应受处罚进行了规范，强调了网络运营者等维护个人信息安全的主体责任，对于网络诈骗行为溯源追责进行严惩。《网络安全法》的出台，让信息安全有法可依。对于一般用户，需要加强自身的信息保护意识；对于网络运营商，更应维护、

加固自身网络产品的安全性。

　　综上所述,近些年来,我国立法虽然开始意识到网络隐私的问题,先后出台了《全国人大代表大会常务委员会关于加强网络信息保护的决定》等专门性文件,出台了《中华人民共和国网络安全法》,并在新修订的《消费者权益保护法》中也首次提到了增强对消费者个人信息的保护,同时也受到欧盟关于被遗忘权的一定影响。但是,目前我国在网络隐私方面,尤其是个人信息保护方面尚存在较多问题。首先是当下的法律法规仍存在许多不完善的地方,相关规定过于零散,其次是缺乏专门性的、高位阶的立法。随着大数据、云计算、移动互联网等技术的普及和进一步发展,公民个人隐私和个人信息安全与商业发展、科研需要和国家安全之间的博弈将变得更加复杂,我国在建设和完善网络隐私立法方面仍然存在很多挑战和发展的空间。中国网络信息隐私立法管理应该尽快与国际接轨,例如参照欧盟做法,充分考虑社交网络的特殊性,专门制定社交网络信息隐私管理办法,规范网络企业及其他组织机构对网民个人信息的收集与利用。

　　另外,从公民个人层面来看,已有研究表明目前的以大学生群体为代表的中国网民能够意识到网络侵犯个人信息的风险,但是仍然较少能够积极主动地采取从科学有效的网络信息隐私保护行为,而是更多被动地放弃使用网络服务,或者通过注册虚假信息使用网络[①]。作为网络侵犯个人信息问题的应对策略,网民在使用网络时,除了应该更加关注自身的信息隐私安全,认识到由技术等原因带来的不可控的安全风险,慎重交流个人信息,还亟须具备一定的网络媒介知识,提高网络素养,通过更为积极有效的措施,主动采取个人隐私保护设置。

思考题:
1. 网络隐私权是什么?
2. 网络侵犯个人信息的表现形式有哪些?
3. 什么是网络信息保护的禁止性义务?

---

　　① 申琦:《中国网民网络信息隐私认知与隐私保护行为研究》,复旦大学出版社2015年版,第183页。

第九章

网络侵犯著作权问题与治理

自20世纪90年代以来,随着互联网技术和数字技术的迅猛发展,信息的生产和传播以指数级的增长在发展。在互联网上,著作权所保护的范围和内容持续扩大与深化,并发生了显著的变化:盗版软件、盗版音乐、盗版影视、盗版图书等在传统媒介环境下具有一定成本的盗版行为,以边际成本为零的方式在互联网上传播,侵犯着权利人的著作权,严重影响着网络媒体企业的生态;由于信息技术的日新月异,新的网络平台运营模式层出不穷,诸如网页侵权、网络服务侵权等新型网络侵权案件频现。这些都对现在的著作权司法保护体系提出了挑战。研究网络侵犯著作权的行为,对于相关部门不断完善著作权保护制度有着促进的意义,对同类型案件的裁判具有借鉴和指导的作用,同时网络媒体企业和个人也可以据此对网络版权保护进行系统的思考。

为了遏制网络侵犯著作权违法行为愈演愈烈,十余年来,我国政府对相关领域的执法力度不断加大,先后出台了《互联网著作权行政保护办法》(2005)、《最高人民法院关于审理涉及计算机网络著作权纠纷案件适用法律若干问题的解释》(2006)、《著作权行政处罚实施办法》(2009)等法规文件,在2006年公布和正式实施的《信息网络传播权条例》于2013年进行修订后重新公布,对网络传播涉及著作权的行为进行了明确的规范。自2005年开始,国家版权局、中国互联网信息办公室、中国工业和信息化部、中国公安部等部门联合启动"剑网行动",打击网络盗版侵权。2014年,知识产权法院在北京、上海、广州相继成立,这加强了知识产权的保护和运用,亦是对于机制的探索和创新。

政府加强立法执法的同时,在道德层面,互联网行业自律意识也在持续提高。在中国互联网协会组织下，互联网企业先后签署了《中国互联网行业自律公约》《中国互联网网络版权自律公约》《文明上网自律公约》《博客服务自律公约》《互联网搜索引擎服务自律公约》，这些公约通过加强道德自律手段，从网站和网民两个方面，来消除各种类型的网络侵犯著作权行为。

第一节 关于著作权的基本常识

一、著作权法律制度概述

1. 著作权的概念

著作权，又称为版权①，是指著作权人对其创作的文学、艺术和科学作品等智力成果依法享有的专有权利。著作权通常有狭义和广义之分：狭义的著作权，仅指作者对其作品依法享有的权利；广义的著作权除了包括狭义的著作权之外，还包括邻接权或相关权，即作品传播者依法享有的权利，如艺术表演者的权利、录音录像制作者的权利、广播电视组织的权利、图书和报刊出版者的权利等。

著作权是知识产权的一种重要类别，其与工业产权（主要包括专利权、商标权、制止不正当行为的法益等）共同构成了知识产权。

2. 著作权法律制度

世界上第一部版权法是 1710 年英国颁布的《安娜法令》，这部法律的原名为《为鼓励知识创作授予作者及购买者就其已印刷成册的图书在一定时期内之权利的法》。《安娜法令》废除了出版的特权，开始保护作者的权利，标志着现代版权制度的诞生。

1791 年，法国颁布了《表演权法》，开始重视保护作者的表演权利。两年之后，又颁布了《作者权法》，该法律的保护范围扩大到书籍、戏剧、设计、雕塑等文学艺术作品，作者的精神权利②得到进一步的重视。

中国第一部著作权法律是《大清著作权律》。清政府解释为："有法律不

---

① 《中华人民共和国著作权法》（以下简称《著作权法》）第五十七条：本法所称的著作权即版权。
② 杨延超：《作品精神权利论》，法律出版社 2007 年版。

称为版权律而名之曰著作权律者,盖版权多于特许,且所保护者在出版,而不及于出版物创作人;又多指书籍图画,而不是以贬刻模型等美术物,故自以著作权名之适当也。"从此,中国著作权法律都沿用此称呼。

中华人民共和国成立之后,于 1990 年颁布了根据宪法制定的《著作权法》,分别于 2001 年、2010 年进行了两次修订。2012 年 3 月《著作权法》的第三次修改草案发布,以征集法律界专家、学者的意见。

3. 著作权的国际保护

19 世纪西欧国家的图书出口、戏剧、音乐作品传播量迅速增长,促使西欧各国之间纷纷缔结双边版权协定,以保护国内外作品的著作权。为了弥补双边协定的不足,在 1886 年欧洲国家签订了第一个多边协定《保护文学艺术作品伯尔尼公约》(以下简称《伯尔尼公约》),标志着著作权国际保护体系的建立。

继《伯尔尼公约》之后又一个国际性著作权公约——《世界版权公约》于 1947 年由联合国教科文组织主持准备,1952 年在日内瓦缔结,1955 年生效。此后于 1971 年在巴黎作补充修订。《世界版权公约》旨在协调伯尔尼联盟与泛美版权联盟之间在著作权保护方面的关系,建立各成员国均能接受的国际著作权保护制度。中国于 1992 年加入该公约。

此外,1961 年在国际劳工组织、联合国教科文组织以及世界知识产权组织的共同支持下,约 20 个国家在罗马缔结《保护表演者、录音制品制作者与广播组织罗马公约》(简称《罗马公约》),它是专门规定邻接权的重要国际公约[①]。

二、著作权的主体与客体

1. 著作权的主体

著作权的主体也称为著作权人,是指对作品享有著作权的民事主体。著作权的主体可分为原始主体和继受主体。

原始主体,是指在作品创作完成后,直接根据法律规定或合同约定,对作品享有著作权的人。在一般情况下,原始主体为作者,或者是依照《著作

---

① 张今:《著作权法》,北京大学出版社 2015 年版。

权法》享有著作权的公民、法人或其他组织。

继受主体,是指通过转让、赠与、继承或法律规定的其他方式从原始主体获得著作权的人。

2. 著作权的客体

著作权的保护客体是作品,是指文学、艺术以及科学领域内具有独创性并能以某种有形形式复制的智力成果[①]。作品应具有以下特征:

第一,作品应具有独创性。独创性又称为原创性、初创性,是作品受著作权保护的要件,独创性具体体现为作品创作独立完成以及体现作者个人特性这两点。

第二,作品表现形式属于文学、艺术以及科学技术领域。

第三,作品是思想、情感的表现形式,而不是思想、情感本身,具有可复制性。

根据以上三个特征,受著作权保护的对象一般有:(一)文字作品;(二)口述作品;(三)音乐、戏剧、曲艺、舞蹈、杂技艺术作品;(四)美术、建筑作品;(五)摄影作品;(六)电影作品和以类似摄制电影的方法创作的作品;(七)工程设计图、产品设计图、地图、示意图等图形作品和模型作品;(八)计算机软件;(九)法律、行政法规规定的其他作品[②]。

另外,不具备作品实质条件的诸如历法、通用数表、通用表格和公式;法律、法规,国家机关的决议、决定、命令和其他具有立法、行政、司法性质的文件,及其官方正式译文;通过报纸、期刊、广播电台、电视台等媒体报道单纯事实消息,这些都不属于著作权保护范围[③]。

三、著作权的内容

1. 著作人身权

著作人身权,又称为著作人格权利、著作精神权利,是指作者通过创作表现个人风格的作品而依法享有获得名誉、声望和维护作品完整性的权利。该权利由作者终身享有,不可转让、剥夺和限制。作者死后,一般由其继承

---

① 参见《著作权法实施条例》第二条。
② 参见《著作权法》第一章第三条。
③ 参见《著作权法》第一章第五条。

人或者法定机构予以保护。根据中国《著作权法》的规定,著作人身权包括:

第一,发表权,即决定作品是否公布于众的权利;

第二,署名权,即表明作者身份,在作品上署名的权利;

第三,修改权,即修改或者授权他人修改作品的权利;

第四,保护作品完整权,即保护作品不受歪曲、篡改的权利①。

2. 著作财产权

著作财产权是指作者对其作品的自行使用和被他人使用而享有的以物质利益为内容的权利。根据中国《著作权法》,著作财产权的内容具体包括:

第一,复制权,即以印刷、复印、拓印、录音、录像、翻录、翻拍等方式将作品制作一份或者多份的权利;

第二,发行权,即以出售或者赠与方式向公众提供作品的原件或者复制件的权利;

第三,出租权,即有偿许可他人临时使用电影作品和以类似摄制电影的方法创作的作品、计算机软件的权利,计算机软件不是出租的主要标的的除外;

第四,展览权,即公开陈列美术作品、摄影作品的原件或者复制件的权利;

第五,表演权,即公开表演作品,以及用各种手段公开播送作品的表演的权利;

第六,放映权,即通过放映机、幻灯机等技术设备公开再现美术、摄影、电影和以类似摄制电影的方法创作的作品等的权利;

第七,广播权,即以无线方式公开广播或者传播作品,以有线传播或者转播的方式向公众传播广播的作品,以及通过扩音器或者其他传送符号、声音、图像的类似工具向公众传播广播的作品的权利;

第八,信息网络传播权,即以有线或者无线方式向公众提供作品,使公众可以在其个人选定的时间和地点获得作品的权利;

第九,摄制权,即以摄制电影或者以类似摄制电影的方法将作品固定在载体上的权利;

第十,改编权,即改变作品,创作出具有独创性的新作品的权利;

---

① 参见《著作权法》第二章第一节第十条中第(一)项至第(四)项。

第十一,翻译权,即将作品从一种语言文字转换成另一种语言文字的权利;

第十二,汇编权,即将作品或者作品的片段通过选择或者编排,汇集成新作品的权利;

第十三,应当由著作权人享有的其他权利①。

3. 著作权的保护期

著作权的保护期是指著作权人对作品享有专有权利的有效期限。

对于著作人身权的保护,《伯尔尼公约》规定了不得低于作者终生加50年的期限,允许国内法对人身权提供永久性保护。中国《著作权法》第20条规定:"作者的署名权、修改权、保护作品完整权的保护期不受限制。"

对于著作财产权的保护,《伯尔尼公约》对一般作品规定了作者终生加50年的最短保护期限。我国《著作权法》对著作财产权的保护期均为50年,但保护期的起始点因著作权归属而异。

我国对自然人作品的保护期以作者死亡之日为起始。《著作权法》第二十一条第一款规定:"公民的作品,其发表权、本法第十条第一款第(五)项至第(十七)项规定的权利的保护期为作者终生及其死亡后五十年,截止于作者死亡后第五十年的12月31日;如果是合作作品,截止于最后死亡的作者死亡后第五十年的12月31日。"

我国对法人作品的保护期以作品发表为起始。《著作权法》第二十一条第二款规定:"法人或者其他组织的作品、著作权(署名权除外)由法人或者其他组织享有的职务作品,其发表权、本法第十条第一款第(五)项至第(十七)项规定的权利的保护期为五十年,截止于作品首次发表后第五十年的12月31日,但作品自创作完成后五十年内未发表的,本法不再保护。"

另外,《著作权法》第二十一条第三款规定:"电影作品和以类似摄制电影的方法创作的作品、摄影作品,其发表权、本法第十条第一款第(五)项至第(十七)项规定的权利的保护期为五十年,截止于作品首次发表后第五十年的12月31日,但作品自创作完成后五十年内未发表的,本法不再保护。"

---

① 参见《著作权法》第二章第一节第十条中第(五)项至第(十七)项。

四、邻接权

邻接权是指作品传播者对在传播作品过程中产生的劳动成果依法享有的专有权利,又称为作品传播者权或与著作权有关的权益,从属于广义上的著作权。没有作品,就没有作品的传播。邻接权以著作权为基础,对于著作权合理使用的限制,也适用于对邻接权的限制。邻接权的保护期同样是作者终生加 50 年。

邻接权和著作权的主要区别在于:

第一,主体不同。著作权的主体是智力作品的创作者,包括自然人和法人;邻接权的主体大多是法人或其他组织。

第二,保护客体不同。著作权保护的对象是文学、艺术和科学作品;而邻接权保护的对象是传播作品过程中产生的成果。

第三,内容不同。著作权包括人身权和财产权两方面的内容;而邻接权的内容主要是出版者权、表演者权、音像录制者权、广播电视组织权等,其中除表演者权之外,大多不涉及人身权。

第四,受保护的前提不同。作品只要符合法定条件,一经产生就可获得著作权保护;邻接权的取得须以著作权人的授权及对作品的再利用为前提。

1. 出版者权

(1) 版式设计专有权。

版式设计是指出版者对其出版的图书、期刊的版面和外观装饰所作的设计。版式设计是出版者,包括图书出版者(如出版社)和期刊出版者(如杂志社、报社)的创造性智力成果,出版者依法享有专有使用权,即有权许可或者禁止他人使用其出版的图书、期刊的版式设计[①]。

(2) 专有出版权。

图书出版者对著作权人交付出版的作品,按照双方订立的出版合同的约定享有专有出版权。其他出版者未经许可不得出版同一作品,著作权人也不得将出版者享有专有出版权的作品一稿多投。

---

① 参见《著作权法》第四章第一节第三十六条。

2. 表演者权

表演者权的主体是指表演者,包括演员、演出单位或者其他表演文学、艺术作品的人。表演者权利的客体是指表演活动,即通过演员的声音、表情、动作公开再现作品或演奏作品。

根据《著作权法》第三十八条规定,表演者对其表演享有以下权利:表明表演者身份;保护表演形象不受歪曲;许可他人从现场直播和公开传送其现场表演,录音录像,复制、发行录有其表演的录音录像制品,通过信息网络向公众传播其表演,并获得报酬。

3. 录制者权

录制者权的主体是录音录像制作者。录制者权的客体是录音制品和录像制品。录音制品是指任何声音的原始录制品;录像制品是指电影作品和以类似摄制电影的方法创作的作品以外的任何有伴音或无伴音的连续相关形象的原始录制品,包括表演的原始录制品和非表演的原始录制品。

根据《著作权法》规定,录制者对其制作的录音录像制品,享有许可他人复制、发行、出租、通过信息网络向公众传播并获得报酬的权利。录制者使用他人作品制作录音录像制品,应当取得著作权人许可,并支付报酬;使用演绎作品制作录制品的,应当征得演绎作品著作权人和原作品著作权人的许可,并支付报酬;录制表演活动的,应当同表演者订立合同,并支付报酬。

4. 广播电视组织权

广播电视组织权的主体是广播电台和电视台。广播电视组织权的客体是播放的广播或电视,而非广播、电视节目。广播、电视是指广播电台、电视台通过载有声音、图像的信号播放的集成品、制品或其他材料在一起的合成品。

根据《著作权法》第四章第四节规定,广播电台、电视台有权禁止未经许可的下列行为:将其播放的广播、电视转播;将其播放的广播、电视录制在音像载体上以及复制音像载体。播放者应当履行下列义务:播放他人未发表的作品,应当取得著作权人的许可,并支付报酬;播放已发表的作品或已出版的录音录像制品,可以不经著作权人许可,但应按规定支付报酬。

第二节　网络侵犯著作权问题及表现形式

一、网络环境下著作权产生、保护和利用方式的转变

数字技术与网络技术的迅速发展对著作权的利用和保护带来了很大的变化与影响，主要表现在作者产生大众化、复制内容完美化、传播渠道网络化、利用需求多元化四个方面。

1. 作者产生大众化

从印刷技术到电子技术，再到现在的数字技术，信息传播技术的不断发展促进了整个人类知识水平的提高。在造纸术、印刷诞生初期，作者的产生还仅限于一些有较好经济基础的士大夫或贵族；而随着大众传播媒体的发展，出现了一大批职业的知识职员、记者、编辑、音乐人、演员等；而到了现今，随着数字技术和网络技术的发展，平民大众成为作者。在汶川大地震、巴黎暴恐袭击事件、布鲁塞尔暴恐爆炸等紧急事件中，记录历史瞬间真实的往往是一些当事的普通民众。他们有着基本的写作技能，有面向世界的网络传播渠道。业余作者的大量涌现，随之而来的也是诸多难以界定的作品版权。

2. 复制内容完美化

在数字技术发展以前，个人无法拥有大量复制的能力。而且即使就复制而言，复制品与原品也存在着质量上的显著差异。但数字技术对信息按照"0"和"1"的处理思想，使得数字化的信息具备了精确性和压缩性两大特征。理论上，无论对数字化信息复制多少次，其制作出来的复制品都和原品一样。随着个人电脑、扫描仪、刻录机等数字复制设备的普及，个人就可承担原来只有印刷工厂才能完成的工作。而数字压缩技术的进步，更使得以前成千上万的著作现在仅有网络硬盘就可容纳，既不需实体携带，又容易即时检索。这种复制品和原品内容的无差异性、制作的简便性，使得侵犯版权成为一种成本极低但收益极高的简单行为。

3. 传播渠道网络化

传统的信息传播或是通过专业的信息传输服务机构，或是通过个人的

人力来完成。但网络技术的发展却突破了传统传播方式的瓶颈,只有一台可以联入网络的信息终端,就可以将信息产品发往全世界。这种传播渠道的普及化、便捷化,使得个人也可成为以前不可能成为的广播者。这种个人开始成为媒体的现象,对传统的版权保护方式提出了严峻的挑战。因为,传统版权保护考虑的多是针对容易发现和容易追诉的出版公司,而无法顾及诉讼成本和执法成本都很高的个人。

4. 利用需求多元化

一方面是版权极易被侵权,另一方面是合理的版权使用需求也难以得到满足。对于一个创作者来说,他进行作品创作,通常都需要利用到他人的作品,素材包括文字、图片、音乐、影像等。要取得这些渠道多元的版权授权,是一项纷繁复杂的浩大工程:找到版权作品的归属人,和版权拥有人洽谈版权授权,商量一个双方都能接受的使用费等。因此,合法版权利用渠道的不畅通,也在另一方面纵容着种种侵犯版权行为的发生。

二、网络侵犯著作权的表现形式

网络侵犯著作权表现形式一般包括:未经权利人授权的网络传播、破坏版权保护技术的措施手段,以及提供协助侵犯版权的网络服务三个方面。

1. 未经权利人授权的网络传播

这是当前网络传播侵犯著作权的一种最广泛的行为特征。这一特点可具体表现为如下行为:未经权利人许可,将权利人的作品上传到互联网供他人下载;未经权利人许可,将权利人的作品通过互联网传输给他人复制;未经权利人许可,将网络上盗版的作品下载到本地供己所用;行为人将他人在网上授权的合法作品超越授权范围地使用;行为人将他人作品的著作权权利信息删除、窜改;行为人将他人的网络作品通过图文框链接等行为,使他人网页的完整性受到破坏。

2. 破坏版权保护技术的措施手段

技术措施是指用于防止、限制未经权利人许可浏览、欣赏作品、表演、录音录像制品,或者通过信息网络向公众提供作品、表演、录音录像制品的有效技术、装置或者部件。随着非法盗版行为的大量涌现,版权保护技术措施越来越成为权利人维护自己版权利益的一个重要手段。借助高效的数字版权管理(DRM)技术,权利人试图构筑起自己在网络时代的数字防线,以对自己的数字作品进行控制访问和控制使用。但再深奥的技术手段也架不住黑客们的破解,破坏版权保护技术的技术措施主要有两类。第一类是既擅自破解了他人采取的技术措施,又直接实施了版权侵权行为;第二类是制造、销售破解技术措施的装置或者提供破解技术措施的服务,但是并未直接侵犯版权①。

为保护版权权利人的合法利益,我国法规将以上两类破坏版权保护技术的措施手段均视为侵犯作品著作权的行为。2013年修订的《信息网络传播权保护条例》第四条专文规定:"任何组织或者个人不得故意避开或者破坏技术措施,不得故意制造、进口或者向公众提供主要用于避开或者破坏技术措施的装置或者部件,不得故意为他人避开或者破坏技术措施提供技术服务。但是,法律、行政法规规定可以避开的除外。"

3. 提供协助侵犯版权的网络服务

网络服务提供商不直接侵犯著作权人的合法权益,但是他们提供的服务将大范围地有助于侵犯网络版权行为的发生。主要有:搜索引擎提供的影视、音乐作品的直接链接下载;网站提供的点对点的影音作品文件交换,如BT、Naspter;其他新型的协助侵犯版权的网络服务,如快播。

三、网络盗版现象难以遏制的现实困境

1. 网络盗版已成普遍现象

如今的互联网上,人们仍然享受和依赖着盗版电子书、软件破解包、免费影音资源所带来的便利和零成本,其中大多数不会意识到使用、传播、购买盗版资源有何不妥,甚至还会认为"免费分享"是一种友善、正义的行为。另外,部分网站开始倡导正版影音收费,或者盗版资源被依法屏蔽……诸如此类情况发生时,反倒会引起一片哗然。可以说,网络盗版已是大多数人生活中难以割舍的一部分,讽刺地说,它已成为一种极为普遍的"免费文化"。

同时,网络盗版形成了"灰色"利益链,这也导致网络盗版现象屡禁不止。目前,我国网络盗版主要通过网络站点、文档分享平台、云存储、应用软

---

① 薛虹:《网络时代的知识产权法》,法律出版社2000年版。

件等途径进行传播。其中,网络站点与盗版商、搜索引擎、广告商等多方构成了一条完整的利益链,极小的开发成本,却能获得盗版所带来的巨大灰色收益。

2. 司法救济对权利人补偿金额过低

我们对2002—2011年十年来的中国网络版权侵权案进行了实证分析,发现在经济赔偿上,法院判定的赔偿均值为13 545元。这一数额和原告发起诉讼的索赔要求差距很大,仅占其诉讼要求的17.3%。对于法人原告而言,获得的实际收益为预期收益的29%;对于自然人原告而言,获得的实际收益为预期收益的21%。

赢了官司,输了钱。在司法实践中,由于法院普遍适用法定赔偿,其支持的赔偿金额不足以覆盖原告的实际损失已成为网络版权侵权诉讼的重要难题。

对于著作权的侵权赔偿,我国《著作权法》第四十九条规定,侵犯著作权或者与著作权有关的权利的,侵权人应当按照权利人的实际损失给予赔偿;实际损失难以计算的,可以按照侵权人的违法所得给予赔偿。赔偿数额还应当包括权利人为制止侵权行为所支付的合理开支。权利人的实际损失或者侵权人的违法所得不能确定的,由人民法院根据侵权行为的情节,判决给予50万元以下的赔偿。然而,由于著作权的无形性特征,著作权人实际损失和侵权人的违法所得都很难通过明确的证据予以支持,在司法实践中,法院多采用法定赔偿来确定具体数额①。

这种法定赔偿的原则在司法实践中遇到了很多困境。首先,法院判决的数额远低于原告诉讼请求的数额。尽管中国各地法院对网络版权侵权诉讼秉持专业主义立场,对原告的诉讼侵权支持率达到87.3%,但对侵权的经济救济力度较弱,均值为13 545元,仅占诉讼请求的17.3%。这一发现与上海法院的调查结论吻合。在经过调查的162件一审著作权侵权案件中,上海法院裁决有38件支持约10%的索赔金额;有28件支持约50%的索赔金额②。其次,计算损失的依据模糊。由于实际损失和侵权获益在证

---

① 上海市高级人民法院民三庭:《上海法院确定侵犯知识产权赔偿数额的司法实践》,《人民司法》2006年第1期,第15—16页。

② 北京市高级人民法院民三庭:《北京市高级人民法院关于著作权侵权损害赔偿问题的调查报告(上)》,《电子知识产权》2005年第5期,第48—50页。

据上的模糊性,法院判决基本上依靠法官的自由心证和司法实践经验,在判决表述上为"酌情确定赔偿数额"①。这通常难以让原被告心悦诚服。再次,赔偿依据的下限和上限都过低。法院判决依据的下限多是参照国家版权局 1999 年发布施行的《出版文字作品报酬规定》,原创作品的基本稿酬为每千字 30—100 元。在近年来的实际交易市场上,如此低廉的报酬早已是十分少见。上限则是著作权法第四十九条规定的 50 万元,这一规定和创意产业中动辄百万、千万的制作费用也相距甚远。

高胜诉率和高案发率并存,这说明目前的中国司法实践对网络版权侵权现象缺乏有效制约。该现象可能降低了社会对知识产权保护满意度评价。例如媒体报道指出,2013 年,社会整体对知识产权侵权现象严重程度、知识产权纠纷处理的及时性、便捷性和侵权赔偿足额性等问题十分关注,且很不满意②。重新评估法定赔偿规定,制定更为合理的赔偿下限和上限金额,已成为改善网络版权侵权司法效率的关键问题。

3. 技术规避侵权风险与避风港原则的滥用

随着互联网不断发展,新型侵权技术层出不穷,致使有些侵权行为无法辨认。一些网络服务商滥用避风港原则以打法律"擦边球",规避侵权风险。

避风港原则指网络服务商对网民上传至网络的信息没有事先审查的义务,原则上网站不对网民的版权侵权行为负责,但是版权人向服务商提示网络中存在版权侵权行为后,服务商应采取删除、屏蔽、断开链接等必要措施保护权利人合法权益;如果网络服务商接到版权人提示后怠于采取必要措施,则需承担相应责任。

尽管如此,在现实中,网络服务商通过注册小号上传内容,网站再提供相关链接——这种规避侵权风险的情况也是存在的。再者,当下很多网络产品在技术上没有设置侵权申诉渠道,被侵权者可能申诉"无门"。

2014 年 6 月深圳市市场监管局向快播公司开出 2.6 亿元的"天价罚单"。虽然,快播公司对外声称不做内容,而是为中小网点提供技术平台,协助他们提供视频搜索,公布视频资源。但是,快播未经许可通过网络向公众

---

① 北京市高级人民法院民三庭:《北京市高级人民法院关于著作权侵权损害赔偿问题的调查报告(下)》,《电子知识产权》2005 年第 6 期,第 42—44 页。
② 李松:《知识产权保护的民声共识》,《瞭望新闻周刊》2014 年第 17 期,第 37—38 页。

传播《北京爱情故事》等13部作品,在收到腾讯公司通知后仍未移除侵权作品,这些都属于侵权行为,需承担内容提供者的法律责任。这张"天价罚单"给互联网服务商们敲响了警钟,利用技术规避侵权风险不可取,避风港原则也不可滥用。

第三节 网络侵犯著作权典型案例

近年来,互联网上盗版软件、盗版音乐、盗版影视、盗版图书现象仍有发生,在政府和网络行业的不断重视和治理下已有一定成效,网民的版权意识也正在不断提高。然而,由于信息技术的迅速发展,新的网络平台运营模式和网络服务模式出现,网络侵犯著作权案件类型呈现多样化,对于这些新兴知识产权案件的裁判难度增大,也更加趋于技术性和专业性。

一、网络侵犯著作权民事案件

著作权属于民事权利,对于侵犯网络作品著作权的行为,侵权行为人首先应当承担民事责任。根据《著作权法》的规定,网络传播侵犯著作权的民事救济主要有停止侵害、消除影响、赔礼道歉、赔偿损失四种。

1. 网络小说《永生》侵权案

原告上海玄霆娱乐信息科技有限公司是起点中文网运营商。在本案诉讼前,原告与文字作品《永生》的作者王钟(笔名"梦入神机")因著作权合同纠纷发生诉讼,并已有法院生效判决确认原告享有《永生》作品的著作权。之后被告北京幻想纵横网络技术有限公司继续在其经营的纵横中文网上非法传播上述作品,并授权案外人中国移动通信集团浙江有限公司及上海畅声网络科技有限公司在手机阅读基地和畅听网上使用该小说。

上海市第二中级人民法院依据《中华人民共和国著作权法》第十条第一款第(十二)项、第四十八条第(一)项、第四十九条、《信息网络传播权保护条例》第十八条第(一)项之规定,判决如下:

● 被告北京幻想纵横网络技术有限公司立即停止对原告上海玄霆娱乐信息科技有限公司就《永生》文字作品享有的信息网络传播权的侵害。

- 被告北京幻想纵横网络技术有限公司应于本判决生效之日起十日内赔偿原告上海玄霆娱乐信息科技有限公司经济损失人民币300万元。
- 被告北京幻想纵横网络技术有限公司应于本判决生效之日起十日内,赔偿原告上海玄霆娱乐信息科技有限公司合理费用人民币3万元。
- 驳回原告上海玄霆娱乐信息科技有限公司的其余诉讼请求。
- 案件受理费94 109元,原告上海玄霆娱乐信息科技有限公司负担35 224.01元,被告北京幻想纵横网络技术有限公司负担58 884.99元。
- 判决后,被告不服提起上诉。
- 驳回上诉,维持原判。
- 二审案件受理费人民币31 040元,由上诉人北京幻想纵横网络技术有限公司负担。

被告北京幻想纵横网络技术有限公司之所以侵犯原告著作权成立,理由如下:

第一,被告自2010年7月《永生》作品涉讼以来,在明知该作品著作权权属存在争议的情况下,持续在纵横中文网上传播该作品以及将该作品的信息网络传播权对外进行授权营利,即使在生效判决确认该作品著作权归属于原告后,仍然没有立即停止前述行为,侵权方式多样,侵权持续时间较长,侵权主观恶意明显。

第二,原告《永生》作品的总字数超过500万字,在纵横中文网的搜索排行榜上位列第一,点击数超过2亿次,该作品具有较高的经济价值。由于在本案中,已经有证据证明被告的获利超过了著作权法规定的法定赔偿数额的上限50万元,因此法院综合全案的证据情况,判决被告对原告经济赔偿300万元人民币。

2. 新浪诉凤凰网中超联赛之著作权侵权案

2013年8月,原告北京新浪互联信息服务有限公司(以下简称新浪公司)发现,被告北京天盈九州网络技术有限公司(以下简称凤凰网)的中超频道首页在显著位置标注并提供中超比赛的视频。2015年3月,新浪公司将凤凰网诉至法院,称其经中超联赛有限责任公司合法授权,在门户网站领域独家转播、传播、播放中超联赛及所有视频,凤凰网提供中超比赛视频的行为侵犯了其著作权并构成不正当竞争,索赔400万元。北京朝阳法院公开开庭审理了该案。庭审中,新浪公司将索赔数额提升至1 000万元。凤凰网则辩称足球赛事不是著作权法保护的对象,对体育赛事享有权利并不等于对体育赛事节目享有权利。

2015年6月,北京朝阳法院依照《中华人民共和国侵权责任法》第十三条,《中华人民共和国著作权法》第十条第(十七)项、第四十七条第(十一)项、第四十九条,《中华人民共和国著作权法实施条例》第二条,《最高人民法院关于审理侵害信息网络传播权民事纠纷案件适用法律若干问题的规定》第四条之规定,判决如下:

● 被告北京天盈九州网络技术有限公司停止播放中超联赛二〇一二年三月一日至二〇一四年三月一日期间的比赛。

● 被告北京天盈九州网络技术有限公司于本判决生效之日起三十日内履行在其凤凰网(www.ifeng.com)首页连续七日登载声明的义务,以消除给原告北京新浪互联信息服务有限公司造成的不良影响。

● 被告北京天盈九州网络技术有限公司赔偿原告北京新浪互联信息服务有限公司经济损失50万元,于本判决生效之日起十日内给付。

● 驳回原告北京新浪互联信息服务有限公司其他诉讼请求。

● 案件受理费81 800元,由原告北京新浪互联信息服务有限公司负担44 990元,由被告北京天盈九州网络技术有限公司负担36 810元。

被告北京幻想纵横网络技术有限公司之所以侵犯原告著作权成立,理由是:赛事转播的制作程序,不仅仅包括对赛事的录制,还包括回看的播放,比赛及球员的特写,场内与场外、球员与观众、全场与局部的画面,以及配有的全场点评和解说。而上述画面的形成,是编导对多台设备拍摄的多个镜头的选择、编排的结果。因此,尽管法律上没有规定独创性的标准,但应当认为对赛事录制镜头的选择、编排,形成可供观赏的新画面,是一种创作性劳动。因此,赛事录制形成的画面,达到我国著作权法对作品独创性的要求,应当认定为作品。凤凰网等转播中超比赛的行为,侵犯了新浪公司对涉案赛事画面作品享有的著作权,判令其赔偿新浪公司经济损失50万元。

二、网络侵犯著作权行政案件

侵犯著作权的行政处罚,是指违反了著作权行政管理规范,由著作权行政机关行使职权,依照《著作权行政处罚实施办法》(2009年)、《互联网著作权行政保护办法》(2005),向侵权者追究的法律责任。

1. 建工之家网侵犯软件著作权案

2014年,根据群众举报线索,江苏省扬州市版权行政执法部门会同山东省菏泽市版权行政执法部门组成联合专案组,对建工之家网涉嫌侵犯著作权案进行调查。经查,该网站为菏泽新天空电脑科技有限公司主办,服务器位于江苏扬州,主要销售建工类软件以及提供软件在线下载服务,网站提供大量其他公司的破解版软件下载并以加入会员形式收取费用。截至2014年9月15日,该网站共计会员人数为1 430 332人,当日登录网站会员为6 268人。10月10日,两地版权行政执法人员同步对该网站服务器及涉案公司进行检查。江苏省扬州市版权行政执法部门对当事人作出罚款10万元的行政处罚。

该案为国家版权局督办案件。网络侵权盗版案件往往涉及区域较广,网站备案地、服务器所在地和侵权人所在地通常不在同一地区,案件查办的难度较大。本案中,江苏、山东两地版权行政执法部门密切配合、联合行动,保障案件顺利查办,使本案成为区域间合作查办网络侵权盗版案件的优秀范例。

2. 上海射手网侵犯影视作品著作权案

2014年9月,根据美国电影协会投诉,上海市文化市场行政执法总队对射手网涉嫌侵犯著作权案进行调查。经查,射手网(www.shooter.cn)由上海射手信息科技有限公司经营,该公司在射手网上开设商城,以营利为目的,销售其复制于硬盘存储设备的"2TB高清综合影音合集资源""3TB高清超级影音合集"等产品,自2013年5月起共销售约100台。2014年10月20日,该公司主动向执法部门上缴"2TB高清综合影音合集资源"产品1台,内有其自行复制并可播放的200部电影作品,该公司无法提供上述电影作品的相关著作权许可证明材料。另查,该公司未经权利人许可,自2013年开始在射手网登载《驯龙高手》等影视作品的字幕,用户无须注册即可浏览、下载和使用,网站每日IP访问量20万左右,每日PV访问量40万左右,该公司无法提供上述影视作品字幕文件的相关著作权许可证明材料。经美国电影协会北京代表处认证,上述电影作品中79部、影视作品字幕文件中4部未经著作权人授权。上海射手信息科技有限公司在上海市文化市场行政执法总队开展调查后停止了侵权行为,并于2014年11月23日关闭了网站。上海市文化市场行政执法总队依法对该公司作出罚款 10 万元的行政处罚。

本案中,射手网的侵权行为有两种:其一,销售存有侵权电影作品的设备,属于未经许可复制发行他人作品;其二,未经许可通过网络传播侵权字幕文件,属于通过信息网络向公众提供他人作品。上海市版权行政执法部门对上述两种侵权行为分别作出罚款 7 万元和 3 万元的行政处罚。本案的查处,给以"免费、分享"之名、行侵权盗版之实的字幕组敲响了警钟①。

三、网络侵犯著作权刑事案件

我国刑法第二百一十七条、第二百一十八条和第二百二十二条对严重侵犯著作权的行为规定了罚金、拘役和有期徒刑三种惩罚形式。

1. 张俊雄侵犯著作权罪案

2009 年年底,被告人张俊雄申请注册网站域名后设立 www.1000ys.cc 网站(网站名称为 1000 影视)。之后,被告人张俊雄未经著作权人许可,通过网站管理后台,链接至哈酷资源网获取影视作品的种子文件索引地址,通过向用户提供并强制使用 QVOD 播放软件的方式,为网站用户提供浏览观看影视作品的网络服务。为提高网站的知名度和所链接影视作品的点击量,被告人张俊雄以设置目录、索引、内容简介、排行榜等方式向用户推荐影视作品。同时,被告人张俊雄加入"百度广告联盟",从而获取广告收益。经鉴定,网站链接的影视作品中,有 941 部与中国、美国、韩国、日本等相关版权机构认证的具有著作权的影视作品内容相同。上海市静安区人民检察院以被告人张俊雄犯侵犯著作权罪,向上海市普陀区人民法院提起公诉。

上海市普陀区人民法院经审理认为,被告人张俊雄以营利为目的,未经著作权人许可,通过信息网络向公众传播发行影视作品达 941 部,情节严重,其行为已构成侵犯著作权罪,被告人张俊雄到案后能如实供述自己罪行,依法可从轻处罚。被告人张俊雄在被司法机关取保候审期间能遵纪守法,可适用缓刑。据此判处被告人张俊雄犯侵犯著作权罪,判处有期徒刑一年三个月,缓刑一年三个月,并处罚金人民币 3 万元。判决后,被告人张俊

---

① "剑网 2014"专项行动十大案件,《中国新闻出版报》2015 年 1 月 19 日。

雄未提起上诉,公诉机关未提起抗诉,判决已发生法律效力。

该案犯罪行为类型新颖,涉及 P2P 等专业性较强的网络技术,系全国首例进入刑事诉讼程序的网络服务提供行为侵犯著作权罪案件。该案被告人并非影视作品的直接提供者,而是网络服务提供者,本案判决明确:最高人民法院、最高人民检察院司法解释中规定的"通过信息网络向公众传播"行为外延应大于信息网络传播权控制的行为,被告人的网络服务提供行为构成侵犯著作权罪。该案通过刑事制裁的方式规制涉案网络服务提供行为,具突破性意义①。

2. 黑龙江刘某等侵犯《逐鹿中原》网络游戏著作权案

2014 年,根据权利人投诉,黑龙江省哈尔滨市公安部门会同版权部门对刘某等涉嫌侵犯《逐鹿中原》网络游戏著作权案展开调查。经查,刘某、李某、桑某通过 VPN 代理服务等方式运营侵权网络游戏,先后在境内外多地租用服务器,通过不断变更第三方支付平台进行资金流转,玩家数量达数十万人,规模接近该正版游戏,涉案金额近 300 万元。2014 年 7 月和 8 月,专案组先后抓获犯罪嫌疑人刘某(北京某网络科技公司技术总监)、李某和桑某(佳木斯某机房法人)。

黑龙江省哈尔滨市香坊区人民法院依照《中华人民共和国刑法》第二百一十七条第(一)项、第二十五条第一款、第二十六条第一款、第四款、第二十七条、第六十七条第一款、第五十二条、第六十四条、第七十二条第一款和第七十三条第二款、第三款的规定,判决如下:

● 被告人刘某犯侵犯著作权罪,判处有期徒刑三年六个月,并处罚金人民币四十万元。(刑期从判决执行之日起计算,判决执行前先行羁押的,羁押一日折抵刑期一日,即自 2014 年 7 月 23 日起至 2018 年 1 月 22 日止;罚金于本判决生效后三十日内缴纳。)

● 被告人李某犯侵犯著作权罪,判处有期徒刑一年,并处罚金人民币十万元。(刑期从判决执行之日起计算,判决执行前先行羁押的,羁押一日折抵刑期一日,即自 2014 年 7 月 23 日起至 2015 年 7 月 22 日止;罚金于本判决生效后三十日内缴纳。)

● 被告人桑某犯侵犯著作权罪,判处有期徒刑一年,缓刑二年,并处罚

---

① 张俊雄侵权案例来源于《2014 年中国法院十大创新性知识产权案件》,《人民法院报》2015 年 4 月 21 日。

金人民币六万元。(缓刑考验期限,从判决确定之日起计算;罚金已缴纳。)

● 扣押在案桑某违法所得人民币二十万元,由公安机关发还大庆纳奇公司。

● 继续追缴刘某、李某违法所得,发还大庆纳奇公司。

● 宣判后,公诉人、被告服从判决,未提出上诉。

被告刘某等侵犯网络游戏著作权成立,理由如下:

第一,被告人刘某、李某、桑某以营利为目的,未经著作权人许可,经营他人享有著作权的计算机软件,刘某、李某违法所得数额巨大,桑某违法所得数额较大,其行为均构成侵犯著作权罪。公诉机关指控的犯罪事实及罪名成立,提出的适用法律意见正确,应予采纳。

第二,本案系共同犯罪,刘某系主犯,李某、桑某在共同犯罪中起次要、辅助作用,均系从犯,可对其从轻处罚。李某主动投案并如实供述犯罪事实,系自首,可对其减轻处罚。李某辩护人提出的辩护意见客观,予以采纳。桑某积极退赃并主动缴纳罚金,刘某、桑某均自愿认罪,可酌情对其从轻处罚。

第四节　网络侵犯著作权的治理

在数字信息技术发展下,如何有效治理各式各样的网络侵犯著作权问题?本节将从加大对侵权行为的司法惩戒力度、加强网络媒体行业自律、建立全国性的在线版权交易平台三个方面加以阐述。

一、加大对侵权行为的司法惩戒力度

我国政府对网络侵权行为的执法力度不断增强,先后出台了《互联网著作权行政保护办法》(2005)、《最高人民法院关于审理涉及计算机网络著作权纠纷案件适用法律若干问题的解释》(2006)、《著作权行政处罚实施办法》(2009)等法规文件;在2006年公布和正式实施的《信息网络传播权条例》于2013年进行修订后重新公布,对网络传播涉及著作权的行为进行明确的规范。2014年6月12日,国家版权局等四部门联合启动"剑网2014"专项行

动,打击网络盗版侵权。关闭人人影视和射手网,快播 2.6 亿行政罚款,都体现了我国有关部门严厉打击盗版、治理网络侵权的决心。同年,知识产权法院在北京、上海、广州相继成立,这加强了知识产权的保护和运用,亦是对于机制的探索和创新。

1. 相关法律条例的颁布与修订

《信息网络传播权保护条例》(以下简称《条例》)于 2006 年 5 月 18 日以中华人民共和国国务院令第 468 号公布,根据 2013 年 1 月 30 日中华人民共和国国务院令第 634 号《国务院关于修改〈信息网络传播权保护条例〉的决定》修订。该《条例》共 27 条,自 2013 年 3 月 1 日起施行。《条例》的出台和实施标志着我国的网络信息传播开始迈入规范化发展的轨道,是我国网络信息产业发展历史中一个重要的里程碑。

《条例》主要内容包括八个方面。

第一,合理使用。《条例》第六条规定:"通过信息网络提供他人作品,属于下列情形的,可以不经著作权人许可,不向其支付报酬,(一)为介绍、评论某一作品或者说明某一问题,在向公众提供的作品中适当引用已经发表的作品;(二)为报道时事新闻,在向公众提供的作品中不可避免地再现或者引用已经发表的作品;(三)为学校课堂教学或者科学研究,向少数教学、科研人员提供少量已经发表的作品;(四)国家机关为执行公务,在合理范围内向公众提供已经发表的作品;(五)将中国公民、法人或者其他组织已经发表的、以汉语言文字创作的作品翻译成的少数民族语言文字作品,向中国境内少数民族提供;(六)不以营利为目的,以盲人能够感知的独特方式向盲人提供已经发表的文字作品;(七)向公众提供在信息网络上已经发表的关于政治、经济问题的时事性文章;(八)向公众提供在公众集会上发表的讲话。"第七条规定:"图书馆、档案馆、纪念馆、博物馆、美术馆等可以不经著作权人许可,通过信息网络向本馆馆舍内服务对象提供本馆收藏的合法出版的数字作品和依法为陈列或者保存版本的需要以数字化形式复制的作品,不向其支付报酬,但不得直接或者间接获得经济利益。当事人另有约定的除外。"

第二,法定许可。根据《著作权法》规定,法定许可有以下几种情况:(一)为实施九年制义务教育和国家教育规划而编写出版教科书,除作者事先声明不许使用的外,可以不经著作权人许可,在教科书中汇编已经发表的作品片段或者短小的文字作品、音乐作品或者单幅的美术作品、摄影作品，但应当按照规定支付报酬，指明作者姓名、作品名称，并且不得侵犯著作权人依照著作权法享有的其他权利。(二)作品在报刊刊登后，除著作权人声明不得转载、摘编的外，其他报刊可以转载或者作为文摘、资料刊登。(三)录音制作者使用他人已经合法录制为录音制品的音乐作品制作录音制品，可以不经著作权人许可，但应当按照规定支付报酬；著作权人声明不许使用的不得使用。(四)广播电台、电视台播放他人已发表的作品。(五)广播电台、电视台播放已经出版的录音制品，可以不经著作权人许可，但应当支付报酬。当事人另有约定的除外。

第三，使用者应当履行的义务。

第四，通过信息网络提供他人表演、录音录像制品。

第五，避开技术措施使用本条例保护对象的合法情形。

第六，网络服务提供者的法定义务。

第七，明确规定了信息网络传播权领域的避风港。《条例》提供给网络参与者的避风港至少有：数字图书馆的避风港；远程教育的避风港；ISP 的避风港；搜索引擎的避风港；网络存储的避风港。

第八，侵权责任。《条例》第十八条规定："可以由著作权行政管理部门责令停止侵权行为，没收违法所得，非法经营额 5 万元以上的，可处非法经营额 1 倍以上 5 倍以下的罚款；没有非法经营额或者非法经营额 5 万元以下的，根据情节轻重，可处 25 万元以下的罚款；情节严重的，著作权行政管理部门可以没收主要用于提供网络服务的计算机等设备；构成犯罪的，依法追究刑事责任。"

《条例》制定的规则更好地区分了著作权人、图书馆、网络服务商、读者各自可以享有的权益，网络传播和使用都有法可依，形成一个相互依存、相互作用、相互影响的对立统一关系，很好地体现了产业发展与权利人利益、公众利益的平衡。同时，《条例》也进一步完善了著作权的配套法规，为著作权人与公众利益之间、著作权垄断与信息分享之间的博弈提供了良好的平衡点，适应各方利益博弈，为产业加速发展，促进信息网络繁荣做好了法律保障。

《计算机软件保护条例》于 2001 年 12 月 20 日公布，于 2013 年 1 月 30 日进行第二次修订；分为总则、软件著作权、软件著作权的许可使用和转让、法律责任、附则共 5 章 33 条。国家著作权行政管理部门鼓励软件登记，并对登记的软件予以重点保护。该条例的发布对软件著作权有了明确而具体的保护，对处理网络软件侵权问题有指导意义，促进了我国软件产业健康发展，增强了我国信息产业的创新能力和竞争能力。

《使用文字作品支付报酬办法》于 2014 年 9 月 23 日由国家版权局与国家发展和改革委员会联合公布。该办法是对国家版权局 1999 年颁布的《出版文字作品报酬规定》的修订，适用于使用文字作品支付报酬当事人没有约定或约定不明的情形。该办法回应了作者的合理诉求，提高了使用文字作品支付报酬的标准，并对使用文字作品支付报酬的方式等问题进行了规范。其中第十四条为："以纸介质出版方式之外的其他方式使用文字作品，除合同另有约定外，使用者应当参照本办法规定的付酬标准和付酬方式付酬。在数字或者网络环境下使用文字作品，除合同另有约定外，使用者可以参照本办法规定的付酬标准和付酬方式付酬。"这对于网络媒体如何规范使用他人的文字作品，正确避免侵权违法行为，有一定借鉴意义。

《中华人民共和国著作权法》在 2012 年进行了第三次修订。在 2014 年 3 月举行的十二届全国人大二次会议期间，姜健等 31 位代表提出关于修改《著作权法》的议案。代表议案提出，现行《著作权法》没有全面概括侵犯著作权的所有行为形态或者类型，著作权集体管理的规定有待完善。代表建议科学界定侵犯著作权的行为范围，扩大侵犯著作权的民事责任适用范围，建立适应数字环境下的著作权保障机制。

对于网络侵犯著作权相关法律条例的施行和不断修订与完善，可有效加强政府司法力度，填补法律漏洞，让网络版权侵权问题得到更有效的治理。

2. "剑网行动"的开展

自 2005 年开始，国家每年都组织版权相关部门开展"剑网行动"，对打击版权侵权进行专项行政执法。近年来，该行动的重点放在改善互联网版权保护环境，提高网站传播作品的正版率，进一步规范网络版权秩序等方面。

例如，"剑网 2015"专项行动从 2015 年 6 月开始，主要工作围绕网络版权保护的五个方面工作展开：一是开展规范网络音乐版权专项整治行动，加强对音乐网站的版权执法监管力度，严厉打击未经许可传播音乐作品的侵权盗版行为,推动音乐网站版权自律和相互授权,建立良好的网络音乐版权秩序和运营生态。二是开展规范网络云存储空间版权专项整治行动,推动重点网络云存储企业就其版权问题开展自查自纠,坚决查办利用网络云存储空间进行侵权盗版的违法活动,遏制利用网络云存储空间侵权盗版的势头。三是开展打击智能移动终端第三方应用程序(APP)侵权盗版专项整治行动,规范应用程序企业及应用程序商店的版权秩序。四是开展规范网络广告联盟专项整治行动,对故意为侵权盗版提供支持的网络广告联盟进行查处,指导大型网络广告联盟建立版权保护机制。五是进一步规范网络转载版权秩序,加强数字出版内容的版权保护,强化对互联网媒体的版权监管力度,严厉查处未经许可非法转载、传播他人作品的侵权盗版行为,保障和推动传统出版和新兴媒体融合发展①。

3. 知识产权法院的设立

2014年8月31日,第十二届全国人民代表大会常务委员会第十次会议决定,为进一步加强知识产权司法保护,切实依法保护权利人合法权益,维护社会公共利益,根据《宪法》和《人民法院组织法》,在北京、上海、广州设立知识产权法院。

近年来,知识产权相关案件数量快速增长,案件类型也日趋复杂,技术性、专业性日益增强,知识产权法院的设立有效推进了版权案件审判工作,提高了版权司法保护水平。

同年12月5日,深圳南山法院建立了我国首家"知识产权案件互联网审理中心"。该中心借助互联网技术,依托"e司法",实现网上立案、网上送达、网上调解,知识产权民事案件结案数、调撤率与上年同期相比提升了约40%,为当事人提供了足不出户解决纠纷的便捷途径,节约了大量诉讼资源。

二、加强网络媒体行业自律

政府加强司法惩戒力度的同时,作为网络信息传播的主体,网络媒体业

---

① 《"剑网2015"启动　剑指五类型侵权盗版》,国家版权局网站,http://www.ncac.gov.cn/chinacopyright/contents/596/257051.html,2015年6月11日。

界也承担着不得侵犯著作权人利益的责任,因此在强化著作权收益的同时,网络媒体业界还需积极响应有关部门打击网络盗版侵权的专项工作,提高行业自律,文明办网,在保护著作权的社会实践当中起到率先示范的作用。在加强网络版权保护的业界自律行动中,网络媒体业界进行了多次有意义的探索和实践。

中国互联网协会先后发布了《中国互联网自律公约》《中国互联网网络版权自律公约》《文明上网自律公约》《博客服务自律公约》《互联网搜索引擎服务自律公约》,通过加强道德自律手段,从网站和网民两个方面,来消除各种类型的网络侵犯著作权行为。

1. 中国互联网网络版权自律公约

2005年9月3日,中国互联网协会发布了《中国互联网网络版权自律公约》(以下简称《公约》),人民网、新华网、中国网、中国日报网以及中国网通、中国联通等40家单位签署加入,该《公约》当日正式生效。

《公约》开宗明义,在第一条便明确了自己的使命:"为维护网络著作权,规范互联网从业者行为,促进网络信息资源开发利用,推动互联网信息行业发展,制定本公约。"

《公约》的第二至六条阐述了《公约》成员所具有的义务。

第二条:公约成员应当认真学习和自觉遵守与互联网有关的版权法律法规,增强版权保护意识,大力弘扬中华民族优秀文化传统和社会主义精神文明的道德准则,积极推动职业道德建设。

第三条:公约成员应该加强沟通和合作,共同研究和探讨我国互联网版权保护措施,提出相关的政策建议和立法建议。

第四条:公约成员应当积极采取有效的技术措施和管理措施,保护权利人的权利。

第五条:公约成员应该鼓励、支持、保护依法进行的公平、有序的竞争,反对不正当竞争。

第六条:公约成员应当自觉接受社会各界的监督和批评,共同抵制和纠正行业不正之风。

为促进《公约》的落实,中国互联网协会成立了"网络版权联盟",作为该公约的执行机构,向全国相关机构发出倡议,负责组织公约的宣传和实施。联盟负责组织公约成员学习网络版权管理的相关法律法规和政策,组织交流网络版权相关行业信息,代表公约成员与政府主管部门进行沟通,反映公约成员的意愿和要求,切实维护公约成员的正当权益,积极推动和实施互联网行业自律,并对成员遵守本公约的情况进行督促检查。

对《公约》成员违反《公约》义务的行为,《公约》设定了一个内部的解决机制,即第九条所规定的:"公约成员违反公约的,任何单位和个人均有权向联盟进行检举,由联盟进行调查,并将调查结果向全体成员公布。公约成员违反本公约,造成不良影响,经查证属实的,由联盟视不同情况给予内部通报或取消公约成员资格的处理。"

《中国互联网网络版权自律公约》是中国互联网知识产权领域发布的第一个行业自律公约,同时也是中国互联网协会开展行业自律工作中的一个重要内容。《公约》在业界取得了大范围的推广,促进了网络从业者行为规范,也加强了互联网相关行业之间的对话与合作。就维护网络知识产权、促进和保障互联网行业健康发展这些方面而言,《公约》的意义重大,它标志着中国互联网企业行业自律走向深入,网络业知识产权的建设与保护进入到新阶段。

2. 文明上网自律公约

2006年4月19日,中国互联网协会正式发布《文明上网自律公约》,号召互联网从业者和广大网民从自身做起,在以积极态度促进互联网健康发展的同时,承担起应负的社会责任,始终把国家和公众利益放在首位,坚持文明办网、文明上网。该公约仿照社会主义荣辱观体例,共八条,在第三条强调"提倡自主创新,摒弃盗版剽窃,促进网络应用繁荣",对网络传播业界防治侵犯著作权的行为予以着重强调。防治网络侵权不仅要靠法律的他律,网络媒体业界也应对网络侵犯版权问题进行深刻反思和自律。

3. 互联网搜索引擎服务自律公约

2012年11月1日,中国互联网协会在北京举行《互联网搜索引擎服务自律公约》签约仪式,百度、即刻搜索、盘古搜索、奇虎360、盛大文学、搜狗、腾讯、网易、新浪、宜搜、易查无限、中搜十二家发起单位在现场共同签署,并表示将自觉遵守自律公约各项规定,不断提升服务水平,努力改善用户体验,积极为搜索引擎服务行业的健康发展贡献力量。

该《公约》一共四章22条,倡议企业坚决抵制淫秽、色情等违法和不良信息传播,遵循国际通行的行业惯例与商业规则,遵守机器人协议,遵循公平、开放和促进信息自由流动的原则,营造鼓励创新、公平公正的良性竞争环境,尊重和保护知识产权,尊重权利人的合法权益,保护用户隐私和个人信息安全,抵制不正当竞争行为等。

《公约》中第九条明确阐述了成员在知识产权方面的相关义务:"尊重和保护知识产权,尊重权利人的合法权益,积极抵制盗版等侵权行为;对于本公约公布前违反机器人协议抓取的内容,在收到权利人符合法律规定的通知后,及时删除、断开侵权链接,努力维护健康有序的网络环境。"

三、建立全国性的在线版权交易平台

2004年12月28日,国务院总理温家宝签署第429号国务院令,颁布《著作权集体管理条例》(以下简称《条例》),自2005年3月1日起施行。之后,该《条例》根据2011年1月8日《国务院关于废止和修改部分行政法规的决定》第一次修订,根据2013年12月7日《国务院关于修改部分行政法规的决定》第二次修订。其公布施行对于贯彻实施《中华人民共和国著作权法》,规范网络传播的著作权集体管理活动,具有十分重要的意义和作用,促进了网络著作权保护制度进一步完善。

《著作权集体管理条例》第二十四条规定:"著作权集体管理组织应当建立权利信息查询系统,供权利人和使用者查询。权利信息查询系统应当包括著作权集体管理组织管理的权利种类和作品、录音录像制品等的名称、权利人姓名或者名称、授权管理的期限。"

就目前我国的著作权集体管理现状而言,中国版权保护中心(http://www.ccopyright.com.cn)提供了部分无法联系到作者而由中国著作权使用报酬收转中心转交的稿酬查询,而没有建立一个有影响的网络版权交易系统。另外,诸如西安影视版权交易中心(http://www.ccopyright.com.cn/cpcc/tc/index1.html)、国际版权交易中心(http://www.cbice.com/)之类的版权交易网站也都没有完善的在线交易系统。2015年6月,在上海正式上线的中国影视版权网(http://www.ctv100.com/)通过互联网技术和金融创新手段,采用第三方托管的电子支付方式,为影视版权上下游交易提供服务。这种运营模式或具有潜力,倘若在今后运营成效显著,那它的在线支付模式对于全国性在线版权交易平台的设立可能有借鉴意义。

那么，一个完善的著作权集体管理网络平台应包括哪些内容？或可从权利信息查询平台和权利在线授权平台两方面予以考虑。

首先是著作权权利信息查询平台。该平台可以通过互联网提供著作权集体管理组织所辖会员拥有的著作权权利信息查询服务。这些权利信息一般包括作者名称（个人或公司）、作品名称、作品类型、权利有效期间、作品的概要、作品授权条件、作品授权费用、出版人、联络人等。任何一个著作权利用人都可通过网络方便地查找到所需要作品的相关权利信息。通过此平台，作品利用人可以确认自己所需的作品是否为该著作权集体管理组织所管理，如被管理，作品利用人还可以进一步确认如需使用须交纳的授权费用，从而最终确认是否向该著作权集体管理组织取得相关授权。

然后是著作权在线授权交易平台。该平台一般应包括数字签名、授权费用、授权方式、作品数字下载、电子金融交易、第三方认证等。我们可以借鉴国内业已成熟的电子商务模式，建立起全天候的著作权网络交易平台。作品利用人可以通过网络获得自己所需作品的合法授权，作品著作权人可以通过网络及时获得自己作品授权的有关费用，著作权集体管理组织可以通过网络面向全球用户管理自己会员的作品权利。日本的 eLicense 在线授权系统、美国的 BMI 的数字授权中心等都是此类平台的典范。

思考题：
1. 著作权的概念及其保护期。
2. 网络侵犯著作权的表现形式。
3. 什么是避风港原则？
4. 著作权集体管理网络平台应该包括哪些内容？

第十章

网络传播虚假、违法广告问题及治理

网络广告是一种依托互联网媒体而发布的新兴广告形态,由于其具备交互性强、覆盖范围大、针对性强、成本低等优势,在广告业界迅速崛起。由艾瑞市场咨询发布的统计报告指出,根据艾瑞咨询2015年度中国网络广告核心数据显示,中国网络广告市场规模达到2 093.7亿元,同比增长36.0%,较2014年增速有所放缓,但仍保持高位。其中,搜索引擎占据最大份额的媒体形式,占比高达33.7%;电商网络的占比达28.1%,较2014年增加了2.1%。随着网络广告市场发展不断成熟,未来几年的增速将趋于平稳,预计至2018年整体规模有望突破4 000亿元。回望十多年前的2005年,网络广告市场规模仅为31.3亿元。十余年间,网络广告市场以极快的速度发展。

网络广告在迅速发展的同时,新的虚假广告的形式随之涌现,如弹窗广告、启动屏广告、全屏广告、信息流广告、九宫格广告等。在互联网广告无孔不入的情况下,净化网络广告市场需要严厉的监管。2015年9月1日,"史上最严"新广告法出台,新广告法对广告宣传用语等方面制定了诸多规范,对广告内容与表现形式提出了更高要求,是针对混乱网络广告市场的一剂猛药。2016年7月8日,国家工商管理总局颁布《互联网广告管理暂行办法》,对互联网发布广告的行为进行了严格规范。

第一节　互联网传播虚假广告行为

一、互联网广告及其表现形式

何谓互联网广告？《互联网广告管理暂行办法》（简称《暂行办法》）第三条明确规定："本办法所称互联网广告，是指通过网站、网页、互联网应用程序等互联网媒介，以文字、图片、音频、视频或者其他形式，直接或者间接地推销商品或者服务的商业广告。"互联网广告主要有以下五种表现形式：

第一，推销商品或者服务的含有链接的文字、图片或者视频等形式的广告，此类互联网广告最为常见，如网页上的图片或文字广告等。

第二，推销商品或者服务的电子邮件广告；此类广告包括主动接收和被动接收。主动接收是指向发送方确认过接收邮件广告，如在网站注册时勾选过"接收邮件"等选项。被动接收是指通过搭载的方式发送广告，如通过用户订阅的电子刊物、新闻邮件和免费软件以及软件升级等其他资料一起附带发送。

第三，推销商品或者服务的付费搜索广告；这是此次《暂行办法》中新增的广告形式。至此，付费搜索广告与自然搜索结果有了明显区分。

第四，推销商品或者服务的商业性展示中的广告，法律、法规和规章规定经营者应当向消费者提供的信息的展示依照其规定。

第五，其他通过互联网媒介推销商品或者服务的商业广告。

此外，《暂行办法》第七条规定："互联网广告应当具有可识别性，显著标明'广告'，使消费者能够辨明其为广告。"第八条规定："利用互联网发布、发送广告，不得影响用户正常使用网络。在互联网页面以弹出等形式发布的广告，应当显著标明关闭标志，确保一键关闭。"

二、互联网传播虚假广告的认定

何谓虚假广告？我国的广告法虽没有明确、直接的概念界定，但在《广告法》的第三条、第四条进行了原则性的概述："广告应当真实、合法，以健康的表现形式表达广告内容,符合社会主义精神文明建设和弘扬中华民族优秀传统文化的要求","广告不得含有虚假或者引人误解的内容,不得欺骗、误导消费者。广告主应当对广告内容的真实性负责"。第四十四条规定:"利用互联网从事广告活动,适用本法的各项规定。"《互联网广告管理暂行办法》第七条规定:"互联网广告应当具有可识别性,显著标明'广告',使消费者能够辨明其为广告。"

在真实原则的指导下,我国的法律体系还构建了一个认定虚假广告的综合网络,不仅仅包括《广告法》和《互联网广告管理暂行办法》,也结合了《反不正当竞争法》《消费者权益保护法》等相应的法律规定。我国《反不正当竞争法》第九条规定:"经营者不得利用广告或者其他方法,对商品的质量、制作成分、性能、用途、生产者、有效期限、产地等作引人误解的虚假宣传。"不仅如此,对经营者的行为也作出相应的规范:"广告的经营者不得在明知或者应知的情况下,代理、设计、制作、发布虚假广告。"《消费者权益保护法》第二十条规定:"经营者向消费者提供有关商品或者服务的质量、性能、用途、有效期限等信息,应当真实、全面,不得作虚假或者引人误解的宣传。"《广告法》第十一条、第十二条、第十四条规定:"广告使用数据、统计资料、调查结果、文摘、引用语等引证内容的,应当真实、准确,并表明出处。引证内容有适用范围和有效期限的,应当明确表示。""未取得专利权的,不得在广告中谎称取得专利权。禁止使用未授予专利权的专利申请和已经终止、撤销、无效的专利做广告。""广告应当具有可识别性,能够使消费者辨明其为广告。违背上述法律规定的,都应看作是虚假广告。"那么这些虚假广告在网络上的表现形式有哪些呢?我们认为主要有以下三种。

1. 虚假宣传

传统广告中的虚假宣传比较严重,而监管更为困难的互联网这一弊病则更为严重。网络广告为了吸引人们的注意力经常夸大其词,诸如"第一""最佳""最优"等用语随处可见,这些字样明显违反了我国《广告法》第二章第九条第三款规定的不得使用诸如国家级、最高级、最佳等用语的规定。同时,新法明确虚假的宣传、引人误导的内容,这些均属于虚假广告。《互联网广告管理暂行办法》第十条规定"互联网广告主应当对广告内容的真实性负责"。

最新广告法内容更加丰富,例如完善了保健食品、药品、医疗、医疗器械、教育培训、招商投资、房地产、农作物种子等广告的准则。原来广告法只有 7 种商品和服务的广告准则,此次增加到 19 种。

网络广告中虚假宣传现象之所以如此普遍,最重要的原因是法律设计未能跟上技术的发展。传统广告的管理制度中,广告必须通过具备专门资质广告公司进行,媒体在广告发布过程中充当了审核人的角色,由于传统媒体是稀缺的,是可追溯的,广告行业的广告经营者和广告发布者的行为就易于控制。新媒体时代,人人都是自媒体,广告形式不断变化更新。这就使得网络广告的管理非常困难,难以下手。

2. 隐性广告

所谓隐性网络广告,是指采用公认的广告方式以外的手段发布,使广告受众产生误解,造成虚假印象的广告。也被称作不是广告的广告。这种形式的网络广告一方面因无法进行有效的审查而容易滋生违法现象,另一方面又会造成广告市场的不公平竞争,因而是广告法中明令禁止的做法。新《广告法》第四条规定:"广告不得含有虚假或者引人误解的内容,不得欺骗、误导消费者。"第十四条规定:"广告应当具有可识别性,能够使消费者辨明其为广告。大众传播媒介不得以新闻报道形式变相发布广告。通过大众传播媒介发布的广告应当显著标明'广告',与其他非广告信息相区别,不得使消费者产生误解。"在传统媒体上出现的隐性广告比较容易识别。互联网上的隐性广告则很难识别。

隐性网络广告主要有以下几种表现形式:第一,以新闻形式发布的广告。主要是一些商业性网站和综合性网站对产品或服务所作的类似新闻形式的宣传与报道。这类广告模糊了新闻与广告的界限,使消费者造成认识上的误解。第二,在论坛、自媒体上发布广告。通常商业网站都提供 BBS、聊天室等交互性论坛服务,就某一主题进行讨论,如对某一类产品或服务开展个人的主观评价。有些企业往往以普通网民的身份故意在论坛上就自己企业的产品或服务展开研讨,推销自己的产品与服务,对受众的信息接收、产品购买行为产生误导。此外还有一些微信公众号,发布软文广告。第三,通过网上调查的形式发布广告。成本极低的网络调查已成为一种极方便的网络广告,通过网上调查发布品牌、产品信息,一方面既能使企业迅速及时地获得自己所需的大量信息反馈,另一方面也宣传了自己品牌、产品的优势和特点。

3. 关键词误导

为了提高网站的点击率,一些经营者会在网页上通过埋字串技术或者写入一定关键字的方式,让他人在用搜索引擎搜索某个关键字或者某些知名商标商号的时候,提高该网页显示在搜索结果列表中的机会,诱使用户点击进入网站,提高自己网站点击率。

在美国著名的"花花公子"一案中,"花花公子"指控被告 Calvin Designer Label 公司在网站的标签中大量使用"花花公子"的注册商标"PLAYBOY""PLAYMATE",结果当使用这些关键词通过搜索引擎检索时,被告公司的网站总是出现在"花花公子"网站的前面。1997 年 9 月,法院对被告发出禁止令,禁止被告在其主页或网页的标签中使用"PLAYBOY""PLAYMATE"。

关键词误导广告的发布容易导致对驰名商标的侵犯,根据《驰名商标认定和管理暂行规定》,在网络广告的发布过程中,只要实施了在网页关键词中埋设了他人已经注册的驰名商标的行为,不论行为人所经营或提供的服务与商标权人是否相同或相似,都构成对商标权人权利的侵害。只要被埋设的关键字、词是驰名的商标或其他标识的,不论实施埋设的行为人是充当网络广告的经营者、发布者还是广告主,在客观上都构成对权利人商标专用权的侵犯。

三、网络传播虚假广告典型案例

下面就我国发生的网络传播虚假广告的一起典型案例①进行分析。

1. 案情

原告吴强诉称,2015 年 12 月 25 日原告在天猫商城里被告店铺购买了"圆蓝牌"蓝莓汁 34 箱,每箱售价 88 元,折扣后共计 2 962 元。商家在该商品页面宣传该蓝莓汁具有增进视力、减轻眼疲劳、改善人体睡眠、预防癌症和心脑血管疾病、改善男性勃起质量等功效。被告销售的该产品仅为普通食品,不是保健食品或药品,依据法律规定,普通食品不得宣传任何保健功效和药品疗效。被告的宣传没有获得国家权威部门的认证,被告利用广告欺骗、误导原告作出错误的购买决定,被告的行为违反了《消费者权益保护

---

① 案例材料来源于《吴强与奉化市以勒食品有限公司买卖合同纠纷一审民事判决书》,大连市金州区人民法院民事判决书,(2016)辽 0213 民初 511 号。

法》《广告法》的规定，对原告构成了欺诈。现诉至法院，请求判令：被告退还购货款 2 962 元；被告按照货款三倍赔偿 8 886 元；被告赔偿本人律师费 2 000 元；被告承担本案诉讼费用。

被告未提交答辩意见。

2. 判决

依照《中华人民共和国消费者权益保护法》第四十五条第一款、第五十五条，《中华人民共和国广告法》第十七条、第二十八条，《中华人民共和国食品安全法》第七十三条规定，判决如下：

（一）被告奉化市以勒食品有限公司于本判决生效之日起十日内返还原告吴强购货款 2 962 元；

（二）被告奉化市以勒食品有限公司于本判决生效之日起十日内赔偿原告吴强 8 886 元；

（三）驳回原告吴强的其他诉讼请求。

如果未按本判决指定的期间履行给付金钱义务，应当依照《中华人民共和国民事诉讼法》第二百五十三条的规定，加倍支付迟延履行期间的债务利息。

案件受理费 70 元（原告已预交）由原告吴强负担 10 元，被告奉化市以勒食品有限公司负担 60 元。

3. 分析

消费者因经营者利用虚假广告或者其他虚假宣传方式提供商品或者服务，其合法权益受到损害的，可以向经营者要求赔偿。《广告法》第十七条规定："除医疗、药品、医疗器械广告外，禁止其他任何广告涉及疾病治疗功能，并不得使用医疗用语或者易使推销的商品与药品、医疗器械相混淆的用语。"第二十八条："广告以虚假或者引人误解的内容欺骗、误导消费者的，构成虚假广告。"本案中，被告在对其在天猫商城所售商品的广告中介绍该产品具有增进视力、减轻眼疲劳、改善人体睡眠、预防癌症和心脑血管疾病、改善男性勃起质量等功效。此宣传广告涉及疾病治疗功能，违反了广告法的相关规定。

被告发布的案涉蓝莓汁商品广告内容违反法律规定，可以推定其存在诱使消费者陷入错误认识并购买商品的行为，构成欺诈。经营者提供商品或者服务有欺诈行为的，应当按照消费者的要求增加赔偿其受到的损失，增加赔偿的金额为消费者购买商品的价款或者接受服务的费用的三倍；增加赔偿的金额不足五百元的，为五百元。根据法律规定，食品广告的内容应当真实合法，不得含有虚假、夸大的内容，不得涉及疾病预防、治疗功能。现原告要求被告返还购货款并赔偿三倍购物款的诉讼请求，于法有据。关于原告主张的律师费，由于原告没有举出相关证据，且没有相关法律依据，对此，法院不予支持。

第二节 网络广告不正当竞争行为

一、网络广告不正当竞争行为的分类

依据我国《反不正当竞争法》的规定，在网络广告中构成不正当竞争行为应当具备以下要件：

第一，网络广告中不正当竞争行为的主体应当是参与网络广告活动的商务经营者。《反不正当竞争法》规制的不正当竞争，必须是经营者实施的竞争行为，不包括市场上处于消费地位的民事主体。所谓经营者就是指以营利为目的，从事商品的生产、销售或提供服务的法人或其他经济组织。不正当竞争行为本质上是经营者之间为争夺交易机会和经济利益而开展的"商战"。

第二，网络广告中不正当竞争行为者的目的是竞争。判断不正当竞争行为的重要依据之一就是竞争动机的存在。只要是为了竞争的目的，对竞争对手或市场产生了不良影响，即可作为不正当竞争行为来制止，而不必考虑这种影响是否实际发生在某个企业身上，或者是否侵犯了现实存在的某项特定权利。

第三，网络广告中不正当竞争行为违背了公认的商业道德。商业道德是在漫长历史中逐渐形成的符合交易各方利益的行为规范。平等、自愿、诚实信用、公平竞争等都是社会经济生活中公认的商业道德。大部分的不正当竞争行为多采取似是而非的手段，试图规避传统民法的规定，给市场秩序造成了混乱。但以原则性强的商业道德来概括已发生或潜在的不正当竞争行为，则最为贴切和全面。

第四,网络广告中不正当竞争行为具有危害性。这种危害性包括损害其他参与市场活动的经营者的合法权益,也将损害消费者的合法权益,扰乱正常的网络广告秩序和社会经济秩序等,具有违法性[①]。

二、网络广告不正当竞争行为的认定

根据以上对网络广告不正当竞争行为特征的概括,我们列举出目前常见的四类不正当竞争行为。

1. 贬低和毁谤竞争对手的商誉

是指通过网络广告以不真实的信息或不公平的比较方法将自己的产品或服务与其他竞争者的产品或服务进行不正当的比较,贬低其他经营者的商品或服务,抬高或宣传自己的产品或服务。这种比较是建立在不可类推和不可比较的基础上,且具有贬低他人的明显意图。这类广告也称为"中伤性广告",它排挤竞争对手的做法最为直接,因而危害公平竞争的程度也最为严重,该行为甚至可能构成对同业竞争者的人身攻击和人格权的侵犯[②]。

2. 在市场上进行不正当促销

主要包括两种行为。第一种是不正当有奖销售行为,是指经营者为竞争目的,在销售商品或提供服务时,附带性地向购买者提供物品、金钱或者其他经济上的利益的行为。网络广告发展到今天,通过奖励的方式以达到和提高预期的广告效果的方式已是司空见惯。例如注册用户可获得抽奖、购买满一定金额获得附赠式奖励等。另一种是不正当低价销售或折扣,是指经营者为了达到占领市场的目的,以短期性的低于商品成本的价格进行销售,从而达到挤垮竞争对手、占领市场的目的。例如网络广告中常见的1元商品、疯狂大甩卖活动等。

3. 仿冒竞争者的知名商品或服务

是指经营者为在市场竞争中获取有利地位,在网络广告中,通过仿冒知名竞争者的商标、商品外观、名称、产地等,在形式或内容上作虚假的表示,以达到欺骗性地从事市场交易,获取不正当的利益。这是一种典型的搭便

---

① 徐士英:《竞争法论》,世界图书出版公司2000年版,第149—151页。
② 同上书,第148页。

车行为,而由于网络数据修改的易捷,证据不容易保存,这些仿冒行为在网络上大为盛行,使本应属于经营者的利益转移至不正当竞争行为者,让消费者难辨真假,给市场秩序造成很大混乱。

4. 网络广告价格的掠夺性定价

是指网络广告经营者以排挤竞争对手为目的,以低于成本的价格销售网络广告。由于网络广告付费和报价方式的独特性,为了争取客户,一些销售人员用低价甚至是在一定时间段以免费的方式来发布广告,同类广告的价格折扣达几十倍甚至上百倍,这造成了网络广告价格的不稳定,使得网络广告价格市场一片混乱。

三、网络广告不正当竞争行为典型案例

下面就我国发生的网络传播虚假广告的一起典型案例①进行分析。

1. 案情

原告浙江永坤投资管理有限公司(以下简称永坤公司)诉称,其 2008 年在浙江省杭州市注册,经过多年经营,已在业内具备了一定的知名度,设立了浙江永坤黄金珠宝有限公司、浙江永坤投资有限公司、浙江永坤金融服务外包有限公司三家子公司,且从未在上海设立任何分支机构。原告同时注册了永坤图形商标,核定类别分别为第 9、14、35、36 类。2014 年 5 月,原告发现被告未经同意,在网站上擅自以"浙江永坤贵金属(上海)运营中心"名义进行公开宣传,从事经营活动,虚构信息,让客户误以为被告以"浙江永坤贵金属"开展业务。原告认为,被告的行为构成了虚假宣传,并对原告造成了经济损失,为维护自身合法权益,特诉至法院,请求法院判令被告:在全国发行的同行业报刊上赔礼道歉、消除影响;赔偿原告经济损失人民币 64 659.15 元(以下币种同);赔偿原告因本案产生的公证费、律师费等合理费用 54 000 元。庭审中,原告明确其第一项诉讼请求中的报刊具体为《中国工商报》,其主张的合理费用包括公证费 4 000 元、律师费 50 000 元。

被告上海祥赢投资管理有限公司(以下简称祥赢公司)未作答辩。

---

① 案例材料来源于《浙江永坤投资管理有限公司与上海祥赢投资管理有限公司虚假宣传纠纷案》,(2014)闵民三(知)初字第 1540 号。

2. 判决

法院认为,《中华人民共和国反不正当竞争法》第九条第一款规定:"经营者不得利用广告或者其他方法,对商品的质量、制作成分、性能、用途、生产者、有效期限、产地等作引人误解的虚假宣传。"

依照《中华人民共和国侵权责任法》第十五条第一款第(六)项、第(八)项、第二款,《中华人民共和国反不正当竞争法》第九条第一款、第二十条第一款,《最高人民法院关于审理不正当竞争民事案件应用法律若干问题的解释》第十七条第一款,《中华人民共和国民事诉讼法》第一百四十四条之规定,判决如下:

(一)被告上海祥赢投资管理有限公司于本判决生效之日起二十日内在《中国工商报》就涉案虚假宣传行为刊登声明以消除影响(声明内容需经法院审核);

(二)被告上海祥赢投资管理有限公司于本判决生效之日起十日内赔偿原告浙江永坤投资管理有限公司经济损失人民币 40 000 元;

(三)被告上海祥赢投资管理有限公司于本判决生效之日起十日内赔偿原告浙江永坤投资管理有限公司因本案支出的公证费人民币 4 000 元、律师费人民币 10 000 元,合计人民币 14 000 元;

(四)驳回原告浙江永坤投资管理有限公司的其余诉讼请求。

如果未按本判决指定的期间履行给付金钱义务,应当依照《中华人民共和国民事诉讼法》第二百五十三条之规定,加倍支付迟延履行期间的债务利息。

案件受理费人民币 2 673.18 元,由被告上海祥赢投资管理有限公司负担。

3. 分析

本案中,原告的经营范围包括投资管理、投资信息咨询及金银饰品的销售等,被告经营涉案网站为其代理的无锡君泰贵金属合约交易中心及新华浙江大宗商品交易中心会员发展客户,与原告存在业务上的竞争关系。原告代理人于 2014 年 6 月 11 日在公证处公证人员的监督下,利用公证处的计算机及网络,登录互联网,进行了浏览网页、截屏打印等操作步骤,杭州市西湖公证处出具了(2014)浙杭西证民字第 15685 号公证书。公证书显示,被告未经原告许可,擅自在涉案网站各页面的多处醒目位置使用原告享有权利的永坤图形商标及与原告企业名称中的行政区划、字号相同的"浙江永坤贵金属""浙江永坤贵金属(上海)运营中心""浙江永坤贵金属版权所有"等字样,输入涉案网址打开的窗口标签甚至显示为"浙江永坤贵金属_官方网站"。以上商标及文字的使用足以使浏览涉案网站的用户误以为该网站系原告经营或与原告存在密切联系。

根据被告法定代表人在工商调查时的陈述,其系借用"浙江永坤"在贵金属行业的名气骗取客户与其联系,并以手续费更优惠诱使客户选择其代理的其他交易平台,从而牟取利益。被告的涉案行为违背诚实信用原则,足以使相关公众对涉案网站的经营者及网站所宣传业务的提供者产生误解,构成虚假宣传行为。该行为不仅误导、影响了客户的选择和决策,使其利益受到损害,亦使被告借以获得更多的交易机会,不适当地建立起自己的竞争优势,客观上挤占了原告的市场份额,而被告经营中的不规范行为等后果亦损害了原告的合法权益,构成了对原告的不正当竞争,其应当承担相应的法律责任。

第三节　网络传播垃圾电子邮件广告及防治

随着网络飞速发展而来的是防不胜防的垃圾电子邮件。其数量时常淹没电子邮箱里的正常邮件,以至于需要花费大量时间来寻找有用的邮件。不仅如此,在垃圾电子邮件的背后还隐藏病毒、木马等恶意程序,它将影响到电子邮箱用户的使用安全。来自安全厂商 Sophos 的统计数据显示,2014 年第四季度中国超过美国成为最大的垃圾电子邮件发源地,垃圾电子邮件全球占比高达 16.7%,这意味着每 6 封垃圾电子邮件中就有一封的 IP 地址来自中国。2014 年第四季度,韩国的垃圾电子邮件人均发送量最高,是基准水平(以美国为参照)的 5.1 倍。2015 年第一季度,美国是世界最大的垃圾电子邮件国,其垃圾电子邮件的占比达 10%。来自中国的垃圾电子邮件数量占比 5.5%,位居第六①。此前 2014 年四个季度的排名分别是第五、第三和第二。美国 2014 年前三个季度都是排名第一,

---

① "Which countries top the new Dirty Dozen spam list", https://blogs.sophos.com/2015/04/29/which-countries-top-the-new-dirty-dozen-spam-list/.

第四季度排名第二①。

中国互联网协会反垃圾邮件中心的调查也印证了中国垃圾电子邮件广告愈演愈烈的恶化趋势。该中心发布的2014年第四季度反垃圾电子邮件调查报告显示,中国电子邮箱用户平均每周收到垃圾电子邮件数量为14.3封,环比上升1.5封,同比上升1.7封;中国电子邮箱用户平均每周收到的电子邮件中,垃圾电子邮件所占比例为41.0%,环比上升了7.9个百分点,同比上升了8.7个百分点。从年度走势来看,第四季度中国电子邮箱用户平均每周收到垃圾电子邮件数量与垃圾电子邮件所占比例均有所上升。从用户收到的商业广告垃圾电子邮件内容来看,受访用户选择占比前五名分别为网站推广类(58.1%),上升0.5个百分点;金融保险类(38.9%),上升6.2个百分点;教育培训类(34.4%),下降4个百分点;旅游交通类(28.9%),上升0.3个百分点;电子期刊(20.4%),下降0.3个百分点②。垃圾广告电子邮件给国家经济造成的损失正在逐年增加,如果不及时采取相应的遏制措施,它将愈演愈烈。

一、网络垃圾电子邮件广告的认定

自电子邮件被发明以来,许多人注意到电子邮件的便利性,开始利用其为商业广告服务。1995年5月有人写出了第一个专门的应用程序Floodgate,一次可以自动把电子邮件发给很多人。同年8月,有人拿200万个电子邮件地址出售,垃圾电子邮件越来越多地与商业联系起来。1996年4月,人们开始使用"未经许可的商业邮件"(UCE, Unsolicited Commercial E-mail)来称呼垃圾电子邮件。

何谓网络垃圾电子邮件广告呢?美国2002年《反垃圾电子邮件法》将其定义为:"在没有接收人事先的同意或者事后的暗示同意情况下所发送给接收人的任何商业性电子邮件信息。"《中国互联网协会反垃圾邮件规范》中是这样定义垃圾电子邮件的:"本规范所称垃圾邮件,包括下述属性的电子

---

① 《去年四季度中国反超美国成垃圾邮件最多的国家》,《网易科技报道》2015年1月29日。

② 《垃圾邮件之现状与处理对策——2014年第四季度中国反垃圾邮件状况调查报告》,《计算机世界》2015年6月18日。

邮件：(一)收件人事先没有提出要求或者同意接收的广告、电子刊物、各种形式的宣传品等宣传性的电子邮件；(二)收件人无法拒收的电子邮件；(三)隐藏发件人身份、地址、标题等信息的电子邮件；(四)含有虚假的信息源、发件人、路由等信息的电子邮件。"

1. 广告电子邮件的两类划分

按照电子邮件是否为用户主动接收，可以将广告电子邮件分为主动接收电子邮件和被动接收电子邮件。

主动接收，即用户同意接收或者主动索要的广告电子邮件，如在各类网站注册信息或软件注册时，用户常会被问是否愿意接收相关公司提供的信息，如果选择愿意，并填写了自己的电子邮件地址，电子邮件广告商在此情况下向接收者发送的电子邮件就被视为一种主动接收。

被动接收是指非经用户许可或者主动索要而是由广告商主动地向用户发送的电子邮件行为，其目的多为广告促销的商业目的。在被动接收的广告电子邮件里，又分两种，一种是用户可以拒绝、退订的广告电子邮件，这种是发件商为用户提供的选择权，即如果用户不拒绝该电子邮件便可被视为默示的同意；另一种是用户虽不愿意接收，但却无法拒绝、退订的广告电子邮件，这种广告电子邮件就是我们常说的垃圾电子邮件。

2. 垃圾电子邮件的五类形式

中国互联网协会反垃圾邮件中心的网站上，指出了目前常见的五类垃圾电子邮件形式。

第一，收件人事先没有提出要求或者同意接收的广告、电子刊物、各种形式的宣传品等宣传性的电子邮件；

第二，收件人无法拒收的电子邮件；

第三，隐藏发件人身份、地址、标题等信息的电子邮件；

第四，含有虚假的信息源、发件人、路由等信息的电子邮件；

第五，含有病毒、恶意代码、色情、反动等不良信息或有害信息的邮件。

以上五类形式不是都需具备，只要具备其中一种，即可被称为垃圾电子邮件。

二、避免成为垃圾电子邮件的要点

在广告电子邮件营销活动当中，为避免成为垃圾电子邮件，应主动做到以下四点[①]：

第一，明示的标题。明示要求是指被动接收广告电子邮件的发送人应该对这类电子邮件的性质表明清楚，这种表明使得接收人能够准确判断该电子邮件的性质，为其进一步的行动提供依据。明示要求反对被动接收广告电子邮件的误导行为。《互联网广告管理暂行办法》第七条规定："互联网广告应当具有可识别性，显著标明'广告'，使消费者能够辨明其为广告"。

第二，含有回复地址或者相当功能的其他机制。许多垃圾电子邮件的回复地址都是虚假的，这种机制要求接收人可以依据发送人提供的有效回复地址进行回复，表达自己选择继续接收或者不再接收的意思。

第三，尊重接收人的排除权。广告电子邮件的发送人在接到接收人发来的拒绝再次接收广告电子邮件的信息时，应尊重接收人的排除权，并在有效的时间内做出处理，不再向接收人寄送相关的广告电子邮件。《互联网广告管理暂行办法》第八条第二款规定："未经允许，不得在用户发送的电子邮件中附加广告或者广告链接。"

第四，遵守网络服务提供者的服务政策。即使广告电子邮件的发送者所发送的电子邮件符合上述要求，如果相关的网络服务提供者的服务政策不允许发送这样的电子邮件，那么发送者也要服从这些服务政策。

三、网络垃圾电子邮件广告的典型案例

2006年4月，我国北京出现了首例因垃圾电子邮件侵权而索赔的案件，原告王女士要求被告上海易腾企业管理咨询公司和广州市网络计算机科技公司停止侵害、赔礼道歉，并赔偿经济损失和精神损失人民币1 100元。但该案最终因无法确定被告，原告只能无奈选择撤诉而告终。鉴于该案没有展开，我们选择网络垃圾电子邮件广告起源国美国的一个典型案例来进行分析，探讨其中的法理。

1. 案情[②]

1997年10月，原告 Bigfoot Partners 在纽约南区地区法院起诉被告

---

① 吴伟光：《电子商务法》，清华大学出版社2004年版，第120—123页。
② 该案上诉状"Bigfoot Partners v. Cyber Promotions Complaint"，参见 http://legal. web. aol. com/decisions/dljunk/bigfootc. html。

Cyber Promotions 和 Sanford Wallace 滥发垃圾电子邮件。原告是"Bigfoot.com"域名拥有者,其核心业务是提供电子邮件服务和相关生产工具。自1997年1月开始,原告连续接到其用户的投诉:大量的垃圾电子邮件由原告发至用户的电子信箱。垃圾电子邮件量越来越大,在7月达到每日2 000封之多,且都显示是用后缀名为"@bigfoot.com"的电子邮箱发出。原告经调查发现,绝大多数垃圾电子邮件都是被告 Cyber Promotions 和 Sanford Wallace 公司利用一个名为 Cyber Bomb 的软件发出。原告认为被告严重侵犯了自己各类有形和无形财产权,提出13点指控。垃圾电子邮件来源错误的指定和描述;服务商标侵害;服务商标稀释;违反电子通信法;电脑欺诈;挪用原告的名称和身份;错误担责;普通法欺诈;诽谤;不公平竞争和欺诈消费者;不当得利;侵犯动产;强占。原告要求被告停止侵害,予以赔偿。

2. 判决[①]

1998年3月,主审法官琼斯作出裁决:

(一)停止侵权:要求被告 Cyber Promotions 和 Sanford Wallace 将其非法盗用的 Bigfoot 公司的电子邮件地址从其网络内彻底清除,并不得再向 Bigfoot 公司的用户寄送垃圾电子邮件;

(二)损害赔偿:如果被告再向原告及其用户散发垃圾电子邮件或盗用该公司的名义向其他客户发出垃圾电子邮件,将对被告课以每天一万美元的罚金;

(三)赔礼道歉:向受垃圾电子邮件之害的用户书面道歉并作出保证,若再次发生发送垃圾电子邮件的行为,将被法院判罚一百万美元。

3. 分析

Wallace 是世界著名的垃圾电子邮件大王,它推广的垃圾电子邮件营销模式为自己赚取了数以亿计的财富。但这些财富的取得都是利用互联网法规管理不健全,牺牲了其他同业经营者的利益而取得。在此案中,正如原告 Bigfoot 公司所言,其财产损失是严重的。原告之所以取得诉讼的胜利,关键在于抓住以下几点:

---

① 该案判决状"Bigfoot Partners v. Cyber Promotions Consent Order",参见 http://legal.web.aol.com/decisions/dljunk/bigfooto.html。

第一，侵犯原告的注册商标权。被告在垃圾电子邮件的发信地址（即接收邮件用户的默认回复地址）冒用了 Bigfoot，使得被垃圾电子邮件所困的用户误以为是原告所发出来的，这种为了商业目的而擅自使用原告的名称、商标和域名并从中获利的行为显然形成了对原告注册商标权的侵犯。

第二，使原告的声誉遭受损害。由于被告借用原告的名义发送大量的垃圾电子邮件，而这些垃圾电子邮件的内容多是暴富、色情及虚假广告，原告因此受到用户大量的抱怨和指责，降低了用户对原告的正面评价，使原告花费大量时间、精力和金钱建立起来的良好声誉遭受到损害。

第三，侵犯原告的物质财产权益。被告欺骗性地将发送垃圾电子邮件的责任转嫁给了原告，大量无法投寄出去的垃圾电子邮件又退回到了原告的服务器，耗费了原告大量的计算机和网络资源，为消除垃圾电子邮件，原告还需购买、开发、测试、维护和安装过滤系统，付出了巨大的代价。

以上几点都是属于现有法律可以规范的，所以法官可以据此作出有利于原告的判决。但原告的损失如何计算，这一点却是现有法律难以界定的，因此，法官只是对被告作出了对今后寄送垃圾电子邮件的惩罚告诫，而无法对原告已发生的损失进行明确的赔偿。

第四节　网络传播违法广告防治及讨论

一、网络传播虚假广告的防治

网络广告尽管有其特殊性，但它还是广告，同样应该受到《广告法》等一系列国家广告管理法规的约束。针对网络传播虚假广告信息的泛滥，我们可以从广告信息的源头——网络广告发布者入手，加强管理，维护电子商务市场秩序。

1. 网络广告发布主体须合法

在传统广告经营行为上，广告主、广告经营者和广告发布者的区别都很明显。广告主一般是企业，广告发布者是媒体。但互联网却把三者之间的区别变得日益模糊，传统的广告主、广告经营者都可建立网站，成为传统广告业务当中不可能成为的广告发布者。因此，要摆脱当前网络广告监管不力的状况,只有从网络广告发布主体这一发布渠道入手,打击网络虚假广告。

近年来,随着我国广告业迅速发展和互联网广泛应用,广告发布的媒介和形式发生了较大变化,现行广告法律的有关规定约束力不强,对互联网广告领域存在的新问题、新情况缺乏规范,不能完全适应互联网广告业发展的客观需要。2016年7月,《互联网广告管理暂行办法》(简称《暂行办法》)公布是在全面依法治国开启新征程的新形势下,国家从立法层面对我国互联网广告法律关系和互联网广告管理制度的一次重大调整和改革。

《暂行办法》强化了广告主的第一责任,对网络广告主有如下规定:

第十一条规定:"为广告主或者广告经营者推送或者展示互联网广告,并能够核对广告内容、决定广告发布的自然人、法人或者其他组织,是该互联网广告的广告发布者。"不同于传统广告,《暂行办法》将互联网广告发布者的行为特征界定为"推送或者展示",并规定能够核对广告内容、决定广告发布的自然人、法人或者其他组织是互联网广告的广告发布者,依法承担《广告法》所规定的预先查验证明文件、核对广告内容的义务。

第十二条对互联网广告发布者和经营者应具备的资质资格进行了规范:"互联网广告发布者、广告经营者应当按照国家有关规定建立、健全互联网广告业务的承接登记、审核、档案管理制度;审核查验并登记广告主的名称、地址和有效联系方式等主体身份信息,建立登记档案并定期核实更新;互联网广告发布者、广告经营者应当查验有关证明文件,核对广告内容,对内容不符或者证明文件不全的广告,不得设计、制作、代理、发布;互联网广告发布者、广告经营者应当配备熟悉广告法规的广告审查人员;有条件的还应当设立专门机构,负责互联网广告的审查。"

2. 网络广告发布内容须备案

为从源头上规范网络广告行为,应加重对网络广告发布者的发布责任,其所发布的所有网络广告都须经相关主管机关的备案,以便于发生法律纠纷后的取证。

《暂行办法》第九条规定:"互联网广告主、广告经营者、广告发布者之间在互联网广告活动中应当依法订立书面合同。"第十二条规定:"互联网广告发布者、广告经营者应当按照国家有关规定建立、健全互联网广告业务的承接登记、审核、档案管理制度;审核查验并登记广告主的名称、地址和有效联系方式等主体身份信息,建立登记档案并定期核实更新。"其中包括互联网广告发布者、广告经营者应当查验有关证明文件,核对广告内容,对内容不符或者证明文件不全的广告,不得设计、制作、代理、发布;联网广告发布者、广告经营者应当配备熟悉广告法规的广告审查人员;有条件的还应当设立专门机构,负责互联网广告的审查。第十五条规定:"广告需求方平台经营者、媒介方平台经营者、广告信息交换平台经营者以及媒介方平台的成员,在订立互联网广告合同时,应当查验合同相对方的主体身份证明文件、真实名称、地址和有效联系方式等信息,建立登记档案并定期核实更新。"

这些对网络内容的监管规定都有助于网络广告发布者对自己的发布行为提高警惕,增强自律意识。

3. 网络传播虚假广告须处罚

经过上述严格的事前监管之后,如仍发生网络虚假广告行为,主管机关就应按照国家有关法规予以惩戒,树立法律的权威。

《广告法》第五十五条规定:"发布虚假广告的,由工商行政管理部门责令停止发布广告,责令广告主在相应范围内消除影响,处广告费用三倍以上五倍以下的罚款,广告费用无法计算或者明显偏低的,处二十万元以上一百万元以下的罚款;两年内有三次以上违法行为或者有其他严重情节的,处广告费用五倍以上十倍以下的罚款,广告费用无法计算或者明显偏低的,处一百万元以上二百万元以下的罚款,可以吊销营业执照,并由广告审查机关撤销广告审查批准文件、一年内不受理其广告审查申请。"第五十六条规定:"发布虚假广告,欺骗、误导消费者,使购买商品或者接受服务的消费者的合法权益受到损害的,由广告主依法承担民事责任。广告经营者、广告发布者不能提供广告主的真实名称、地址和有效联系方式的,消费者可以要求广告经营者、广告发布者先行赔偿。"

对互联网广告违法行为,《暂行办法》规定了以广告发布者所在地管辖为主,广告主所在地、广告经营者所在地管辖为辅的管辖原则。

一是以广告发布者所在地管辖为主。《暂行办法》第十八条规定:"对互联网广告违法行为实施行政处罚,由广告发布者所在地工商行政管理部门管辖。广告发布者所在地工商行政管理部门管辖异地广告主、广告经营者有困难的,可以将广告主、广告经营者的违法情况移交广告主、广告经营者所在地工商行政管理部门处理。"

二是以广告主所在地、广告经营者所在地管辖为辅。由于互联网广告发布链条长、资源碎片化、广告精准投放带来的不同浏览者同一时间在同一网站上看到的是完全不同的广告等特征,《暂行办法》规定:"广告主所在地、广告经营者所在地工商行政管理部门先行发现违法线索或者收到投诉、举报的,也可以进行管辖。"

三是广告主自行发布广告的,由广告主所在地管辖。根据《暂行办法》第十条第三款,广告主可以通过自设网站或者拥有合法使用权的互联网媒介自行发布广告。当这一部分广告出现违法,由互联网广告的广告主所在地管辖。这样规定的主要考虑是:发现违法线索或者接投诉、举报后,由广告主或者广告经营者所在地管辖,有利于更快断开违法广告链接,形成"一处违法被查,全网清扫干净"的高效监管局面,更具可操作性。

二、网络广告不正当竞争行为的防治

针对网络广告中越来越多的不正当竞争行为,我们可从两方面入手,加强防治。

1. 综合协调现行法规

针对网络广告中出现的不正当竞争现象,应以现行的《反不正当竞争法》为主,结合国家出台的其他市场法规共同规制。

对于贬损竞争者商誉的行为,既可适用于《反不正当竞争法》第十四条规定:"经营者不得捏造、散布虚伪事实,损害竞争对手的商业信誉、商品声誉。"也可参照国家工商局出台的行政规章,如《关于立即停止发布含有"第一品牌"等内容广告的通知》和《关于停止发布含有乱评比、乱排序等内容广告的通知》等。

对于网络广告的低价促销行为,既可适用于《反不正当竞争法》第十一条规定:"经营者不得以排挤竞争对手为目的,以低于成本的价格销售商品。"也可参照《价格法》第十四条第二款规定:"经营者不得在依法降价处理鲜活商品、季节性商品、积压商品等商品外,为了排挤竞争对手或者独占市场,以低于成本的价格倾销,扰乱正常的生产经营秩序,损害国家利益或者其他经营者的合法权益。"

对于仿冒竞争者知名商品或服务的行为,既可适用于《反不正当竞争法》第五条规定:"经营者不得假冒他人的注册商标;擅自使用知名商品特有的名称、包装、装潢,或者使用与知名商品近似的名称、包装、装潢,造成和他人的知名商品相混淆,使购买者误认为是该知名商品;擅自使用他人的企业名称或者姓名,引人误认为是他人的商品。"也可参照《商标法》《商标法实施细则》第四十一条第二款规定的"在同一种或者类似商品上,将与他人注册商标相同或者近似的文字、图形作为商品名称或者商品装潢使用,并足以造成误认的,属于侵犯注册商标专用权的行为"。

2. 加强市场行政监管

网络广告不正当竞争行为都发生在同业经营者当中,在同业利益冲突的情况下,就必须加强第三方——行政力量的监控,稳定公平竞争的市场秩序。

首先,行政机关要对特殊的网络广告内容进行事前审查。在形式和内容上进行把关。例如,《广告法》第八条规定:"广告中对商品的性能、功能、产地、用途、质量、成分、价格、生产者、有效期限、允诺等或者对服务的内容、提供者、形式、质量、价格、允诺等有表示的,应当准确、清楚、明白。"第十一条规定:"广告使用数据、统计资料、调查结果、文摘、引用语等引证内容的,应当真实、准确,并表明出处。引证内容有适用范围和有效期限的,应当明确表示。"第三十条规定:"广告主、广告经营者、广告发布者之间在广告活动中应当依法订立书面合同。"第三十一条规定:"广告主、广告经营者、广告发布者不得在广告活动中进行任何形式的不正当竞争。"第三十四条规定:"广告经营者、广告发布者应当按照国家有关规定,建立、健全广告业务的承接登记、审核、档案管理制度。广告经营者、广告发布者依据法律、行政法规查验有关证明文件,核对广告内容。对内容不符或者证明文件不全的广告,广告经营者不得提供设计、制作、代理服务,广告发布者不得发布。"这些条文对特殊广告的内容作了强制性规定,审查机关应认真履行监管义务,避免不正当竞争行为的发生。

其次,要做好对已发布的未经审查的网络广告的监控。这里所说的未经审查的网络广告,包括两种:一种是发布前经审查通过,后又私自改变的特殊商品广告;一种是特殊商品以外的网络广告。行政管理机关的责任和义务不仅仅限于广告发布前的审查,还在于发布过程中和发布后的跟踪调查和监控,当然也包括积极地接受网民的举报和经营者的投诉。但在监管过程中,一方面要加强对广告监管机关管理人员的专业知识的培训,另一方面,要加强对从事广告经营的网络公司的广告从业人员、广告审查员法律知识的培训。也要加强国际协作,实现网络广告的国际保护。互联网是一个世界性的网络,打破了地域和时间的限制,它是作为一个整体将全球连接在一起的,所以开展国际协作,对加强网络广告的管理和保护显得更为重要①。

三、网络垃圾邮件广告的防治

在各国纷纷加强对网络垃圾邮件广告防治的同时,面对我国急遽恶化的垃圾广告邮件网络四处传播的态势,我国政府机构也开始针对性地通过颁布针对性的法规予以遏制。《互联网广告管理暂行办法》第八条第二款规定:"不得以欺骗方式诱使用户点击广告内容。"第三款规定:"未经允许,不得在用户发送的电子邮件中附加广告或者广告链接。"

1. 加强行政管理

为从源头上遏制垃圾邮件的泛滥,《互联网电子邮件服务管理办法》(简称《管理办法》)先正本清源,对提供互联网电子邮件服务实行市场的准入管理。第四条规定:"提供互联网电子邮件服务,应当事先取得增值电信业务经营许可或者依法履行非经营性互联网信息服务备案手续。未取得增值电信业务经营许可或者未履行非经营性互联网信息服务备案手续,任何组织或者个人不得在中华人民共和国境内开展互联网电子邮件服务。"第五条规定:"互联网接入服务提供者等电信业务提供者,不得为未取得增值电信业务经营许可或者未履行非经营性互联网信息服务备案手续的组织或者个人开展互联网电子邮件服务提供接入服务。"

掌握法律证据。为避免匿名从事垃圾邮件服务而将罪名转嫁给其他经营者,《管理办法》对电子邮件服务器实行登记制度,第六条规定:"国家对互联网电子邮件服务提供者的电子邮件服务器 IP 地址实行登记管理。互联

---

① 李武峰:《网络广告不正当竞争行为的现行法规制》,武汉大学硕士学位论文,2005 年。

网电子邮件服务提供者应当在电子邮件服务器开通前二十日将互联网电子邮件服务器所使用的 IP 地址向中华人民共和国信息产业部（以下简称信息产业部）或者省、自治区、直辖市通信管理局（以下简称通信管理局）登记。互联网电子邮件服务提供者拟变更电子邮件服务器 IP 地址的，应当提前三十日办理变更手续。"这种实名制管理，有便于一旦发生垃圾邮件控诉即可迅速查到罪魁祸首。

取消匿名转发。匿名转发是垃圾电子邮件盛行的技术原因，针对这一点，《管理办法》第七条规定："互联网电子邮件服务提供者应当按照信息产业部制定的技术标准建设互联网电子邮件服务系统，关闭电子邮件服务器匿名转发功能，并加强电子邮件服务系统的安全管理，发现网络安全漏洞后应当及时采取安全防范措施。"

2. 受众有权拒绝

为避免因打击垃圾邮件而殃及那些正规的广告邮件，《管理办法》对正常的商业广告邮件和垃圾邮件作出区分。第十三条规定："任何组织或者个人不得有下列发送或者委托发送互联网电子邮件的行为：（一）故意隐匿或者伪造互联网电子邮件信封信息；（二）未经互联网电子邮件接收者明确同意，向其发送包含商业广告内容的互联网电子邮件；（三）发送包含商业广告内容的互联网电子邮件时，未在互联网电子邮件标题信息前部注明'广告'或者'AD'字样。"

如果用户不愿接收广告邮件，《管理办法》第十四条规定："互联网电子邮件接收者明确同意接收包含商业广告内容的互联网电子邮件后，拒绝继续接收的，互联网电子邮件发送者应当停止发送。双方另有约定的除外。互联网电子邮件服务发送者发送包含商业广告内容的互联网电子邮件，应当向接收者提供拒绝继续接收的联系方式，包括发送者的电子邮件地址，并保证所提供的联系方式在 30 日内有效。"《互联网广告管理暂行办法》第八条第一款规定："利用互联网发布、发送广告，不得影响用户正常使用网络。在互联网页面以弹出等形式发布的广告，应当显著标明关闭标志，确保一键关闭。"

3. 推行公众举报

面对无处不在的垃圾电子邮件，仅仅依靠行政部门的监管和电子邮件服务商的自律是远远不够的，《管理办法》推出了鼓励公众举报垃圾电子邮件的制度。第十五条规定:"互联网电子邮件服务提供者、为互联网电子邮件服务提供接入服务的电信业务提供者应当受理用户对互联网电子邮件的举报,并为用户提供便捷的举报方式。"第十六条规定了电子邮件服务商接到举报后的处理程序,根据被举报垃圾邮件的性质,如符合《管理办法》第十一条第一款的禁止性规定,应及时向国家有关机关报告;如属此款之外的其他电子邮件,应向信息产业部委托中国互联网协会设立的互联网电子邮件举报受理中心报告。该中心(www.anti-spam.cn)已于2006年2月21日宣布成立,并公布了举报电话(010-12321)和举报邮箱(abuse@anti-spam.cn)。

投诉机制的建立使许多受到垃圾邮件不法侵害的用户有了一个可以举报、申诉的地方,对于快速打击垃圾邮件广告是非常有效的办法。但要使得投诉机制有效,首先,要降低用户的投诉成本。用户在向广告邮件发送者明白传递自己拒收广告的同时可抄送一份给第三方的监管电子信箱,如广告邮件发送者在限定时间内未能及时处理,仍继续发送,用户可据此向第三方监管机构在线投诉。其次,还要增加违法行为的侵权成本。对于滥发垃圾邮件的广告商,监管机构一经查实,应主要通过经济惩罚来制约此类行为,惩罚金额可根据广告邮件发送者向投诉用户发送的广告邮件数量来确定。最后,要增加用户的举报收益。将征收的罚金按比例拨付给举报垃圾邮件的用户,一方面补偿用户因接收垃圾邮件而造成的物质、精神损失,另一方面对用户的举报行为进行物质激励。通过这三方面的制度安排,使投诉机制更具效率。

思考题:

1. 互联网广告的五种表现形式。
2. 网络广告不正当竞争行为的四种表现形式。
3. 避免成为垃圾邮件的四个要点。

第十一章

香港、澳门地区网络传播法规与伦理概述

香港、澳门地区作为中华人民共和国的两个特别行政区,在回归后其原有的法律及其制度基本不变。香港、澳门地区的原有法律,除与基本法相抵触者外,均予保留。因此,有关网络传播伦理与法制的建设,香港、澳门地区也与内地有别。本章拟对香港、澳门两地的网络传播与法制建设状况进行简要的介绍与阐述。

第一节 香港地区网络与新媒体中的自由与限制

一、表达意见的自由

表达意见的自由是香港地区网络与新媒体法律议题中最核心的部分。早在1997年香港回归之前,1991年的《人权法案条例》已将《公民权利和政治权利国际公约》的内容本地化。其中包括第14条对私生活、家庭、住宅、通信、名誉及信用的保护以及第16条关于意见和发表的自由:

(一)人人有保持意见不受干预之权利。

(二)人人有发表自由之权利;此种权利包括以语言、文字或出版物、艺术或自己选择之其他方式,不分国界,寻求、接受及传播各种消息及思想之自由。

(三)本条第(二)项所载权利之行使,附有特别责任及义务,故得予以某种限制,但此种限制以经由法律规定,且为下列各项所必要者为限:

(a)尊重他人权利或名誉;或(b)保障国家安全或公共秩序,或公共卫生或风化。

而香港回归后开始实施的《基本法》在居民的基本权利和义务的条文中也有规定。其中第27条:香港居民享有言论、新闻、出版的自由,结社、集会、游行、示威的自由,组织和参加工会、罢工的权利和自由。第30条:香港居民的通讯自由和通讯秘密受法律的保护。除因公共安全和追查刑事犯罪的需要,由有关机关依照法律程序对通讯进行检查外,任何部门或个人不得以任何理由侵犯居民的通讯自由和通讯秘密。

二、对言论与媒体自由的限制

但是,这些言论与媒体自由并非完全不受限制。要限制言论自由,必须符合以法律规定的方式,其限制的目的亦必须要保障其他正当价值与公共利益,也就是需要以法律保护的方式才能加以限制。

1. 保障国家安全和公共安全

《基本法》第23条要求香港应自行就国家安全立法,该条文规定:香港特别行政区应自行立法禁止任何叛国、分裂国家、煽动叛乱、颠覆中央人民政府及窃取国家机密的行为,禁止外国的政治性组织或团体在香港特别行政区进行政治活动,禁止香港特别行政区的政治性组织或团体与外国的政治性组织或团体建立联系。其中,关于"煽动"部分涉及言论与意见的表达,至今未有进一步的立法举措。

另外,关于对保障国家安全与公共秩序的限制,自港英时期起,香港就有若干依此而限制言论与媒体自由的规定。例如,《官方机密条例》规范了媒体工作者应当谨慎地进行收集、传播活动。该条例第13—18条所界定的"官方机密",内容包括保安及情报资料、防务、国际关系、刑事调查以及任何未经授权而披露所得或保密情况下托付的资料这一概括条款。此外,《防止贿赂条例》第30条亦特别规范了香港廉政公署在调查该条例期间,媒体不得任意披露调查内容与相关人士。另外,《公安条例》亦有规范对公众集会活动的宣传广告与展示旗帜符号等的限制。

2. 藐视法庭罪

除了上述成文法的规范,另有藐视法庭这一普通法罪行来限制表达意见的自由,其目的是防止司法工作受到干扰,维持公众对司法公正的信心。

1986 年,香港法律改革委员会有关藐视法庭法例研究的报告书也指出,藐视法庭罪的目的是保障在法院内公平及有效率的司法工作。藐视法庭罪分为两大类:第一,法庭内的藐视,包括向法官投掷物品,在法庭内侮辱他人,或在法庭内示威。第二,法庭外的藐视,包括审讯完结后向证人报复,不服从法庭的命令;"恶意中伤法庭",包括辱骂法官或质疑法官的公正或正直;以及可能在诉讼中妨碍司法公正的有意或无意行为,包含预先判断或是向法庭施压①。大部分媒介触犯的藐视法庭罪属于此类。

2015 年香港《苹果日报》与《爽报》被控藐视法庭案即为一例。2013 年 3 月,香港大角咀发生一起杀双亲碎尸案,《苹果日报》记者两次采访 29 岁的被告周某,第二次更以"朋友"身份进入被告在押的精神病治疗中心探访。案件提堂两日后,《苹果日报》在头版刊出专访《变态男讲述杀父母一刻:少少慌乱,但平静》,报道周某对案件的招认和在此家庭成长的心路历程,并将资源共享给同属壹传媒集团的免费报刊《爽报》刊登。

报道刊登后引起争议,随后律政司起诉两报藐视法庭。律政司指出,案件与新闻自由无关,两报的问题在于对本该由法庭审讯的案件进行了媒介审判。律政司指出,相关报道内容包括周某对罪行的招认,而两份报纸当日的销售量多达 30 万份,这很可能令证人和陪审员先入为主,甚至产生偏见。香港高等法院最终判决两报及其时任总编辑罚款港币 55 万元。

网络媒体的兴起也给藐视法庭这一法律传统带来挑战。例如 2014 年,任职投资银行的英籍男子朱廷(Jutting)被控以残暴的方式在其湾仔的寓所谋杀两名印度尼西亚籍女子。国际新闻媒体几乎天天对该案件进行报道,社交媒体平台也对此表示极大关注。Jutting 被捕后,所有有关他本人、受害人及犯罪现场(以及许多其他事宜)的详细数据、图像、照片和消息,都被持续不断地报道,甚至在他就一项"暂时"指控被带到裁判官席前应讯之后,依然如此。由于 Jutting 被带到裁判官席前应讯后很可能被控谋杀,根据《裁判官条例》,各新闻媒体应当注意该条例第 87A 条就传媒报道香港的"交付审讯程序"所作的限制:任何人不得就在香港进行的任何"交付审讯

---

① 《香港法律改革委员会"藐视法庭"研究报告书》,http://www.hkreform.gov.hk/tc/docs/rcourt_c.pdf。

程序",在香港以书面发布或广播载有任何并非为第(7)款所容许发布的事项的报道。

而第87A(7)条对于可予报道的内容,作出了范围非常广泛的限制。例如,传媒只可以报道法院名称,裁判官姓名,案中各方及证人的姓名、地址、职业及年龄,被控人被控告的罪行或其摘要,在该程序中受聘的大律师及律师的姓名,裁判官将被控人交付审讯的决定,如"交付审讯程序"延期进行,延期所至的日期及地点,以及被控人是否获得法律援助等。任何人所作的报道如违反第87A条即属违法,违例者一经定罪,可处罚款港币10 000元及监禁六个月。

其中值得关注的问题是,跨法域的网络媒体报道往往导致法律权责难以判断。一些英国传媒对Jutting的被捕及被检控,做了绘形绘声的报道。如果这些报道是由香港传媒做出,通常会引起香港政府律政司的关注。但英国的传媒会认为,它们的报章主要在英国发行,因此无须理会香港法例作何规定①。除了地域上的界限不清,用户通过互联网可以轻易检索过去的报道,陪审员也可以轻易接触到这些信息,也带来案件消息的传播在诉讼期间是否适用的疑问。

简言之,香港在普通法下的藐视法庭制度由来已久,法律改革委员会对上一次就藐视法庭这一课题发表报告书距今也已超过30年。网络时代,经历各种传播科技与环境的变化,特区政府实应再度对其开展研究。而媒体工作者更须注意一些原则:

第一,不能评论审理中或即将审理的案件;

第二,不能以评论向进行中或即将进行聆讯的案件的与讼各方施加压力;

第三,不应以侮辱性和情绪性的语言去批评法庭或法官;

第四,对法庭或法官的批评要有事实基础;

第五,若被告人身份有争议,须经认人程序确认刊出被告人照片可能会造成偏见,须谨慎小心处理;

第六,报道法庭新闻不可报道聆讯中没有提及的背景资料,即便这些资

---

① Robert Clark,"Contempt of Court in an Internet Age, Hoong Kong Lawyer", http://www.hk-lawyer.org/content/contempt-court-internet-age,2015.

料在审讯前已经刊登在其他报章。①

3. 媒体或公民的知情权

香港地区有不少关于公共领域的传播限制,但相对赋予媒体或市民知情权的立法却付之阙如。例如,中国内地以及其他国家和地区都具备《档案法》以及《资讯自由法》(Freedom of Information Act,中国内地的版本名为《中华人民共和国政府信息公开条例》),而香港地区仅有一个对于行政机关不具强制力的《公开资料守则》。但是,政府档案是政府日常公务活动的记录,是施政及管治的最重要凭证,也是问责的基础,为了确保优质管治及这些公共财富得以妥善管理及保存,应当制定《档案法》的法例,严格地监管政府档案的产生、管理及保存。而且,政府应尽可能地适当公开政府掌握的公共资讯,并将数据提供给社会大众使用。这样,无论是对于政府的决策过程、预算支出、官员的利益申报,还是政府施政,都可以进行有效的监督。

第二节　香港地区网络与新媒体中的诽谤问题

在香港,任何人通过书写、口述或行为举动去发布一些诽谤性言论或信息,而该项事情针对另一个人或一间公司、机构(但政府不可成为原告),该发布人便可能要就诽谤负上法律责任。

原告人提出诽谤诉讼,通常要证明三件事:一是被告人发表了一些陈述;二是该陈述带有贬义,诋毁原告声誉;三是陈述内容令人可以意会批评的对象是原告人。"发表"的意思是向原告本人以外的第三者传播,可以是在小范围传达的信件,也可以是在报章、电台、电视台或互联网上传播,导致很多人同时知道;如果被告人是向原告人直接批评,不涉及第三者,则不构成"发表"。而"带有贬义"是指被告人发表的言论可能造成以下任何一种影响:令原告人在思想正直的一般社会人士心目中的地位下降;令原告人遭

---

① 刘进图、黄智诚:《传播法手册》,香港新闻行政人员协会,2008年,第122—123页。

人侮辱或轻蔑;令原告人遭人讪笑或回避;令原告人在工作、生意或专业上受到损害。至于言论内容让人辨识到原告人,不但包括点名的抨击,也包括含沙射影的报道或评论。原告人不需要证明所有受众都知道受批评的是他,只要能提出有一部分受众知道所指对象已经足够①。

1. 两类诽谤

概括而言,诽谤分为两类:一类是永久形式诽谤,即以书写或其他永久性、可复制方式,去发布诽谤性信息;而另一类是短暂形式诽谤,即主要以口述一次性、短暂性方式,去发布诽谤性言论。但口头说出的诽谤内容,未必一定会被视为短暂形式诽谤,例如1999年上诉至终审法院审理的《东快讯》诉毛孟静与香港电台一案与电视广播有关,而2000年谢伟俊诉郑经翰一案则涉及电台广播。在上述两宗案件中,电视和电台广播的内容都被视为永久形式诽谤,而非短暂形式诽谤。其原因是,尽管这些电视和电台节目的内容是以口头方式说出,但因为制作的缘故,话语均会被电视台或电台录下,而一般公众亦可能会翻拍这些节目,所以这些节目内容会被视为可以永久的形式发布与存放、传播,如果证实内容具有诽谤性的意思,便会构成永久形式诽谤。

永久形式诽谤和短暂形式诽谤的另一个主要分别是,永久形式诽谤本身即可予以诉讼(即可以假定原告人已蒙受一定程度的损害);至于短暂形式诽谤,原告人还需要证明自己具体蒙受什么损害,按照香港的《诽谤条例》,除非有关陈述声称原告人:曾干犯可被判监禁的刑事罪行;现时患有传染病;女性不贞或曾与人通奸;或关于不胜任或不适合从事任何职位、专业或业务相关之声誉。即是说,如果有关事件被证实为永久形式诽谤,或被证实属于短暂形式诽谤(但诽谤内容是关于以上四项的任何一项),原告人便无须向法庭提出证据以证明自己具体受到了何种损害。

2. 诽谤案抗辩理据

对于诽谤案的被告来说,其主要可以证明自己所言属实、公允或诚实评论以及享有免责特权作为抗辩。

所言属实:传媒工作者若想证明自己的报道属实,主要面临消息来源是否愿意出庭作供或提供其他证据的难处。

---

① 刘进图、黄智诚:《传播法手册》,香港新闻行政人员协会,2008年,第4页。

公允或诚实评论:《诽谤条例》第 27 条:在永久形式诽谤或短暂形式诽谤的诉讼中,如有关的言辞部分为事实的指称而部分为意见的表达,则以公允评论作为免责辩护,不得仅因并非每项事实的指称皆获证明属实而不能成立,但该项意见的表达,在顾及所申诉的言辞所指称或提述的已获证明的事实后,须为属公允评论者。

免责特权:《诽谤条例》第 13、14 条以及附表内容将特权分为两类:一为无须多作解释的"绝对特权",另一类则是必须允许作进一步解释或反驳的"受约制特权"。"绝对特权"所涵盖的范围比较狭窄,包括:立法会的议程及文件、司法程序、政府官员在履行职务时所发表的陈述,亦可能包括事务律师或大律师与顾客沟通的内容。"受约制特权"则包括一个人在履行法律、社会或道德上的责任时,向另一人作出陈述,而有关资料会影响该另一人的利益,或该另一人亦有责任去了解有关事情。此外政府部门向公众发布的讯息,媒体予以准确而公正的报道,也享有"受约制特权"。所谓"受约制特权"同时意味着媒体也要给受批评人士提出解释或反驳的机会。

第三节　香港地区网络与新媒体中的隐私与个人资料保护

香港并没有法例直接保障一般意义上的隐私(香港称为私隐),《人权法案条例》虽提及对私生活的保护,但该法的目的仅是针对政府行为进行约束,而香港引用的普通法原则也尚未正面认可隐私这项单独权利。香港一旦出现侵犯隐私的情况,隐私被侵犯者只能间接诉诸其他法例或普通法原则,如偷窥、游荡、性骚扰、有犯罪或不诚实取用计算机等罪名,违反保密责任(违反保密责任须具损害性,损害可以是心理上的,但单单令人感到尴尬不算造成损害,因此对私隐的保障仍然有限)以及《个人资料(私隐)条例》。不过依照《个人资料(私隐)条例》第二条:"个人资料"需具备以下性质:直接或间接与一名在生的个人有关;从该等数据可以直接或间接地确定该个人的身份;该等数据的存在形式容许查阅及处理,包括将数据修订、扩增、删去或重新排列。需要注意的是,本条例的主要目的仅限于数据隐私(information privacy),与传统隐私权被认为是一项广泛的、不受干扰的权利存有不小差异。

1. 保障个人资料的原则

香港设有个人资料私隐专员公署,它是一个独立法定机构,专门负责监察香港《个人资料(私隐)条例》的施行,而该条例的核心是收集个人资料的六项原则,涵盖了个人资料的整个生命周期,所有负责处理个人资料的人士(数据用户)须依从条例核心的这六项保障资料原则。该六项原则包括:

收集资料原则:数据用户须以合法和公平的方式,收集他人的个人资料,其目的应直接与其职能或活动有关。须以切实可行的方法告知数据当事人收集其个人资料的目的,以及数据可能会被转移给哪类人士。收集的数据是有实际需要的,而不超乎适度。

数据准确及保留原则:数据用户须采取切实可行的步骤以确保持有的个人资料准确无误,而数据的保留时间不应超过达到原来目的的实际所需。

个人资料的使用原则:除非得到资料当事人明确及自愿给予的同意,否则资料用户不可以改变个人资料的用途,而只可将数据用于当初收集数据时所述明或与其直接有关的用途。

个人资料的保安原则:数据用户必须采取适当的保安措施去保护个人资料。他们必须确保个人资料得到足够保障,以避免有人在未获准许或意外的情况下,去查阅、处理、删除或者使用该等数据。

公开政策原则:资料用户须采取切实可行的步骤来公开其处理个人资料的政策和行事方式,并交代其持有的个人资料类别和用途。

查阅及改正原则:资料当事人有权要求查阅其个人资料;若发现有关个人资料不准确,有权要求更正。而违反上述六个原则,并不直接构成刑事罪行,唯私隐专员可发出执行通知,指令违反的人士/机构采取补救措施。但不遵守执行通知则属于刑事罪行,一经定罪,可被判处最高罚款港币五万元及监禁两年。此外,若有人认为其个人资料私隐受侵犯而蒙受损失,包括情感伤害,可根据条例向相关的资料用户申索,以弥补损失。私隐专员可代其提出法律程序以寻求补偿,并给予法律协助。

2. 保障隐私的条例

香港所采用的普通法概念虽未正视隐私权,但亦可引用侵权法其中的违反保密责任加以规范。传统上一般引用违反保密责任,其基本条件是一方在法律上有责任为另一方保密,如果没有,原告就不能以违反保密责任去控告另一方。

需要注意的是,香港的《刑事罪行条例》第160条有关游荡罪的部分,任何人在公众地方未经当事人同意下拍照而导致他人合理地担心本身的安全,亦可能会触犯该条。

而《刑事罪行条例》第161条对于有犯罪或不诚实意图取用计算机罪的规定,更是在屡见的偷拍案件中被引用。现代的智能手机以及图像处理等过程,都可以被定义为使用了计算机,且该条法例可以涵盖的范围实在过于宽泛,除了上述使用智能手机、数码相机的偷拍行为,其他包括网上诈骗、非法入侵计算机系统的黑客活动、在网上发表淫秽或恐吓性的信息,以及在互联网上怂恿、煽动其他人进行违法行为等,在计算机科学、互联网与新媒体发达的时代也容易引起争议,隐私的法律保护在香港实有修改的空间。

第四节 香港网络与新媒体中的淫秽与不雅内容

1. 淫秽与不雅的含义

香港的《淫亵及不雅物品管制条例》,为香港社会诠释了淫亵及不雅的含义,即包括任何暴力、腐化或引起厌恶情绪的物品均被视为不雅,而"物品"是指内容含有供阅读或观看的数据的任何对象,也指任何录音,以及录有图像的任何影片、录像带、记录碟或其他记录。若是淫亵物品,不能向任何人发布,不雅物品则不宜向未满18岁的人发布。淫亵及不雅不限于色情,也包括暴力、腐化及令人厌恶。

2. 评定淫亵和不雅物品

在香港,淫亵物品审裁处负责执行《淫亵及不雅物品管制条例》的法例,在评定程序中,由一位主审裁判官及两位或以上审裁委员参与,他们主要工作是为事物及物品评定类别及裁定性质。除了作者、印刷人、制造商、出版人、进口商、发行人、版权持有人等,律政司司长或其他获授权的公职人员也可把物品交给淫亵物品审裁处来评定类别,但主要仍是审理从影视及娱乐事务管理处送来的物品。由于电影及电视是受《电影检查条例》或《电视条例》监管,所以并不属于审裁处的工作范围。

审裁处会根据社会上普遍接受的道德、呈交的物品或事物的整体效果、受众的年龄组别及其目的,来裁定及评定物品类别。一般情况下,审裁处会裁定该物品是否淫亵或不雅,是否不雅,是否符合公众利益。任何充满暴力、腐化或引起厌恶情绪的物品都被列作不雅。

评定类别可分为:第一类,既非淫亵亦非不雅;第二类,不雅;第三类,淫亵。如果物品属第二类,发布范围受到限制。如果被评为第三类,则一律不得发布。

在评定程序中,该物品在收到后的 5 天内进行评定并暂定类别,审裁处不需为任何暂定类别提供理由,但需指出对物品属于淫亵及不雅的部分评级在没有遭受反对的情况下会作实,而遭到申请复核或重新考虑评定类别时,审裁处就要进行公开聆讯。公开聆讯必须由主审裁判官与最少 4 名审裁委员参与,这些委员成员来自社会各阶层,各个年龄组别、职业和专业,并且必须由终审法院首席法官委任。审裁委员之间如有分歧,须以多数成员的决定为审裁处的决定,如分歧的成员人数相等,则须以主审裁判官的决定为审裁处的决定,在审裁处进行的法律程序中出现的法律论点,须由主审裁判官裁定并以书面述明裁定理由。法院、律政司司长及获政务司司长授权的公职人员,或任何物品的作者、印刷人、制造商、出版人、进口商、发行人或版权拥有人,或委托设计、生产或发布任何物品的人,可向审裁处申请评定类别,关于物品是否淫亵或不雅;公开展示的事物是否不雅;及免责辩护理由是否成立,在法院或裁判署进行的民事或刑事法律程序中如有关乎上述事项的问题,有关法院或裁判官均须将该问题转交审裁处。

按《淫亵及不雅物品管制条例》要求,淫亵物品审裁处在裁定及评定物品类别时,须考虑以下各项事宜:一般合理的社会人士普遍接受的道德、礼仪及言行标准;物品或事物整体上产生的显著效果;拟发布或相当可能发布物品的对象是什么人,属哪一类别或年龄组别;如属公开展示的事物,该事物在何处公开展示,以及相当可能观看该事物的是哪一类或年龄组别的人;该物品或事物是否具有诚实的目的(honest purpose),或只是用作掩饰其不可接受的内容[①]。另外,根据《淫亵及不雅物品管制条例》第 28 条,面对违

---

① 参见淫亵物品审裁处的官网介绍 http://www.judiciary.gov.hk/tc/crt_services/pphlt/html/oat.htm。

反淫亵及不雅物品管制条例的指控,辩方可以公益作为辩护理由,即发布该物品或展示该物品有利于科学、文学、艺术、学术或大众关注的其他事项。

除了香港海关和警务处是《淫亵及不雅物品管制条例》指定的执法机关,警察和海关人员可以检取、带走及扣留有关触犯条例的物品,另外有关工作亦可由电影、报刊及物品管理办事处以书面授权任何公职人员为督察,他们同样拥有上述权力,可将物品呈交给淫亵物品审裁处。

3. 互联网淫亵与不雅处理

现行《淫亵及不雅物品管制条例》涵盖香港境内发放的互联网内容,但考虑到互联网与一般印刷品的分别,香港政府与香港互联网服务供货商协会合作,在 1997 年 10 月制定加强互联网行业自律的《规管淫亵及不雅信息的业务指引》,为互联网服务供货商提供指引。

当收到互联网的投诉后,电影、报刊及物品管理办事处会转交到警方的科技罪案组跟进。至于其他怀疑不雅的网上物品,电影、报刊及物品管理办事处会联络发布人,要求发布人依照《淫亵及不雅物品管制条例》将网上内容送审,否则可能转介给警察科技罪案组跟进。然而香港警方在 2008 年处理影星陈冠希与多名女性的艳照遭到网上流传时,便显露出现行的执法程序面对互联网这一媒介时所面临的挑战。陈冠希艳照门事件导致多名网民被警方拘捕,警方在 2008 年 1 月 30 日首次根据上传者的 IP 位置拘捕其中一名涉嫌发放一张床照的钟姓上载者,控以《淫亵及不雅物品管制条例》中的发布淫亵物品罪。之后网上批评香港警方滥权、选择性执法的声音愈传愈大,导致网民发起 2008 年 2 月 10 日大游行,舆论批评警方未经淫审处裁定便拘捕钟。2008 年 2 月 13 至 15 日,香港《明报》一连三天社评指出警方与司法部门在检控钟亦天一案上存有偏差,并将部分有关床照向淫审处送检,评定控罪中的相片只属不雅而非淫亵,暴露执法机关可能错误引用检控罪名。多名法律界人士亦指有关拘禁大有问题,情况罕见。在批评声浪中,律政司在 2008 年 2 月 15 日向法庭申请,撤销钟亦天发布淫亵物品的控罪,特区政府之后开始检讨在面对网络言论自由与色情管制间的平衡,并进行了两轮检讨《淫亵及不雅物品管制条例》的公众咨询。

4. 防止儿童色情物品

香港于 2002 年年底开始实施《防止儿童色情物品条例》,严厉打击儿童色情物品、儿童色情表演或将儿童色情发展成旅游事业;将印刷、制作、生产、复制、复印、进口、出口、发布、管有和宣传儿童色情物品列为刑事罪行,加强保护儿童。

其中界定儿童色情物品为：（一）对儿童或被描划为儿童的人作色情描划的照片、影片、计算机产生的影像或其他视像描划,不论它是以电子或任何其他方式制作或产生,亦不论它是否对真人而作的描划,也不论它是否经过修改;或（二）收纳（一）段提述的照片、影片、影像或描划的任何东西,并包括以任何方式贮存并能转为（一）段提述的照片、影片、影像或描划的数据或数据,以及包含上述数据或数据的任何东西。

色情描划是指：将某人描划为正参与明显涉及性的行为的视像描划,而不论该人事实上是否参与上述行为;或以涉及性的方式或在涉及性的情境中,描划某人的生殖器官或肛门范围或女性的胸部的视像描划。简言之,涉及未成年人色情的卡通动画、漫画作品,都会被列入此条例的范围,即便是网上下载这类作品,亦足以被认定是管有儿童色情物品。

香港高等法院曾涉及儿童的色情物品颁下判刑指引,将其分为四种级别：影像显示色情动作,但没有性活动;影像显示儿童之间进行性活动,或儿童独自一人自慰;影像显示儿童与成人进行性活动,纵使并没有插入性器官;情节最严重者,影像中显示儿童与成人进行性活动,并有插入性器官及性虐待或人兽交。法院强调,《防止儿童色情物品条例》的首要考虑是保护脆弱的儿童,应严格执行,除非案件情况相当特殊,否则应对初犯者判处实时监禁。

第五节　香港网络与新媒体中的版权问题

香港法例中的《版权条例》,规范了目前在港的版权事项。

1. 版权基本规定

根据《版权条例》第2条及第200条,以下作品具有版权：

第一,原创的文学作品、戏剧作品、音乐作品及艺术作品;声音记录、影片、广播或有线传播节目;已发表版本的排印编排,包括版面设计;表演,包括戏剧表演（包括舞蹈及哑剧）、音乐表演、诵读或背诵文学作品、综合表演、民间文学艺术作品或任何相类似的演出。

第二,文学作品指除戏剧作品或音乐作品外,其他所有写出、讲出或唱出的作品,包括:数据或编排而构成智力创作,例如图表、计算机程序及为计算机程序而预备的设计材料。

第三,艺术作品包括照片及绘图。

第四,版权作品还须具备以下条件:除现场表演外,作品必须以书面或其他方式记录方能享有版权。作品的创作须投入一定的技巧及心血。至于多媒体作品是一种电子形式的作品,包含了文字、声音及影像数据,亦会与用户有互动关系。现在在互联网站内找到的作品,通常都属于多媒体作品。多媒体作品内会包含不同种类的作品,一般有文学作品、艺术作品、音乐作品、声音记录及影片,每种隐藏在多媒体作品内的版权作品,都各自受到《版权条例》的保障①。

关于版权的归属,则分为下列几种情形:

第一,在大多数情况下作者是该作品版权的第一拥有人。根据《版权条例》第 11 条,作者亦可透过合约将版权转让于他人,作者是指创作该作品的人,包括:就声音纪录而言,指制作人;就电影而言,指制作人及主要导演;就某一广播而言,指做出广播的人,就借接收和实时再传送而转播另一广播的广播而言,指做出该另一广播的人;就有线传播节目而言,指提供包括该节目在内的有线传播节目服务的人;就已发表版本的排印编排而言,指出版人;如文学作品、戏剧作品、音乐作品或艺术作品是计算机产生的,作出创作该作品所需的安排的人视为作者。

第二,雇员作品的版权属雇主。根据《版权条例》第 14 条,凡文学作品、戏剧作品、音乐作品、艺术作品或影片是由雇员在受雇工作期间制作的,其雇主是该作品的版权的第一拥有人,除非任何协议有相反的规定,或作品被使用的方式在该等作品创作时是雇主及雇员均不能合理地预期。

第三,委托作品的版权属作者。根据《版权条例》第 15 条,委托作品的版权仍属作者,即受委托者,除非有协议有相反的规定。委托人只有权就作者及该委托人在委托制作作品时可合理地预期的目的而利用该委托作品,及有权制止利用委托作品以达到他可合理地提出反对的目的。

---

① 参见港大法律与资讯科技研究中心之社区法网,http://www.clic.org.hk/tc/topics/intellectualProperty/copyright/q19.shtml。

第四,伦理权利。根据版权法第 89—96 条,即使原作者并不拥有版权,他仍拥有 3 项道义权利,包括:被识别为作者或导演的权利;反对作品受贬损性(即对作者或导演的荣誉或声誉具损害性)处理的权利;免被虚假地署名为某作品的作者的权利。

对于版权可拥有的期限,《版权条例》第 17—21 条也有规定:文学作品、戏剧作品、音乐作品及艺术作品及电影的版权,在作者或多位作者中最后一位死亡的那一年年中起计的 50 年后才届满。声音纪录及广播的版权,在创作或发表的那一年年终起计的 50 年后届满,已较迟者为准。已发表版本的排印编排的版权,发表的那一年年终起计的 25 年后届满。而根据《版权条例》第 22 条,作品的版权的拥有人具有在香港作出以下行为的独有权利:复制该作品;向公众发放该作品的复制品;在该作品属计算机程序或声音纪录的情况下,租赁该作品的复制品予公众(即作者并不拥有其他类型作品的租赁权);向公众提供该作品的复制品;公开表演、放映或播放该作品;将该作品广播或将该作品包括在有线传播节目服务内;制作该作品的改编本,或就该等改编本而作出任何上述行为。

2. 侵权行为及处治

如果并非版权的拥有者,制作侵权物品或进行侵权物品交易等,《版权条例》涉及刑事的部分亦有列明。当中包括:制作侵权物品,用作出售或出租;将侵权物品运进香港,或将侵权物品由香港输出,但并非供私人或家居使用;出售、出租、提出会出售或出租侵权物品,或为了出售或出租而展示侵权物品;为了商业目的,公开展示或分发侵权物品;为了商业目的而管有侵权物品;并非为了商业目的而分发侵权物品,而分发的程度达到损害版权拥有人的权利。虽然这些罪行主要是针对以侵权物品进行商业交易,但必须要留意的是,任何大型的分发侵权物品行为(例如分发电影及流行歌曲),即使并非商业活动,仍然是违法。

例如在 2007 香港终审法院审理"古惑天王"陈乃明的个案中,裁定分发复制品包括在互联网传送电子复制品。按照这个判决,以及互联网可以让下载者制造无数复制品这个事实,任何在互联网分享版权物品的行为,如果未经授权,无论是否因此获得金钱利益,都是犯法。另外,根据《版权条例》第 177 条及第 178 条的规定,外国人的作品在香港亦直接享有版权保障,直至其版权期限届满为止。

而侵犯版权在民事的部分,根据《版权条例》第107条,版权拥有者可对侵权者采取以下行动:版权拥有人可申请禁制令;版权拥有人可索取损害赔偿;版权拥有人可要求侵权者交出利润;版权拥有人可申请充公所有侵犯版权之复制品所有用于生产侵权物品之材料及工具。

另根据《版权条例》第108条,如果侵犯版权者不知道或没有合理理由知道相关作品受版权保障,版权拥有者只能要求侵权者交出侵权行为所产生的利润,而不能索取损害赔偿。在指控他人侵犯版权的诉讼中,原诉人有责任指出被指侵权的作品与其原作有出奇的相似之处,即为"出奇的相似"原则。其操作如下:即使两件作品有些部分差别非常大,法庭只比较被指抄袭的部分;被指抄袭的部分,在表面上可能有差异之处,但须经仔细检视及专家证人协助,才能知道两者是否有出奇的相似之处,一般人未必能察觉;两件作品创作的时间及辩方是否有机会接触原诉人的作品,而两者相似之处并非源于两者均抄袭自第三个文本[①]。

根据《版权条例》第37—88条,有一些使用版权作品的行为会被法例允许,而不会构成侵犯版权。其中公平处理是详细地针对各种事项,逐一列入法例条文。公平处理涉及两个要素:有关处理必须要公平;处理版权作品之用途只局限于七种特定目的,包含研究、私人研习、批评、评论、新闻报道、教学或公共行政。任何为其他目的而做出的行为,包括为私人使用或慈善目的而进行的行为,都不算是公平处理。这与美国版权法中的公平使用抗辩截然不同。公平使用运用的是一种抽象的法律概念,由法院针对个案去作是否公平合理的判断,并无明言与局限其使用目的;同时要决定处理版权作品是否公平。

香港法院会考虑四项因素:处理的目的和性质;作品的性质;就该作品的整项而言,所处理的部分所占的数量及实质程度;该项处理如何影响该作品的潜在市场价值或价值。而这四种因素,其实也就是公平使用原则所考虑的核心。总之,有关的公平处理不应该与版权拥有人正常利用作品时产生冲突,亦不应该不合理地损害版权拥有人的权益,特别是指其经济利益。一般而言,如果某一项处理涉及上述七种特定目的之其中一项,而必须要复制作品的一部分,但又并非用以取代购买该作品,这便很可能被视为其中一

---

① 刘进图、黄智诚:《传播法手册》,香港新闻行政人员协会,2008年,第237页。

种公平处理的作为。如果有关处理并非为七种特定目的之一,或复制作品之部分过多,或足以取代购买整件作品,有关处理就较难会被视为公平处理。

《版权条例》还列有其他版权豁免的作为,较重要的内容如下:图书馆馆长或档案保管员进行的复制;为立法会程序或司法程序进行的行为;开放予公众查阅或在公事登记册内的复制数据;合法用户复制及制作计算机程序的改编或备用版本;在互联网观看或聆听作品,而在技术上需要作出暂时或附带性复制行为;公开诵读或背诵已发表作品的段落;为公开展示艺术作品而作出的行为;为一个会社或社团等表演、放映或展示作品;为迁就时间而制作记录;为电视广播或有线传播节目制作相片;免费为公众播放广播或有线传播节目。

值得一提的是,香港特区政府从2006年开始针对数码环境中的知识产权与版权议题开始进行公众咨询与修法的研究,目前其最新的发展成果是《2014年版权(修订)条例草案》。其主要的内容有:

第一,订定科技中立的专有权利,让版权拥有人可通过任何电子传送模式传播其作品,以助版权拥有人在数码环境中,利用其作品和促进开发数码内容。

第二,为平衡版权保护和合理使用版权作品,及保障用户的表达自由,草案会扩阔现行法例下的版权豁免范围,在适当情况下,为下列目的提供刑事和民事豁免:戏仿、讽刺、营造滑稽或模仿;评论时事;引用;网络服务提供商暂时复制版权作品,以配合技术上的需要,使数码传送过程顺畅;声音记录的媒体转换;教学(特别是遥距学习)以及方便图书馆、档案室和博物馆的日常运作。

第三,就未获授权向公众传播版权作品的行为,订明相关的刑事制裁。为释除对建议会影响网络信息自由的担忧和提高法律的明确性,法例会澄清对版权拥有人造成损害的刑事责任,订明法庭会考虑个案的整体情况,特别是在经济损害方面,顾及侵权物品有否取代原作品。

第四,订立法定"安全港"制度,如网络服务提供商符合若干条件,包括在得悉其服务平台上出现侵权活动后采取合理措施遏制或停止有关活动,便只需对其服务平台上的侵权行为承担有限的法律责任,此举旨在帮助网络服务提供商处理侵权指控,平衡版权拥有人和使用者的权益。

第五,就确立侵权的民事个案,加订法庭审裁赔偿额时要考虑的因素①。

此草案公布后,香港公众开始聚焦讨论网络言论自由会否因新法而收紧以及戏仿、讽刺、滑稽模仿等衍生性创作及其可能带来的刑事检控风险,希望获得公平使用模式的广泛保护,更有网民团体提出希望能豁免非牟利用途的个人用户原创内容。客观来看,《2014年版权(修订)条例草案》一方面可在数码环境中加强保护版权,打击大规模的盗版活动。另一方面,建议新增的多项版权豁免,对于现时许多在互联网上常见的活动如戏仿作品,也是比现行条例更能保障使用者的表达自由。在未来的立法过程中,香港特区政府需继续与立法会和各方持分者紧密沟通,也要努力在网络与新媒体的环境下,寻求版权人、网络运营商与网民的利益平衡。

第六节 澳门网络传播伦理与法制建设及主要成果

澳门地区网络传播伦理与法制的建设,最重要的成果是2005年颁行的《个人资料保护法》和2009年颁行的《打击计算机犯罪法》。

一、《个人资料保护法》

2005年8月4日,澳门立法会通过了澳门特别行政区第8/2005号法律《个人资料保护法》,一共8章46条。该法律是立法会根据《澳门特别行政区基本法》第71条(一)项的规定,为实施《澳门特别行政区基本法》第30条、第32条和43条所订定的基本制度而制定的,是有关个人资料处理及保护的法律制度。

1.《个人资料保护法》的关键词定义

为了保证法律的效力,《个人资料保护法》第4条对以下重要关键词作

---

① 香港立法会《2014年版权(修订)条例草案》委员会网站,http://www.legco.gov.hk/yr13-14/chinese/bc/bc106/general/bc106.htm。

了明确的界定。

个人资料：与某个身份已确定或身份可确定的自然人（"数据当事人"）有关的任何信息，包括声音和影像，不管其性质如何以及是否拥有载体。所谓身份可确定的人是指直接或间接地，尤其通过参考一个识别编号或者身体、生理、心理、经济、文化或社会方面的一个或多个特征，可以被确定身份的人。

资料当事人：数据被处理的自然人。

个人资料的处理（处理）：有关个人资料的任何或者一系列的操作，不管该操作是否通过自动化的方法进行，诸如数据的收集、登记、编排、保存、改编或修改、复原、查询、使用，或者以传送、传播或其他通过比较或互联的方式向他人通告，以及数据的封存、删除或者销毁。

个人资料的数据库（数据库）：任何有组织结构并可按特定标准查阅的个人资料的集合体，而不论数据库的建立、储存以及组织的形式或方式如何。

负责处理个人资料的实体：就个人资料处理的目的和方法，单独或与他人共同作出决定的自然人或法人，公共实体、部门或任何其他机构。

次合同人：受负责处理个人资料的实体的委托而处理个人资料的自然人或法人，公共实体、部门或任何其他机构。

第三人：除数据当事人、负责处理个人资料的实体、次合同人或其他直接隶属于负责处理个人资料的实体或次合同人之外的、有资格处理数据的自然人或法人，公共实体、部门或任何其他机构。

数据的接收者：被告知个人资料的自然人或法人，公共实体、部门或任何其他机构，不论其是否第三人，但不妨碍在某个法律规定或具组织性质的规章性规定中订定被告知数据的当局不被视为数据的接收者。

资料当事人的同意：任何自由、特定且在知悉的情况下作出的意思表示，该表示表明当事人接受对其个人资料的处理。

资料的互联：一个数据库的数据与其他一个或多个负责实体的一个或多个数据库的数据的联系，或同一负责实体但目的不同的数据库的数据联系的处理方式。

公共当局：《民法典》第七十九条第三款所指的实体。

具组织性质的规章性规定：规范有权限作出本法所指数据处理行为或

其他行为的实体,其组织或运作的法规或章程中所载的规定。

2.《个人资料保护法》的一般原则及适用范围

关于一般原则,《个人资料保护法》第 2 条规定:"个人资料的处理应以透明的方式进行,并应尊重私人生活的隐私和《澳门特别行政区基本法》、国际法文书和现行法律订定的基本权利、自由和保障。"

关于适用范围,《个人资料保护法》第 3 条规定:"本法律适用于全部或部分以自动化方法对个人资料的处理,以及以非自动化方法对存于或将存于人手操作的数据库内的个人资料的处理。""本法律不适用于自然人在从事专属个人或家庭活动时对个人资料的处理,但用作系统通讯或传播者除外。""本法律适用于对可以识别身份的人的声音和影像进行的录像监视,以及以其他方式对这些声音和影像的取得、处理和传播,只要负责处理数据的实体的住所在澳门特别行政区(以下简称特区),或者通过在特区设立的提供信息和电信信息网络服务的供货商而实施。""本法律适用于以公共安全为目的对个人资料的处理,但不妨碍适用于特区的国际法文书以及区际协议的特别规定、与公共安全有关的专门法律和其他相关的规定。"

3. 资料当事人的权利

《个人资料保护法》第 3 章的第 10—14 条规定了资料当事人具有信息权、查阅权、反对权、不受自动化决定约束的权利,以及损害赔偿权。

关于信息权,《个人资料保护法》第 10 条规定了三种情形。

第一,直接向资料当事人收集个人资料。法律规定,除非数据当事人已经知悉,负责处理个人资料的实体或其代表人应向数据当事人提供如下信息:"负责处理个人资料的实体的身份及如有代表人时其代表人的身份;处理的目的;数据的接收者或接收者的类别;当事人回复的强制性或任意性,以及不回复可能产生的后果;考虑到数据收集的特殊情况,为确保数据当事人的数据得到如实处理,在必要的情况下享有查阅权、更正权和行使这些权利的条件。"

第二,并非向数据当事人收集数据。针对如此情形,法律规定,负责处理个人资料的实体或其代表,在对资料进行登记时,应向当事人提供信息,但当事人已知悉者除外;或当规定需将资料向第三人通告时,应最迟在第一次通告前,向当事人提供信息。

第三,在公开的网络上收集数据。针对如此情形,法律规定,应该告知数据当事人,其个人资料在网络上的流通可能缺乏安全保障,有被未经许可的第三人看到和使用的风险,但当事人已知悉者除外。

但法律同时也规定,有下列情形之一者,可免除第 10 条所规定的提供信息的义务:经法律规定;基于安全、预防犯罪或刑事侦查的理由;尤其是当以统计、历史或科学研究为目的处理数据时,在不可能告知数据当事人或作出告知的成本过高,又或当法律或行政法规明确规定了资料的登记或公开时,但在该等情形下应通知公共当局。此外,法律也规定了第 10 条所规定的提供信息的义务,不适用于专为新闻、艺术或文学表达目的而对数据的处理。

关于查阅权,《个人资料保护法》第 11 条规定,"在不得拖延的合理期限内及无须支付过高费用的情况下,数据当事人享有自由地、不受限制地从负责处理个人资料的实体获知以下事项的权利"。以下事项包括:一是确认与当事人有关的数据是否被处理、处理目的、被处理数据的类别、数据接收者或接收者的类别;二是被清楚地告知需要处理的数据及有关数据的来源;三是了解对与其有关的数据的自动化处理原因;四是对未依据本法律规定处理的数据,尤其是对不完整或不准确的数据的更正、删除或封存;五是将对资料进行的更正、删除或封存,通知曾知悉有关资料的第三人,第三人亦应同样对数据进行更正、删除、销毁或封存,但证实不可能通知或作出通知的成本过高者除外。此外,法律也规定,当处理与安全、预防犯罪或刑事侦查等有关的个人资料时,查阅权通过在该情形下有权限的当局或公共当局行使,并将所采取的措施告知资料当事人。而关于健康数据,包括遗传数据的查阅权,则由数据当事人选择的医生行使。当数据不被用作对特定的人采取措施或作出决定之用时,在明显没有侵犯数据当事人的权利、自由和保障,尤其是私人生活权利危险的情况下,以及当上述资料专用于科学研究,或专为统计所必需的时间内以个人资料形式储存时,法律得限制查阅权。

关于反对权,《个人资料保护法》第 12 条规定:"除法律有相反规定者外,数据当事人有权在任何时候,以与其私人情况有关的正当和重大的理由反对处理与其有关的个人资料。当反对理由合理时,负责实体不得再对该等数据进行处理。""数据当事人亦有权在无须费用的情况下,反对负责处理数据的实体以直接促销或其他方式的商业考察为目的而对与其有关的个人资料进行处理;或免费要求负责处理数据的实体,在基于直接促销目的或为第三人利益使用有关数据而第一次向第三人通告前,向其作出告知,且在无须费用的情况下,明确反对负责处理数据的实体通告或使用有关数据。"

关于不受自动化决定约束的权利,《个人资料保护法》第13条规定:"任何人有权不受对其权利义务范围产生效力或对其有明显影响并仅基于对数据的自动化处理而作出的决定的约束,且有关资料仅用作对该人人格某些方面,尤其是专业能力、信誉、应有的信任或其行为方面的评定。"

关于损害赔偿权,《个人资料保护法》第14条规定:"任何因数据的不法处理或其他任何违反个人资料保护范畴的法律规定或规章性规定的行为而受损害的人均有权向负责处理数据的实体要求获得所受损失的赔偿。"

4. 个人资料的处理

(1) 个人资料处理的正当性条件。

《个人资料保护法》第6条规定,个人资料处理要具备正当性条件,只能在数据当事人明确同意或在以下必要的情况下方可进行:执行数据当事人作为合同一方的合同,或应当事人要求执行订立合同或法律行为意思表示的预先措施;负责处理个人资料的实体须履行法定义务;为保障资料当事人的重大利益,而资料当事人在身体上或法律上无能力作出同意;负责处理个人资料的实体或被告知数据的第三人在执行一具公共利益的任务,或者在行使公共当局权力;为实现负责处理个人资料的实体或被告知数据的第三人的正当利益,只要数据当事人的利益或权利、自由和保障不优于这些正当利益。

(2) 敏感数据的处理。

《个人资料保护法》第7条规定:"禁止处理与世界观或政治信仰、政治社团或工会关系、宗教信仰、私人生活、种族和民族本源以及与健康和性生活有关的个人资料,包括遗传资料。"但在保障非歧视原则以及有安全措施的前提下,得对敏感数据在下列任意情况下进行处理:一是法律规定或具组织性质的规章性规定明确许可处理上款所指的数据;二是当基于重大公共利益且数据的处理对负责处理的实体行使职责及权限所必需时,经公共当局许可;三是数据当事人对处理给予明确许可。此外,当出现下列任意情况时,也得处理前面所指的敏感数据:一是保护数据当事人或其他人重大利益所必需,且数据当事人在身体上或法律上无能力作出同意;二是经资料当事人同意,由具有政治、哲学、宗教或工会性质的非牟利法人或机构在其正当活动范围内处理数据,只要该处理仅涉及这些机构的成员或基于有关实体的宗旨与他们有定期接触的人士,且有关数据未经数据当事人同意不得告知第三人;三是要处理的数据明显已被数据当事人公开,只要从其声明可依法推断出数据当事人同意处理有关数据;四是处理数据是在司法诉讼中宣告、行使或维护一权利所必需的,且只为该目的而处理数据。还有一种例外的情形,就是若处理与健康、性生活和遗传有关的数据是医学上的预防、诊断、医疗护理、治疗或卫生部门管理所必需的,只要由负有保密义务的医务专业人员或其他同样受职业保密义务约束的人进行,并通知公共当局和采取适当措施确保信息安全,得处理有关数据。

(3) 怀疑从事不法活动、刑事违法行为或行政违法行为的个人资料的处理。

《个人资料保护法》第 8 条规定:"如处理是负责实体实现其正当目的所必需,且数据当事人的权利、自由和保障不优先,在遵守数据保护和信息安全规定的情况下,得对关于怀疑某人从事不法行为、刑事或行政违法行为,以及判处刑罚、保安处分、罚金或附加刑决定的个人资料进行处理。""基于刑事侦查目的而处理个人资料,应仅限于预防一具体的危险或阻止一特定违法行为,以及行使法律规定或具组织性质的规章性规定所赋予的权限而必需的,并应遵守适用于特区的国际法文书或区际协议的规定。"

(4) 个人资料的互联。

《个人资料保护法》第 9 条规定,法律规定或具组织性质的规章性规定未规定的个人资料的互联,须由负责处理个人资料的实体或与其共同负责的实体向公共当局提出请求并取得其许可。个人资料的互联应符合法律或章程规定的目的和负责处理个人资料的实体的正当利益;不得导致歧视或削减数据当事人的权利、自由和保障;须有适当的安全措施;考虑需互联的数据的种类。

(5) 个人资料处理的安全性、保密性和公开性。

《个人资料保护法》第 4 章、第 6 章还规定了个人资料处理的安全性、保密性和公开性。

关于安全性,《个人资料保护法》第 15 条规定:"负责处理个人资料的实体应采取适当的技术和组织措施保护个人资料,避免数据的意外或不法损坏、意外遗失、未经许可的更改、传播或查阅,尤其是有关处理使资料经网络传送时,以及任何其他方式的不法处理;在考虑到已有的技术知识和因采用该技术所需成本的情况下,上述措施应确保具有与数据处理所带来的风险及所保护数据的性质相适应的安全程度。""负责处理个人资料的实体,在委托他人处理时,应选择一个在数据处理的技术安全和组织上能提供足够保障措施的次合同人,并应监察有关措施的执行。""以次合同进行的处理,应由约束次合同人和负责处理数据实体的合同或法律行为规范,并应特别规定次合同人只可按照负责处理数据的实体的指引行动,并须履行第一款所指的义务。""与数据保护有关的法律行为之意思表示、合同或法律行为的证据资料,以及第一款所指措施的要求,应由法律认可的具有证明效力的书面文件载明。"第16条还规定了一些特别的安全措施,例如"控制进入设施、控制数据载体、控制输入、控制使用、控制查阅、控制传送、控制引入、控制运输";"应确保将与健康和性生活有关的个人资料,包括遗传资料,同其他个人资料分开";"个人资料在网络上流通可能对有关当事人的权利、自由和保障构成危险时,公共当局得决定以密码进行传送"。

关于保密性,第18条规定了"负责处理个人资料的实体和在履行职务过程中知悉所处理个人资料的所有人士,均负有职业保密义务,即使相应职务终止亦然。为公共当局从事顾问或咨询工作的公务员、服务人员或技术员均负有相同的职业保密义务"。但载于为统计用途所组织的数据库者除外。

关于公开性,《个人资料保护法》第25条规定:"当个人资料的处理不受法律规定或具组织性质的规章性规定规范但应得到许可或作出通知时,有关处理须载于公共当局的登记内,公开让任何人士查询。"而"当数据的处理无须作出通知时,负责处理数据的实体有义务以适当的方式向对其提出要求的任何人最低限度提供数据"。"公共当局在其年度报告中公布所有依本法律规定编制的意见书和发出的许可。"

5. 违法、犯罪行为的措施

(1) 对行政违法行为予以罚款。

对于履行义务的不作为或有瑕疵的履行,《个人资料保护法》第32条规定,如实体未履行将个人资料的处理通知公共当局的义务、提供虚假信息或履行通知义务时未遵守规定,或者经公共当局通知之后,负责处理个人资料的实体继续让没有遵守本法规定者查阅其传送数据的公开网络,属行政违法行为并处以如下罚款：对自然人科处澳门币2 000元至20 000元罚款；对法人或无法律人格的实体，科处澳门币10 000元至100 000元罚款。而当处理的数据受预先监控约束时，罚款的上下限各加重一倍。对于其他行政违法行为，第33条规定，对处理个人资料的实体不履行第5条、第10条、第11条、第12条、第13条、第16条、第17条和第25条第3款规定所规定义务的行政违法行为，科处澳门币4 000元至40 000元罚款。对处理个人资料的实体不履行第6条、第7条、第8条、第9条、第19条和第20条所规定义务的行政违法行为，科处澳门币8 000元至80 000元罚款。法律第34条对"违法行为的竞合"也作了规定，"如一事实同时构成犯罪和行政违法行为，则仅以犯罪处罚。如行政违法行为竞合，则各项处罚一并科处"。

（2）对犯罪行为处以罚款、刑罚。

对于未履行数据保护的义务，《个人资料保护法》第37条规定，意图实施下列行为者，处最高1年徒刑或120日罚金：一是未作出第21条和第22条所指的通知或许可请求；二是在通知或请求许可处理个人资料时提供虚假信息，或在处理个人资料时实施了未经使其合法化的文书允许的修改；三是与收集个人资料的目的不相符或在不符合使其合法化的文书的情况下移走或使用个人资料；四是促使或实行个人资料的不法互联；五是在公共当局为履行本法律或其他保护个人资料法例规定的义务而订定的期间完结后，仍不履行义务者；六是在公共当局通知不得再让没有遵守本法规定者查阅之后，负责处理个人资料的实体继续让有关人士查阅其传送数据的公开网络。当涉及第7条和第8条所指的个人资料时，刑罚的上下限各加重一倍。

对于不当查阅，《个人资料保护法》第38条规定，未经适当的许可，透过任何方法查阅被禁止查阅的个人资料者，如按特别法不科处更重刑罚，则处最高1年徒刑或120日罚金。"在下列情况下查阅个人资料，刑罚的上下限各加重一倍：透过违反技术安全规则查阅数据；使行为人或第三人知悉个人资料；给予行为人或第三人财产利益。"

对于个人资料的更改或毁坏，《个人资料保护法》第39条规定，未经适当许可删除、毁坏、损坏、消除或修改个人资料，使数据不能使用或影响其用途者，如按特别法不科处更重刑罚，则处最高2年徒刑或240日罚金。如引致的损害特别严重，刑罚上下限各加重一倍。如行为人过失实施以上两款所规定的行为,处最高1年徒刑或120日罚金。

对于加重违令罪,《个人资料保护法》第40条规定,"行为人被通知后仍不中断、停止或封存个人资料的处理,处相当于加重违令罪的刑罚"。"行为人被通知后仍有下列情况之一者,科处相同刑罚":一是无合理理由拒绝对公共当局提出的具体要求给予合作;二是没有进行删除、全部或部分销毁个人资料;三是保存期完结后未销毁有关个人资料。

对于违反保密义务,《个人资料保护法》第41条规定,负有职业保密义务者,在没有合理理由和未经适当同意情况下,披露或传播全部或部分个人资料,如按特别法不科处更重刑罚,则处最高2年徒刑或240日罚金。如行为人属下列情况,刑罚上下限各加重一半:一是根据刑法规定属公务员或等同公务员者;二是被定为有意图取得任何财产利益或其他不法利益者;三是对他人的名声、名誉、别人对他人的观感或私人生活的隐私造成危险者。对过失行为处最高6个月徒刑或120日罚金。

二、《打击计算机犯罪法》

2009年6月24日,澳门立法会通过了澳门特别行政区第11/2009号法律《打击计算机犯罪法》,一共4章18条。该法律是立法会根据《澳门特别行政区基本法》第七十一条(一)项而制定的。

1.《打击计算机犯罪法》的关键词定义

为适用本法律的规定,《打击计算机犯罪法》第2条对下列词语作了如下定义:

计算机系统:任何独立的装置或一组互相连接或相关的装置,当中一个或以上的装置按照程序执行自动处理计算机数据的工作。

计算机数据:是事实、数据或概念的任何展示,而该展示是以一种可于计算机系统内处理的形式为之,包括可使计算机系统具执行功能的程序。

计算机程序:指有效的指令,将该等指令加入计算机系统中可使用的载体时,就能令到计算机系统指出、执行或产生特定的功能、任务或结果。

互联网服务的登记用户的基本数据:指由互联网服务提供商所持有的有关使用其服务的登记用户的数据,该等数据以计算机数据或任何其他方式显示,但非属路由数据或关于通讯内容或讯息内容的计算机数据,且其内容为所订服务合同或协议内的数据,包括:所使用的通讯服务的种类、因应不同的服务种类而使用的技术措施及服务期间、登记用户的身份数据、通信地址或住址、电话号码或任何其他联络号码、有关账单或缴费的数据,以及关于通讯设备所在地点的任何其他数据。

路由数据:与透过计算机系统所作通讯有关的所有计算机数据,而该计算机数据是由构成通讯链的要素的计算机系统所产生,并显示出通讯的来源、目的地、路径、时间、日期、大小、持续时间或基本服务的类型。

电磁发射:由携有电子讯号的电子组件及线所发射的讯号或波。

2.《打击计算机犯罪法》中的刑法规定

《打击计算机犯罪法》对以下情形作了刑法规定。

(1)不当进入计算机系统。

《打击计算机犯罪法》第 4 条规定,存有任何不正当意图,而未经许可进入整个或部分计算机系统者,处最高 1 年徒刑,或科最高 120 日罚金。如借违反保安措施而进入整个或部分计算机系统,行为人处最高 2 年徒刑,或科最高 240 日罚金。

(2)不当获取、使用或提供计算机数据。

《打击计算机犯罪法》第 5 条规定,存有任何不正当意图,而未经许可获取、使用或向他人提供载于计算机系统内或计算机数据储存载体内的计算机数据,即使是正当进入该计算机系统或计算机数据储存载体,但并非该等计算机数据的接收者,处最高 1 年徒刑,或科最高 120 日罚金。而倘若所指的计算机数据涉及个人的私人生活,尤其是家庭生活或性生活的隐私,或与健康、种族或民族本源、政治信仰、宗教信仰或世界观的信仰有关,又或与依法受保护的保密事实有关,则行为人处最高 2 年徒刑,或科最高 240 日罚金。

(3)不当截取计算机数据。

《打击计算机犯罪法》第 6 条规定,未经许可而借技术方法截取计算机系统内的非公开传送的计算机数据、计算机系统所接收或发送的非公开传送的计算机数据,包括由传送该等计算机数据的计算机系统所发射的电磁,行为人处最高 3 年徒刑或科罚金。

(4)损害计算机数据。

《打击计算机犯罪法》第 7 条规定,未经许可损坏、破坏、更改、删除、消除或增加计算机数据,又或以任何方式影响其效用者,处最高3年徒刑或科罚金。若所造成的财产损失属巨额,行为人处最高5年徒刑,或科最高600日罚金。若所造成的财产损失属相当巨额;或计算机数据具重要学术、艺术或历史价值,又或对科技发展或经济发展具有重大意义,则刑罚为2年至10年徒刑。

(5) 干扰计算机系统。

《打击计算机犯罪法》第8条规定,以任何方式严重干扰计算机系统的运作者,尤其是借输入、传送、损坏、破坏、更改、删除或消除计算机数据,处最高3年徒刑或科罚金。如所造成的财产损失属巨额,行为人处1年至5年徒刑;若属相当巨额,行为人处2年至10年徒刑。

(6) 用作实施犯罪的计算机装置或计算机数据。

《打击计算机犯罪法》第9条规定,制造、进口、出口、出售、分发或向他人提供以下任一装置或数据者,处最高3年徒刑或科罚金。此条款主要为实施第4条至第8条所定犯罪而设计或改动的计算机装置或计算机程序,或用作实施第4条至第8条所定犯罪的、能进入整个或部分计算机系统的密码、密码匙或类似密码的计算机数据。

(7) 计算机伪造。

《打击计算机犯罪法》第10条规定,意图使人在法律关系中受欺骗而输入、更改、删除或消除可作为证据方法的计算机数据,又或以其他方式介入该等数据的计算机处理程序,使该等数据伪造成在视觉上与真实文件有相同的效果,又或将该等伪造的数据用于上述目的,行为人处最高3年徒刑或科罚金。"意图造成他人有所损失或为自己或第三人获得不正当利益,而使用借上款所指行为而获取的计算机数据所制作的文件者,处相同刑罚。"若计算机伪造事实属下列任一情况,行为人处1年至5年徒刑:由公务员在执行其职务时实施;涉及被法律定为具特别价值的文件;涉及合格电子签名或已签署合格电子签名的文件。

(8) 计算机诈骗。

《打击计算机犯罪法》第11条规定,意图为自己或第三人不正当得利,而做出下列任一行为,造成他人财产有所损失者,处最高3年徒刑或科罚金。任一行为包括:输入、更改、删除或消除计算机数据;介入计算机数据处理的结果;不正确设定计算机程序;干预计算机系统的运作。如果所造成的财产损失属巨额,行为人处 1 年至 5 年徒刑;若属相当巨额,行为人处 2 年至 10 年徒刑。

《打击计算机犯罪法》还对有的行为进行了刑罚加重的说明。第 12 条规定,如本法律所定犯罪涉及澳门特别行政区的行政机关、立法机关、司法机关或其他公共实体的计算机数据或计算机系统,则第 4 条至第 11 条所定的刑罚的最低限度及最高限度均加重三分之一。

《打击计算机犯罪法》还明确了法人的刑事责任。第 13 条规定,若出现"机关或代表人以该等实体的名义及为其利益而实施本法律所定犯罪",或"听命于上项所指机关或代表人的人以该等实体的名义及为其利益而实施犯罪,且因该机关或代表人故意违反本身所负的监管或控制义务方使该犯罪有可能发生",则法人必须负罚金和受法院命令解散的刑事责任。罚金以日数订定,最低限度为 100 日,最高限度为 1 000 日。罚金的日额为澳门币 100 元至澳门币 20 000 元。如果对无法律人格的社团科处罚金,则该罚金以该社团的共同财产支付;如无共同财产或共同财产不足,则以各社员的财产按连带责任方式支付。仅当实体的创立人具单一或主要的意图,利用该实体实施犯罪,或仅当该等犯罪的重复实施显示其成员或负责行政管理工作的人单纯或主要利用该实体实施该犯罪时,"方科处法院命令的解散此刑罚"。

此外,对实体还可科处以下附加刑:禁止从事某些业务,为期 1 年至 10 年;剥夺获公共部门或实体给予津贴或补贴的权利;受法院强制命令约束;公开有罪裁判,通过中文报章及葡文报章刊出,以及张贴中葡文告示,张贴期不少于 15 日;一切费用由被判罪者负担。

3.《打击计算机犯罪法》中的刑事诉讼规定

《打击计算机犯罪法》第 14 条规定,在因本法律所定犯罪和透过计算机系统实施的犯罪所提起的诉讼程序中作出调查及诉讼行为,以及在电子载体中搜集有关实施任何犯罪的证据,均须遵守《刑事诉讼法典》与补足法例所载的规则,此外,还须遵守本法律中各条的特别规定。

(1)扣押。

《打击计算机犯罪法》第 15 条规定,可对计算机系统、计算机数据储存载体及计算机数据进行扣押,或将计算机系统或计算机数据储存载体内所载的可作为证据的计算机数据制作副本,并附于卷宗,而有关计算机系统或计算机数据储存载体予以返还。可将副本多复制一份,并将此份副本加上封印及保存,以保持已储存的计算机数据的完整性。仅在有理由怀疑所制作的副本的正确性时,并经法官批示许可或命令,方可将封印解除。

(2) 特别措施。

《打击计算机犯罪法》第16条规定,当有理由相信某计算机数据有助刑事调查工作,则有权限司法当局可透过批示许可或命令采取以下措施,并应尽可能由该司法当局主持:一是命令采取迅速保存计算机数据的措施,而互联网服务提供商应在最长90日的必要期间内保持该等计算机数据的完整性,并提供足够的路由数据,尤其是能识别在互联网方面各服务供应者的身份数据,以及有关通讯所经过的路径数据;二是实时查阅及收集涉嫌人所使用的通讯或服务的路由数据,而该等通讯或服务是与透过澳门特别行政区内某计算机系统所传送的特定通讯有关;三是命令某人将其持有或由其控制的计算机数据交出,而该等数据是储存在某计算机系统内或某计算机数据储存载体内;四是命令某互联网服务提供商将其持有或由其控制的关于其互联网服务的登记用户的基本数据交出;五是命令某互联网服务提供商采取迅速移除或阻止他人查阅特定及不法的计算机数据的措施;六是在有理由相信拟找寻的数据储存在位于澳门特别行政区的某计算机系统或其某部分内,且透过初始系统查阅或获取该等数据属合法的情况下,迅速搜索或以类似搜索方式进入该计算机系统。

当刑事警察机关基于有依据的理由相信某计算机数据与犯罪有关而可作为证据,且如不采取措施将有可能失去该计算机数据,或如延迟采取措施可对具重大价值的法益构成严重危险,则即使未经有权限司法当局预先许可,亦可采取上款所指的措施。若出现上款所指情况,须立即将所实施的措施告知有权限司法当局,并由其在最迟72小时内审查该措施,以便使之有效,否则该措施无效。任何具有个人直接及正当利益的人可于10日期限内向刑事起诉法官申诉。如有权限司法当局在法定期限内拒绝宣告或未宣告已实施的措施为有效,则须将按第一款规定所获取或保存的计算机数据,按情况而定予以销毁、返还予对之有权利之人或恢复采取措施前的法律状况。

思考题:

1. 媒体报道法庭新闻应注意的原则。

2. 诽谤诉讼被告免责抗辩的三个方向。
3. 版权侵权诉讼中如何认定"出奇的相似"原则?
4. 简述澳门《个人资料保护法》《打击计算机犯罪法》。

第十二章

台湾地区网络传播法规与伦理概述

台湾地区在1987年解严后,对媒体的内容监管逐渐放松,立法、司法和行政层面主要致力于对媒体产业发展的引导、市场秩序的维护和公民权利的保护。另外,由于台湾地区与美国长期的军事贸易伙伴关系,在知识产权保护方面受美国压力的影响,著作权法规和政策也进行了诸多调整。网络与新媒体的发展也给传统的媒体监管带来了挑战,因应挑战,台湾地区主要在新媒体的产业发展、未成年人保护和色情规管、新媒体广告和著作权保护等方面对法规和政策等进行了较多的调整。

一、互联网的产业发展

台湾地区互联网是在政府推动下发展起来的。1990年台湾地区行政管理机构批准教育事务主管部门的台湾"学术计算机信息服务及大学计算机网络计划、计算机系统扩充计划"。教育事务主管部门开始规划建立以TCP/IP为平台的台湾学术网络,TANet。1991年TANet与美国普林斯顿大学的JvNCnet相连,台湾地区正式接入国际互联网。TANet国际联机后,校园网络很快发展起来。1994年,台湾地区行政管理机构成立台湾资讯基本建设专案推动小组,结合政府和民间力量推动台湾的信息基础设施建设和信息科技的创新运用。1994年,台湾中华电信成立HiNet,并于1995年进行商业化运转,商业Internet网络开始蓬勃发展。1996年台湾地区颁布"电信三法"("电信法""电信总局组织条例"和"中华电信公司组织条例"),同年,电信总局(DGT)与台湾中华电信分家,电信开始自由化改革,移动电话GSM900/1800业务开放。随后台湾电子化政府启动及教育事务主管部门开始推动中小学网络,ISP业者逐渐增加,网络和新媒体蓬勃发展,使用者日益增多。台湾网络资讯中心(Taiwan Network Information Center,TWNIC)《2016年台湾宽带网络使用调查》报告显示,台湾上网人数大约1993万人,整体上网率高达84.8%,主要上网方式为宽带上网,比例高达99.6%,而45岁以上人群使用即时通讯工具的就高达80%[①]。

台湾地区在推动网络和新媒体产业发展上,主要在产业发展的环境建制、人才培育和延揽、投资促进和金融辅助以及产业推广上形成了一系列具体的政策。

1. 产业推动机构和立法促进产业发展

台湾地区在新媒体的发展上,非常强调数字内容产业的发展。台湾地区行政管理机构在2002年5月核定通过了"加强数位内容产业发展推动方案",6月成立了"数位内容产业推动办公室",以统筹各部会的工作和建构台湾数字内容产业发展的环境和法规等。随后,台湾工业事务主管部门成立"数位内容产业推动办公室",建立跨部门协调机制。为促进数字内容产业的发展,台湾地区参考日本《创造、保护及活用内容促进法》、韩国《线上数位内容产业发展法》等数字内容立法,在2003年即开始订立"数位内容产业发展条例"(草案)。该草案在2007年获台湾地区行政管理机构通过。草案分为六章二十七条,内容包括对数字内容产业所需人才的培育与认证、技术和标准的研发推广、数字学习推动、内容评价机制、产业聚落形成,不明著作权作品的利用、典藏资源释出、网络和社会环境提升、产品认证与行销拓展等方面。

同时,台湾地区在2003年修订通过"促进产业升级条例",规定投资于数字内容产制等提升企业数字信息效能的硬件、软件及技术,公司得在支出金额5%—20%限度内,自当年度起五年内抵减各年度应纳营利事业所得税额[②]。2004年制定并公布"电脑网路内容分级处理办法",对网络内容进行分级。2005年、2006年又通过"线上游戏定型化契约范本"和"电脑软体分级办法"等法规,进一步完善数字内容产业发展的法制规范。

---

① 台湾网络资讯中心:《熟龄时代来临 逾8成使用实时通讯软件》,http://www.twnic.net.tw/NEWS4/142.pdf,2016年11月30日。

② 台湾地区"促进产业升级条例"(2003修订),第六条。台湾地区"促进产业升级条例"1980年颁布,2010年废止。

在传统媒体方面,2012年台湾地区"文建会"升格为文化事务主管部门,并成立"影视与流行音乐产业局"。文化事务主管部门成立后,施政方向定为泥土化、国际化、产值化和云端化四大方向。其中云端化为利用云端技术,开放文化资料,促进加值运用,以使文化产业尤其是传统的书籍出版、广播电视、电影等媒体借助新型数字化技术更好地发展[①]。为促进传统媒体的数字化升级,文化事务主管部门出台了一系列政策和措施。在文化事务主管部门历年试行的电影、电视、音乐和出版等产业发展计划中,产业的数字化升级都是重要的一项,并在资金资助上给予支持。例如在电影方面,就有2003年开始实施的"辅导购置数位化设备"和"电影剧情长片数字转光学底片暨数字电影母源压缩编码补助"和2007年开始的"电影产业数位升级"的辅导措施。

2. 人才培育

台湾地区在2002年确定数字内容产业的发展目标时,数字内容人才极度缺乏,各大专院校只有8个数字内容相关系所,并且部分才刚成立,无法满足产业的人才需求。据台湾地区行政管理机构科技顾问组的估计,台湾在2003—2007年年间,业界对数字人才的需求为36 754人,但是当时教育体系只能提供17 541人[②]。因此,台湾工业事务主管部门委托财团法人资讯工业策进会于2003年在南港软体科学园区设置"数位内容学院",希望结合产业、政府和学界的资源,引进海外师资和课程,培训符合产业需求的人才。数字内容学院南港总部主要负责统筹资源作为国际合作、师资培育、高阶人才、课程与教材引进开发,以及人才媒合等活动。另在台湾的北、中、南、东部地区设立资源中心,与区域相关产业和大学资源结合,全面发掘和培育台湾数字内容产业人才。

在台湾当局的推动下,台湾数字内容相关系所在2007年年底增至29个,除一般招生班级外,还有部分产学硕士专班的开办,使得教育体系具

---

① 参见台湾文化事务主管部门:《文化云简报数据》,http://www.moc.gov.tw/images/egov/strategic/6680/p2-6-1-2.pdf,2016年9月20日。

② 财团法人资讯工业策进会:《台湾工业事务主管部门2003年度专案计划执行成果报告:数位内容学院计划》,2003年,第20页。

备了提供数字内容产业所需部分人才的能力①。在此基础上,数字内容学院配合数字内容产业的第二期推动方案进行调整,在人才培育上注重质量,提升产业人才结构,强化原创加值和商品化服务,并深化国际人才的培育。

在政府和产学界的共同努力下,台湾数字内容人才培育已经初具规模。据台湾2013年数字内容产业年鉴,台湾已经在中长期数字内容专业人才养成和短期在职人才培训方面规划了适合各领域的不同课程和一些跨领域课程,在国际合作和人才培养方面也借用国际专业师资,分享国际最新经验与技术,邀请超过170余人次的各领域国际知名专家赴台,开办了超过2 600小时的课程和讲座②。不过,台湾数字内容产业人才培育仍面临产学落差、新兴技术研发的人才需求、国际化人才培育和原创跨领域人才培育等挑战③。

3. 投资促进和金融辅助

为解决数字内容产业业者投、融资问题,台湾当局主要制定了无形资产评估、加强政府资金挹注、引导民间资金投入、办理政策性贷款等策略措施。

从2003年起,台湾工业事务主管部门开始执行"数字内容鉴价与融资担保制度推动计划",包括建置"数位内容资产鉴价与投资服务中心"网站,提供业者和相关单位各种数字内容鉴价与融资担保等相关法规政策、业界新闻、产业资讯、各国数字内容产业鉴价模式和专案融资制度等供产、官、学、研等各界交流和参考。在具体的分项计划执行上又规划了设立数位内容资产鉴价专家顾问委员会、推动数位内容鉴价机制与进行鉴价专案辅导、结合相关鉴价机制提供数位内容鉴价专业资讯、收集各国数位内容鉴价模式研究和完成数位内容重点领域鉴价模式研究构面报告等五项重点推行工作④。

2004年,台湾经济事务主管部门订立数位内容产业与文化创意产业优

---

① 财团法人资讯工业策进会:《工业事务主管部门2009年度专案计划执行成果报告:数位内容学院计划》,2009年,第34页。
② 财团法人资讯工业策进会:《2013年数位内容产业年鉴》,2014年,第232—233页。
③ 同上书,第234—235页。
④ 参见财团法人资讯工业策进会:《工业事务主管部门2003年度专案计划执行成果报告:数字内容鉴价与融资担保制度推动计划》,2003年,第23—25页。

惠贷款要点,并办理数位内容产业与文化创意产业优惠贷款,总金额为新台币200亿元,其中数字内容产业100亿元。2005年,台湾地区行政管理机构台湾发展基金管理委员会又通过投资数位内容、软体和文化创意产业计划,在五年内核拨新台币200亿元投资数字内容产业,扶植国际级数字内容公司。同时,数字内容产业还可以申请经济事务主管部门的促进产业研究发展贷款和中小企业信保基金批次信和直接保证等。

二、网络色情规管与青少年保护

台湾政治大学数字文化行动研究室与白丝带关怀协会针对台湾小学三年级至大学一年级的学生调查发现,台湾青少年和儿童76.7%有自己的手机,每周上网15.86小时,使用手机19.8小时,60%的学生参与网络社交群,网络社群成员也远超出日常生活中的同学圈[1]。青少年对新媒体的广泛使用,网络等新媒体环境和内容也成为儿少保护和色情规管的重要议题。据台湾地区"通讯传播委员会"的iWIN网络内容防护机构统计,2015年网络内容申诉案件中,色情猥亵案件占据绝大多数,达92.97%[2]。

为防范新媒体给儿童和少年带来不当影响,台湾主要采取了三方面的措施。一是对原有的相关青少年保护的法规进行大量的修订,增加了针对新媒体的条款。二是行政监管介入,推动网络电信电视等媒体平台建立防护机制。三是加强媒体素养教育,鼓励行业家庭社会参与自律。

1. 新媒体环境下青少年保护的法规

台湾较早开始对儿童福利的保护。早在1973年,台湾地区通过"儿童福利法"对儿童权利进行保护。后来的"儿童及少年性剥削防制条例"和"性侵害犯罪防治法"等,都对媒体可能带来的对儿童和少年权益的损害进行了规管。为适应新媒体环境,这些法规也基本都通过修订,加入了网络和数字化媒体等内容。例如,修订的"儿童及少年福利与权益保障法"第46条指定"通讯传播委员会"委托民间团体,成立内容防护机构,监察儿童和少年的网

---

[1] 黄葳威:《2016台湾青少儿网络社群、陌生网友分辨调查报告》,http://61.220.24.212/thesis/Study/001.pdf,2016年10月20日。

[2] 《"iWIN网络内容防护机构"2015年度 1—12月申诉案件统计报表》,http://i.win.org.tw/iwin/study/annually/2015.pdf,2016年10月20日。

络使用,推动内容分级和过滤机制,加强儿童及少年的上网安全教育,简略申诉制度和网络平台业者的自律机制等①。第49条第11款在禁止利用儿童和少年拍摄或录制暴力、血腥、色情、猥亵或其他有害儿童及少年身心健康的出版品中,加入了不得制作电子讯号、游戏软件、因特网内容。"儿童及少年性剥削防制条例"第36条和38条在原图画、照片、影片、影带、光盘基础上,增加了不得拍摄、制造、散布、播送或贩卖儿童或少年性交或猥亵行为的电子讯号的规定;第40条在宣传品、出版品、广播、电视基础上增加了电信和网际网络。"性侵害犯罪防治法"在原有"宣传品、出版品、广播、电视"基础上,增加"因特网或其他媒体""不得报道或记载有被害人之姓名或其他足资辨别身份之信息"。

除了旧法直接适用于新媒体和增加有关新媒体条款,台湾地区也针对新媒体专门立法,加强对儿童少年的保护。2006年,台湾地区颁布"电脑软体分级办法",对电脑游戏进行分级。2009年修订时又将电视游乐器、掌上型电玩纳入分级规定。2011年将"电脑软体分级办法"改为"游戏软件分级管理办法",并将原四个等级——普通级、保护级、辅导级与限制级增加为五个等级,其中辅导级分成辅12级与辅15级,建立游戏分级查询网络(http://www.gamerating.org.tw),并将游戏软件部分载具都列入管理,包括PC、TV、平板计算机、手机APP游戏等。

2. 行政监管介入推动媒体平台建立防护机制

为了从媒体环境上建立儿童和少年的保护机制,台湾地区主要通过鼓励各媒体,包括数字和网络媒体,提供儿童少年节目频道,制作、播放儿童少年节目,采取分级、频道区隔等措施分离儿童和成人内容等来营造适宜儿童少年的媒体环境。

台湾地区"通讯传播委员会"2009年修正发布"有线广播电视系统经营者营运计划评鉴制度须知",将儿少频道规划及执行情形列入评核指标,并在有线广播电视系统经营者换照时,将系统经营者在原执照期间的违规情节和记录,列入参考项目。同时,针对卫星电视,台湾地区"通讯传播委员会"在2010年6月23日发布"卫星广播电视事业及境外卫星广播电视事业营运计划评鉴作业要点"和"卫星广播电视事业及境外卫星广播电视事业申

---

① 台湾地区"儿童及少年福利与权益保障法",第46条。

设作业要点",对卫星广播电视频道儿童节目的专业性、节目来源、消费者保护等订定审查参考指标。例如,要求针对儿少节目编排、制播工作者提供专业训练课程规划,制定儿少节目企划制播守则,避免不适宜儿童观赏之广告内容穿插于儿童节目中,聘任节目咨询委员名单应包含儿童保护相关学者代表及家长等,以强化业者儿少节目的制播能力。

"有线电视频道规划与管理原则"要求业者必须提供一个适合合家观赏的频道,播送教育新知类、卡通儿童类、旅游类或全频道为普级节目等适合合家观赏的节目,在18—25频道播出,并且要求限制级节目频道和广告节目频道都不允许设置在儿少节目频道旁,以免影响儿童的价值观。台湾地区"通讯传播委员会"在对广播电视业者进行评鉴时,将有线电视业者及该区块旁是否规划公益及知识性之频道、频道编排是否注重保护儿少身心健康与发展等列为评鉴重点。在电信多媒体传输平台提供电视频道收视服务方面,"MOD频道营运商上下架作业规定"和"MOD随选视讯内容及应用内容营运商上下架作业规定"也要求节目分区,防范儿童和青少年接触不适当的内容。目前,台湾地区的电信业者基本采取了一定的技术措施对儿童节目与成人节目区隔。例如,台湾中华电信MOD平台上的儿童频道在编排上可通过随选视讯选单的设计及锁码技术,有效隔绝儿童青少年不宜收视之频道区块。

对影视节目内容,台湾地区较早采取了分级制度。台湾地区的电影分级制度始于1982年。最初的分级制度中,只有普通级和限制级两级。1988年,电影分级增加辅导级;1994年,又增加保护级。自此,台湾地区电影分为四级:限制级("限")、辅导级("辅")、保护级("护")和普遍级("普")。"限"级电影未满十八岁的未成年人不得观赏;"辅"级未满十二岁的儿童不得观赏;"护"级未满六岁的儿童不得观赏,六岁以上未满十二岁的儿童须父母、师长或成年亲友陪伴辅导观赏;"普"级适合所有年龄段的观众观赏。

台湾地区电影的分级是与电影的审查同时进行,根据电影中出现的裸露、性行为、暴力、血腥和恐怖等内容进行分级。在分级过程中,如有该级别不应当出现的内容,仍然会删剪或禁演。"电影片检查规范"规定限制级中明显渲染性行为,属于猥亵的镜头或电影片,例如:夸张的性行为,性行为过程的具体描述或生殖器官的抚摸等或脱离常轨的性行为镜头,如鸡奸、轮奸、尸奸、兽奸、使用淫具等,应予删剪;暴力、血腥及恐怖的动作在成人无法接受的情形,如过度描述杀人或虐待动物、严重违反人道精神者,应予删剪。辅导级中剧中人虽着衣,但从其动作可以明显看出涉及暴力、凌辱、猥亵及变态等性行为,应予删剪;暴力、血腥、恐怖程度足以影响少年身心健康或引发模仿者,如杀人或自杀方法的细节描述,身躯被残杀后喷血腐烂情形,应予删剪。保护级里面出现暴力、血腥、恐怖程度足以影响儿童身心健康或引发模仿的内容,如以匕首、利器等架于颈项胁迫等,应予删剪①。

1999年,台湾地区电视统一实行分级;"电视节目分级处理办法"于2000年正式实施②。电视节目与电影一样,分为"限""辅""护""普"四级,要求各电视台播送限制级节目必须送审,新闻报道节目可以不标示级别,但是画面必须符合"普"级规定。另外,台湾地区"公共电视法"规定公共电视不得播放不适宜儿童和少年观看的节目。

对于电脑手机等游戏,台湾地区"游戏软体分级管理办法"规定游戏按照暴力、色情、不当语言等分为"限""辅12""辅15""护""普"五级。"游戏软体分级管理办法"规定未标示分级的游戏,发行、代理或通路商将会被处以3万元到50万元新台币不等的罚款。除了按照年龄分级,"游戏软体分级管理办法"还规定游戏内容若涉及暴力、恐怖、毒品、不当言语、反社会行为和烟酒等内容,应在规定位置用中文标示清楚,作为家长和消费者选购游戏时的参照。对第一线贩卖或提供连接服务的通路,如卖场、便利商店或网购平台等,则要求对限制级游戏必须分区陈列;对未分级或有害内容负有下架、移除或阻断连接的义务。

3. 媒体素养教育和自律机制推动

1987年台湾地区解严后,媒体管制也相应放开。众多媒体的设立也带来媒体乱象,媒体素养教育和媒体的自律日益受到政府和社会的关注。在媒介素养教育方面,比较知名的包括:台湾政治大学传播学院在1999年成立媒体素养研究室;富邦文教基金会在1999年投入媒体素养教育;成立于1992年的电视文化研究基金会也在2000年改组为媒体识读教育基金会③。台湾教育事务主管部门在2002年发布"媒体素养教育政策文件",提出了媒

---

① 参见台湾地区"电影片检查规范"2011年修订版。
② 台湾地区"电视节目分级处理办法"在2016年修订。
③ 赖详蔚:《媒体素养与言论自由的辩证》,《新闻学研究》2007年7月,第97—128页。

体素养教育的政策,要将媒体素养融入九年一贯教育,高中以上学校也鼓励在课程中编制媒体素养教育内容。在新媒体发展过程中,新媒体教育也是媒体素养教育的重要内容。2003年台湾教育事务主管部门成立的媒体素养教育委员会里,就设立了研究发展组、师资课程组、小区传播组和信息网络组四组。台湾教育事务主管部门2008年开始委托世新大学推动"初中小学媒体素养教育推广计划",纳入学校、媒体、非营利组织共同参与。2010年则进一步将媒体素养纳入九年一贯课程纲要。媒体素养教育中,网络新媒体也是重要的内容。为了加强儿童和少年的网络安全意识,台湾地区"通讯传播委员会"持续深入各级学校校园宣传相关安全上网的概念,并录制安全上网广告在全台广播电视网、卫星电视频道和无线电视台的公益频道播出,同时还推出多元媒体宣传广告,如公车车体广告,雅虎入口网站等网络广告,台北捷运、桃园机场和高雄机场灯箱广告等,来加强儿童和少年的上网安全宣传①。

除了媒体教育,台湾的学术界和媒体界也建立了广泛的自律组织,如台湾地区媒体观察教育基金会、新闻记者协会、媒体改造学社等。台湾各媒体也大多有自己的自律条约和伦理委员会,处理受众的检举、投诉等。例如,台湾八大电视(GTV)就设有"八大电视家族频道新闻及节目伦理委员会",受理受众针对八大电视制播的新闻和节目内容所提出的检举、申诉等相关意见,并提出改进建议和监督落实。八大电视的新闻与节目伦理委员会曾就播出《哆啦A梦》动画片中出现大雄父亲吸烟画面,建议该集不再回放,并检查其余集数是否有类似画面,如有,必须标示清楚可见的警示语②。对观众投诉蜡笔小新妨碍儿童身心,最后安排以保护级播出③。

新媒体发展中,1999年,台湾地区因特网协会成立。参加的会员包含各网络服务提供厂商(ISP)、网络内容服务提供厂商(ICP)、入口网站业者、电子商务经营业者等。2004年,台湾地区曾颁布"电脑内容分级处理办法",强制网络内容提供商,将限制级分级标识嵌入网页程序代码,配合下载

---

① 台湾地区立法机构:《地区立法机构第8届第8会期第4次会议议案关系文书》,http://lci. ly. gov. tw/LyLCEW/agenda1/02/pdf/08/08/04/LCEWA01_080804_00225.pdf,2016年9月26日。

② 八大电视家族频道新闻及节目伦理委员会第十七次会议记录,http://www.gtv. com. tw/articlesOfAssociation. php,2016年4月25日。

③ 八大电视家族频道新闻及节目伦理委员会第九次会议记录,http://www.gtv. com. tw/articlesOfAssociation. php,2014年3月24日。

过滤软件避免少儿接触。不过,后来因台湾地区的"儿童及少年福利与权益保障法"修订,"电脑内容分级处理办法"在2012年废止。针对网络内容的强制分级措施取消,台湾地区"通讯传播委员会"改为委托民间团体成立内容防护机构台湾网络观察基金会(TIWF),建立与执行内容分级制、过滤软件、网络平台业者自律机制以及其他防护机制。台湾地区"通讯传播委员会"本身也建立 iWIN 网络单 e 窗口,受理民众对网络新媒体不当内容的检举,转交网络平台业者处理,不直接介入网络内容管制。

另外,台湾地区"因特网平台提供者网站内容自律公约"要求因特网平台提供者对提供的电脑网络内容自行分级。其中规定四项内容应列为限制级:有过当描述赌博、吸毒、贩毒、抢劫、窃盗、绑架、杀人或其他犯罪行为者;过当描述自杀过程者;有恐怖、血腥、残暴、变态等情节且表现方式强烈;以动作、影像、语言、文字、对白、声音、图画、摄影或其他形式描绘性行为或裸露人体性器官,尚不致引起一般成年人羞耻或厌恶感者。台湾地区"因特网平台提供者网站内容自律公约"还规定,网站等新媒体除了需要提供检举申诉的渠道给受众,对限制级的内容,还应该通过设置专区、设置过桥页面、实行会员制、设置管理人员等方式进行管理,以限制儿童和少年浏览。到2012年,台湾地区所有的电信业者已经建立了过滤和自律机制[①]。电信业者要么提供免费过滤软件,要么提供需付费升级的过滤软件给用户使用。电信业者同时都对公众提供申诉窗口和订立了自律公约,针对成人服务一般有四道管制机制,第一道为身份认证,第二道是密码申请,第三道是服务申告与密码认证,最后才接触到成人服务。

三、新媒体广告管理

台湾地区的广告主要由"消费者保护法"和"公平交易法"规管。据此,广告主、广告发布者和经营者都不可以发布虚假和误导性的广告,为他人代

---

① 台湾地区立法机构:《"网络色情如何管?"公听会记录》,http://tagv.mohw.gov.tw/TAGVResources/upload/Resources/2015/6/%E7%B6%B2%E8%B7%AF%E8%89%B2%E6%83%85%E5%A6%82%E4%BD%95%E7%AE%A1%EF%BC%9F%E5%85%AC%E8%81%BD%E6%9C%83%E7%B4%80%E9%8C%84.pdf,2016年9月29日。

言或推荐商品和服务必须是亲身的体验结果。新媒体环境下,"消费者保护法"和"公平交易法"仍然用来规范新媒体广告。台湾地区"公平交易委员会"在2013年10月还通过"公平交易委员会对于荐证广告之规范说明"修正案,指出在社交网站发布推文推销商品和服务,如果推荐者与广告主有利益关系,则推文属于荐证广告①。拍卖网站以竞标方式贩卖,刊登的内容向不特定对象宣传,也属于广告范围②。公司的网页刊登新闻报道仅为公司纪事,并未针对产品服务宣传,不属于广告,但是刊登产品服务介绍部分,应属于广告③。而一般网站网页内容如果指明了商品名称、商品货号,且有加入购物车之类的选项,也应属于广告范畴④。

下面主要从不实广告、荐证广告和特殊商品广告三方面来介绍台湾地区对新媒体广告的规管。

1. 不实广告

根据台湾地区"消费者保护法"第22条规定,广告主应确保广告内容的真实,否则,将对消费者因信赖该广告所受的损害承担民事损害赔偿责任。台湾地区"公平交易法"第21条第1项也规定:"企业不得在其广告上,或以其他使公众得知的方法,对商品的价格、数量、品质、内容、制造方法、制造日期、有效期限、使用方法、用途、原产地、制造者、制造地、加工者、加工地等,为虚伪不实或引人错误的表示或表征。否则,对因此所造成的损害,应负民事上之损害赔偿责任。"

这就要求企业在对产品和服务的宣传上,需要确保广告内容的真实。随着网络和新媒体的发展,企业官网和社交网站账号常常进行商品和服务的宣传,相关的促销活动和广告宣传已经纳入"消费者保护法"和"公平交易法"的规管,不实和误导性的促销活动、广告宣传也受到相关部门的处罚。

---

① 台湾地区"公平交易委员会":《修正"公平交易委员会对于荐证广告之规范说明"》,http://gazette.nat.gov.tw/EG_FileManager/eguploadpub/eg019210/ch04/type2/gov34/num8/OEg.pdf,2016年10月6日。

② 参见台湾卫生福利事务主管部门食品药物管理机构《95年5月29日卫署药字第0950018559号》函复。

③ 参见台湾卫生福利事务主管部门食品药物管理机构《95年10月13日卫署药字第0950038805号》函复。

④ 参见台湾卫生福利事务主管部门食品药物管理机构《95年12月7日卫署药字第0950061564号》函复。

例如,台湾小米公司在 2014 年 12 月在其官方 Facebook 上发布"首轮 10 000 台开放购买""第二轮 10 000 台开放购买""第三轮 8 000 台开放购买"等促销广告,并于每波活动后放上"9 分 50 秒红米手机已售罄""1 分 08 秒红米手机已售罄"和"0 分 25 秒红米手机已售罄"的广告,但实际查证后的售出数量分别为 9 339 台、9 492 台和 7 389 台,实际销售数量比广告宣称的数量少。台湾地区"公平交易委员会"裁定小米公司虚报数量有误导消费者之嫌,涉及广告不实,违反"公平交易法"第 21 条第 1 项规定,处台湾地区小米公司新台币 60 万元罚款①。

对广告经营者和发布者,台湾地区"消费者保护法"和"公平交易法"规定,如果在"明知或可得而知"广告内容与事实不符或所发布、刊登广告会误导消费者的情况下传播、刊载不实广告,将于广告主负民事上连带损害赔偿责任,并需要限期停止、改正或采取必要措施,有关部门也将给予相应的罚款处罚。例如,三星公司 2007—2013 年委托台湾鹏泰公司进行网络营销,聘请写手及指定公司员工,以个人账号或公司账号,用一般民众身份在网络论坛发言,内容包括新产品上市评测、消除三星产品负面消息、比较产品及凸显对手缺点。另外也与博客写手合作,以开箱文、信息文、询问文、心得文形式,制造网络相关议题等。台湾地区"公平交易委员会"最后认定三星公司的网络营销活动已构成"公平交易法"第 24 条"足以影响交易秩序之欺罔行为"②,罚三星公司新台币 1 000 万元,其委托网络营销的鹏泰顾问公司、商多利国际公司新台币 300 万元和 5 万元③。

2. 荐证广告

台湾地区"公平交易委员会"将荐证广告定义为:"于广告或以其他使公

---

① 三立新闻网:《看得到买不到? 台湾小米涉广告不实 公平会开罚 60 万》,http://www.setn.com/News.aspx?NewsID=33247,2014 年 7 月 30 日。

② 台湾地区"公平交易法"第 24 条规定:"企业不得为竞争之目的,而陈述或散布足以损害他人营业信誉之不实情事。""公平交易委员会"对于违反"公平交易法"第 24 条规定之企业,得限期令停止、改正其行为或采取必要更正措施,并得处新台币 5 万元以上 2 500 万元以下罚款;届期仍不停止、改正其行为或未采取必要更正措施者,得继续限期令停止、改正其行为或采取必要更正措施,并按次处新台币 10 万元以上 5 000 万元以下罚款,至停止、改正其行为或采取必要更正措施为止。

③ 简荣宗:《口碑营销与荐证广告》,http://www.lawtw.com/article.php?template=article_content&area=free_browse&parent_path=,1,561,&job_id=201692&article_category_id=200&article_id=119042,2016 年 10 月 7 日。

众得知之方法反映其对商品或服务之意见、信赖、发现或亲身体验结果,制播而成之广告或对外发表之表示。"荐证广告者,则是"指广告主以外,于荐证广告中反映其对商品或服务之意见、信赖、发现或亲身体验结果之人或机构,其可为知名公众人物、专业人士、机构及一般消费者"。

据台湾工研院 IEK 报告,2016 年台湾新媒体广告量(含行动与网络)达到 320.8 亿元新台币,而电视广告降至 254.1 亿元台币。新媒体晋升为主流广告媒体①。新媒体广告中,广告主大量雇请网络写手在社交媒体上发布推荐商品和服务的图片或文章。台湾地区"公平交易委员会"在"公平交易委员会对于荐证广告之规范说明"中,将通过社交媒体发布对商品和服务的发现、心得、意见、点赞等视为"其他使公众得知之方法",纳入荐证广告的规管。也就是说,通过新媒体发布的荐证广告,也必须符合台湾地区"公平交易委员会"针对荐证广告的相关规定。

首先,"广告内容须忠实反映荐证者之真实意见、信赖、发现或其亲身体验结果,不得有任何欺罔或引用无科学依据或实证效果之表现或表示"。也就是说,如果在社交媒体等新媒体上发表心得体会、使用分享等广告图文,必须是自己亲身体验的实际体会结果,并且不可以做没有科学根据的宣传和无法证实的夸张。

其次,如果提供荐证广告的人士是知名公众人物,如家喻户晓的歌星、影星、政治人物等,或者是以专家和专业机构名义进行荐证,其对商品和服务所表达的见解,在广告刊播期间需保持不变,如果有所变化,则不能继续刊播该荐证广告。并且,对广告中声称的专家或者专业机构,必须确实具有该广告中所声称的领域的专业知识或者技术,是真正的专家,而不是为了广告而扮演的所谓"专家"。另外,这些专家或者专业机构所提供的意见应该与具有相同专业技术知识的专业人士的验证结果一致。也就是说,专家的意见和出具的结果应该是该专业界普遍认同的观点或结果,不可以只是一家之言。

对众多在媒体上,尤其在新媒体上以消费者身份推荐商品和服务的广告,台湾地区"公平交易委员会"要求:必须是真实地使用了商品和服务才

---

① 何英炜:《新媒体广告 两年内超越传统媒体》,http://www.chinatimes.com/newspapers/20160204000117-260204,2016 年 2 月 4 日。

能够做出消费荐证,否则,应该注明并没有亲身使用该商品或者服务。除非有明确的科学依据或者实证效果,如果广告中的效果是需要特定的条件才能够达到,广告中必须加以说明。这对化妆品、医药等广告,规定尤其严格。如果荐证者与广告主存在利益关系,而一般公众的合理预期并不足以知道这种关系,广告中必须充分揭露[1]。

3. 特殊商品和服务广告

对食品、药品、化妆品、烟草等广告,台湾地区又有相应的专门法规进行规管,如"药事法"对药品广告,"医疗法"对医疗广告,"食品卫生管理法"对食品广告,"化妆品卫生管理条例"对化妆品广告,"烟草防制法"对烟草广告等,都有专门的规定。对于新媒体环境下的广告行为,又新增了专门的法规原则,如"药物网络广告处理原则""化妆品网络广告处理原则"等。

一般说来,食品、药品、化妆品等特殊类商品广告的规管比一般商品和服务的规管要严格。广告前需要经过相关主管机关批准才可以广告。例如,"化妆品卫生管理条例"第 24 条规定:"化妆品之厂商登载或宣播广告时,应于事前将所有文字、画面或言词,申请'中央'或直辖市卫生主管机关核准,并向传播机构缴验核准之证明文件。""药事法"第 66 条规定:"药商刊播药物广告时,应于刊播前将所有文字、图画或言词,申请'中央'或直辖市卫生主管机关核准,并向传播业者送验核准文件。药物广告在核准登载、宣播期间不得变更原核准事项。传播业者不得刊播未经'中央'或直辖市卫生主管机关核准、经废止或限期修正而尚未修正之药物广告。"网络和新媒体业者刊播药物、化妆品广告前,还需要先到台湾卫生福利事务主管部门食品药物管理机构网站上合法广告查询区块查询是否为食品药物机构或"直辖市"政府核准的广告,或去违法广告查询区块查询是否为违规广告。查验清楚后方可播出。如没有许可即刊播广告,则面临主管机关的处罚。大学生陈世辉曾喜欢在拍卖网站上贩卖年轻人喜爱的商品。2005 年夏天,他在没有医疗器材许可证的情况下即在网上贩卖隐形眼镜,最后被台北市卫生局

---

[1] 参见台湾地区"公平交易委员会":《公平交易委员会对于荐证广告之规范说明》,http://www.ftc.gov.tw/internet/main/doc/docDetail.aspx?uid=165&docid=12241,2016 年 10 月 12 日。

认定其在网上贩卖隐形眼镜的广告违法,罚款新台币六万元[①]。

另外,食品、药品、化妆品等广告要求广告文字、图片等必须符合有关规定,不可以有不实的宣传或采取主管机关禁止采取的广告形式。例如,食品广告包括保健食品广告不得有具有医疗上的疗效的宣传;化妆品不得登载或宣传猥亵、有伤风化或虚伪夸大的广告;药物广告不得假借他人名义、利用书刊数据保证其效能或性能、借采访或报道为宣传,不得刊播手术或治疗前后比较影像,不得刊播艺人影像,以及不得以优惠、团购、直销、消费券、预付费用、赠送疗程或针剂等具有意图促销的行为等。台湾知名的餐饮集团鼎王火锅就曾因在官网宣传金针菇对"降低胆固醇、对高血压、胃肠道溃疡、肝病、高血脂等有一定的防治功效",被台中市卫生局认定违反"食品卫生法"有关食品广告不得宣传疗效的规定而被罚款80万元新台币[②]。

四、新媒体著作权保护

台湾地区"著作权法"经过大大小小17次修订,最近一次修订是2014年。台湾地区"著作权法"的修订受美国的影响很大。1946年国民党政府与美国签订《中美友好通商航海条约》,该条约第九条要求国民党政府对美国的知识产权给予保护。1949年后,台湾地区在军事和经济等诸方面仰赖于美国,美国更得以通过军事经贸制裁威胁,强迫台湾地区对"著作权法"进行有利于美国的修订。其中数字等新媒体环境下的相关修订,也大多受美国法律的影响,相继增加了权利管理电子信息和网络防盗版措施的保护规定,以及网络服务提供者的民事免责事由等有关网络和新媒体的条款。另外,对著作权的合理使用制度也进行了相应的修订。

1. 权利管理电子信息及防盗版措施

传统媒体环境下,著作一旦到达消费者手中,销售者和著作权人就很难对著作的使用进行控制。在数字环境下,销售者和著作权人可以通过数字

---

① 台湾地区"资讯及科技教育司":《案例(10)网络广告内容的法律规范》,http://depart.moe.edu.tw/ED2700/News_Content.aspx?n=6F7CB09F756DF1E7&sms=A67688921AA3EF58&s=1F67C40C22B60106,2016年10月13日。

② 《标榜金针菇有医疗功效 台湾鼎王火锅再度挨罚80万》,凤凰网,http://finance.ifeng.com/a/20140303/11789787_0.shtml,2014年3月3日。

技术，控制消费者使用作品的时间、地点、次数等，并阻止消费者将作品进行进一步的传播。1996年，世界知识产权组织通过《世界知识产权组织版权条约》(WCT)和《世界知识产权组织表演和录音制品条约》(WPPT)，要求缔约国提供适当法律保障和救济措施，防止规避科技保护措施的行为。

美国在1998年通过《数字千禧年著作权法案》(DMCA)，该法案规定了反规避科技保护措施与权利管理信息的保护，禁止任何人规避著作权人为保护其著作权所设置的技术保护措施，也就是数位权利管理和反规避条款。该条款规定了三种反规避的侵权行为：基本条款、违法交易的禁止和额外违犯的禁止。根据这三种禁令，任何人从事规避著作权人用以保护作品的科技措施的行为均违反基本条款，而提供任何技术、产品、服务、装置、组件或其零件，来协助前者完成规避行为，则将违反违法交易禁止规定。相对的，若某人对其已获授权接触的著作从事被禁止的规避行为，则不会构成侵权，但如通过公然提供任何技术、产品、服务、装置、组件或其零件，以协助其完成规避行为的人，则会受到额外违犯的规范。

在美国的压力下，台湾地区在2003年和2004年修订"著作权法"，新增第四章"权利管理电子信息及防盗拷措施"，要求"对于著作权人所为之权利管理电子信息，不得移除或变更"。第80条第1、2款有关防盗拷措施的保护，规定著作权人所采取禁止或限制他人擅自进入著作的防盗拷措施，未经合法授权不得予以破解、破坏或以其他方法规避。破解、破坏或规避防盗拷措施的设备、器材、零件、技术或信息，未经合法授权不得制造、输入、提供公众使用或为公众提供服务。依据这一条款，台湾地区智慧产权法院就曾判令业者为客户改装游戏机来破解游戏商的防盗拷码的行为为侵犯著作权的行为①。

权利管理电子信息一方面赋予著作权人在数字环境下对自己著作的完全管理权。禁止利用人对于著作权人管理电子信息的权利进行移除或变更，可以确保著作在数字环境流通时，其他使用人根据权利人的管理信息，清楚便捷地获知真正的权利人、授权条件等，更有利于著作在数字等新媒体环境下的自由流动。传统的著作权保护强调保留所有权利，著作权人本身

---

① 参见台湾地区智慧财产法院2010年6月17日"99年度刑智上易字第23号刑事判决"。

几乎没有自由选择权。数字和新媒体环境下，更多的著作权人愿意分享著作，开放代码软件、Creative Commons 等开放授权趋势应运而生，著作权人可以更自由地管理自己的权利，知识也得到更广泛的利用和传播。另一方面，权利管理电子信息也被认为可能过度保障著作权而不利创新、过度限制消费者权限和侵害用户隐私。例如，自由软件联盟就认为对著作权的数字权利管理实际是一种数字权利限制，并发起抵制行为，将苹果、亚马逊、微软等列为数字权利限制黑名单，号召公众对自己的著作作品标注免受数字权利管理(DRMfree)等标识①。

2. 网络服务提供者的责任

2009 年台湾地区参考美国著作权法第 512 条的规定，在"著作权法"第六章之一新增网络服务提供者的民事免责事由，以提供 ISP 面对侵权责任时的避风港。台湾地区"著作权法"将网络服务提供者分为联机服务提供者、快速存取服务提供者、资讯储存服务提供者和搜寻服务提供者等四种。这四种服务提供者在特定条件下，对使用其服务侵害他人著作权的行为不承担民事损害赔偿责任。

根据台湾地区"著作权法"的规定，网络服务提供者要免责需要做到四点。

一是需要事先采取著作权保护措施，并明确告知用户有关的保护措施。一般情况下，网络服务者在用户接受其服务时要求用户同时接受其服务条款，服务条款中要求用户承诺尊重和不侵犯他人的著作权。另外，如果著作权人发现著作权被侵犯，通知网络服务者后，网络服务者将该通知以电子邮件形式转给使用者，也视为履行了著作权保护措施。

二是网络服务提供者需告知使用者，如侵犯他人著作权行为超过三次，将终止全部或部分服务。这在台湾著作权保护上也称为"三振条款"。不过，就著作权法的立法目的而言，"三振条款"主要是希望网络服务提供者能够与著作权人携手防止网络侵权，以达到著作权保护的目的。至于网络服务者是否真的在使用者侵犯著作权三次以上即全部或部分终止网络服务，

---

① 参见自由软件联盟抵制数字权利管理运动官方网站，http://defectivebydesign.org/，2016 年 11 月 12 日。

第十二章 台湾地区网络传播法规与伦理概述

则属于网络服务提供商的自由裁量范围①。

三是为便利著作权人提出通知和网络用户提出回复通知,网络服务提供中还需要公告接收通知的联系窗口信息。根据台湾经济事务主管部门公布的"网络服务提供者民事免责事由实施办法",著作权人发出侵权通知和使用人的回复通知可以通过邮寄、传真或电子邮件形式发送,因此网络服务提供商应公告其供联系的姓名或名称、地址、联系电话、传真号码及电子邮件信箱等。另外,"网络服务提供者民事免责事由实施办法"要求著作权人的通知和使用者的回复通知如果通过电子邮件发送,原则上须具备电子签章。由于电子签章存在不同版本,为利于权利人或使用者了解其发送通知或回复通知所使用的电子签章格式,原则上网络服务提供者还应该公告其接受的电子签章的格式②。

四是著作权人所采取的技术保护措施,如经主管机关核可,网络服务提供者应予以配合执行。台湾地区"著作权法"规定了对数字信息管理和防盗版技术的保护,相应的,网络服务商对著作权人所使用的管理著作权的技术手段以及防盗版等技术措施则应该予以配合,否则,权利人的这项权利将难以在网络中实现。

对不同类型的网络服务提供者,台湾地区"著作权法"又规定了更具体的免责条件。其中联机服务提供商对其使用者侵害他人著作权或制版权的行为,不负赔偿责任的情况包括:所传输信息,系由用户所发动或请求;信息传输、发送、连接或储存,由自动化技术予以执行,且联机服务提供商未就传输的信息作任何筛选或修改③。快速存取服务提供商对其使用者侵害他人著作权的行为,不负赔偿责任情况包括:未改变存取的信息;信息提供者就该自动存取的原始信息进行修改、删除或阻断时,透过自动化技术进行相同的处理;经著作权人或制版权人通知其使用者涉有侵权行为后,立即移除

---

① 台湾经济事务主管部门"智慧财产局":《"三振条款"要求ISP须明确告知使用者,在涉有侵权情事达3次时,ISP将终止对其全部或部分之服务。因此,ISP在使用者涉有3次侵权时,就负有终止其全部或部分服务之义务吗?》,https://www.tipo.gov.tw/ct.asp? xItem=207043&ctNode=7193&mp=1,2016年11月12日。

② 台湾经济事务主管部门"智慧财产局":《网络服务提供者(ISP)联系窗口应提供何种信息? 未依规定公告相关信息的话,会有什么样的法律效果?》,https://www.tipo.gov.tw/ct.asp? xItem=207044&ctNode=7193&mp=1,2016年11月14日。

③ 参见台湾地区"著作权法"第90-5条。

或使他人无法进入涉嫌的内容或相关信息①。信息储存服务提供商对其用户侵害他人著作权或制版权的行为，不负赔偿责任的情形包括：对使用者的侵权行为不知情；未直接从使用者的侵权行为中获得财产上的利益；经著作权人或制版权人通知其使用者涉有侵权行为后，立即移除或使他人无法进入该涉嫌侵权的内容或相关信息②。搜寻服务提供商对其使用者侵害他人著作权或制版权的行为，不负赔偿责任的情形包括：对所搜寻或链接的信息涉嫌侵权不知情；未直接从使用者的侵权行为获得财产上的利益；经著作权人或制版权人通知其使用者涉有侵权行为后，立即移除或使他人无法进入该涉嫌侵权的内容或相关信息③。

总的说来，台湾地区"著作权法"有关网络服务提供者的免责条款基本采纳了欧洲以及美国等有关网络服务提供者的第三方责任的立法原则。一般说来，台湾地区"著作权法"要求网络服务提供者如果只是提供纯粹的技术支持和服务，并没有参与具体的内容制作和使用，且不知晓使用者的涉嫌侵权行为的，一般无须承担侵权责任。对快速存取服务提供商、信息储存服务提供商和搜寻服务提供商，还要求在知晓侵权后采取相应的移除等措施。另外，信息储存服务提供商和搜寻服务提供商还不能从使用者的侵权行为中获利。

3. 著作权的合理使用

台湾地区"著作权法"的合理使用规定包含在"著作财产权的限制"章节内，立法时主要采取大陆法系立法体例，并主要参照日本、德国、韩国著作权法相关规定。不过，由于来自美国贸易谈判的压力，台湾地区"著作权法"在修订时为了彰显第44条至第63条有关著作财产权的限制规定并非过度宽松，所以参考美国著作权法第107条有关合理使用的规定，在第65条规定："著作之利用是否合于第四十四条至第六十三条规定，应审酌一切情状，尤应注意左列事项，以为判断之标准：一、利用之目的及性质，包括系为商业目的或非营利教育目的。二、著作之性质。三、所利用之质量及其在整个著

---

① 参见台湾地区"著作权法"第90-6条。
② 参见台湾地区"著作权法"第90-7条。
③ 参见台湾地区"著作权法"第90-8条。

作所占之比例。四、利用结果对著作潜在市场与现在价值之影响。"①

根据台湾经济事务主管部门"智慧财产局"的解释,网络上对他人著作的上传、下载、转发、软件和文件的共享等都可能涉及著作权的重制权和公开传播权,除非符合合理使用的情况,都需要经过著作权人的授权②。而对于合理使用,还需要考量作品的性质、利用的目的、所利用的比例以及对作品现在和潜在市场价值的影响等。利用网络等新媒体进行作品的复制和公开传播较传统媒体更为便捷和广泛,因此,合理使用的相关条款用于网络时,尤其是在涉及公开传播行为的时候,是否仍是合理使用则存在一定的争议。根据台湾经济事务主管部门"智慧财产局"的解释,将报纸、杂志或网络上公开发表的有关政治、经济或社会的时事问题论述在网络等新媒体上以转发、摘编等方式公开传播,可以主张合理使用③。但是对其他作品,合理使用范畴中,一般不包括网络上的公开传输行为。

例如,台湾经济事务主管部门"智慧财产局"2008年5月1日电子邮件970501号函复指出,教师为上课需要制作课件利用他人作品,属于合理使用,但是将课件放网上供学生下载,则不能主张合理使用:"教师摘要某课本内容为 powerpoint 属于重制行为,刊登在网络上供学生下载属于公开传输行为。就摘要某课本之内容为 powerpoint 之行为,依'本法'第46条规定依法设立之各级学校老师,为学校授课需要,在合理范围内,'重制'他人已公开发表之著作,并以合理方式明示其出处,得主张合理使用……惟将其置于网络供学生下载之'公开传输'行为,并不在本条合理使用之范围。鉴于因特网无远弗届,该等'公开传输'行为对著作权人之权益影响甚大,可主张'本法'第44条至第65条合理使用之空间有限,建议事先向著作财产权人

---

① 台湾经济事务主管部门"智慧财产局":《著作权合理使用实务见解之研究期末报告书》,http://library.umac.mo/ebooks/b3318561x.pdf,2016年11月26日。
② 参见台湾经济事务主管部门"智慧财产局":《网络著作权相关问题》,http://www.tipo.gov.tw/ct.asp?xItem=206768&ctNode=6988&mp=1,2016年11月27日。
③ 参见台湾经济事务主管部门"智慧财产局"2009年6月8日电子邮件980608b(关于将新闻简报登载在公司内部网站的函复),https://www.tipo.gov.tw/ct.asp?xItem=217996&ctNode=7448&mp=1,2016年11月28日;2006年9月25日电子邮件950925(医药新闻博客引用各报所刊登的文章的函复),https://www.tipo.gov.tw/ct.asp?xItem=217394&ctNode=7448&mp=1,2016年11月28日。

取得授权为宜。"①2009年7月22日智著字第09800060570号函复又再次强调网上传输将不属于合理使用范围:"按'著作权法'第46条规定,依法设立之各级学校及其担任教学之人,为学校授课需要,在合理范围内,得'重制'他人已公开发表之著作,并得依'本法'第63条第2项规定'散布'该著作,无需经过著作财产权人之授权,但是应以合理方式明示其出处。惟依本条可主张合理使用者,仅限于'重制''散布'等著作财产权之利用行为,并不包含于网络上'公开传输'之行为。"②

从法院判决来看,法院对网络的公开传播行为并不一概界定为不符合合理使用,只要使用者是基于正当的目的,如教学、个人使用等,使用人没有谋利,且对作品的市场影响较小,仍然认为属于合理使用范畴。

以2009年台湾智慧财产法院判决的案例为例,案中被告为真理大学电算中心助教,为了教授网页制作,使用原告摄影作品制成网页,放置在真理大学的网站上。法院认为,被告虽然将享有著作权的作品放置网上供不特定的人搜寻,但目的在于报道和教学;免费供不特定人使用,没有因此获利;且网页如果不是刻意搜寻,难以发现,对著作权人的市场影响非常微小,因此仍然属于合理使用③。在另一例更早期的判例中,台湾彰化地方法院和台湾地区"高等法院台中分院"甚至将教学目的的使用扩大为教育目的,网站也不限于学校网站,对象也不限于本校学生。案例中,被告为彰化县一小学老师,基于个人兴趣开设网站"还我台湾鸟仔的本名",使用了原告享有著作权的作品。法院认为该网页并非收费网站,虽然一般人可以自由进出查阅,但是被告只是基于个人兴趣架设,并非商业用途;并且对现今资讯社会而言,通过网络传播教育给一般人查阅,也可以认为是教学渠道的一种,因此,被告行为仍然可以界定为属于合理使用,不构成对原告著作财产权的侵害④。

---

① 参见台湾经济事务主管部门"智慧财产局":《解释数据检索-电子邮件970501》,https://www.tipo.gov.tw/ct.asp?xItem=217660&ctNode=7448&mp=1,2016年11月28日。

② 参见台湾经济事务主管部门"智慧财产局":《解释数据检索-智著字第09800060570号》,https://www.tipo.gov.tw/ct.asp?xItem=218021&ctNode=7448&mp=1,2016年11月28日。

③ 参见台湾智慧财产法院"98年民著诉字第5号民事判决"。

④ 参见台湾彰化地方法院"94年度智字第13号民事判决",台湾地区"高等法院台中分院""95年度智上字第6号民事判决"。

思考题：
1. 台湾地区电影、电视和游戏的分级体系。
2. 台湾地区荐证广告的定义和规范。
3. 台湾地区网络服务提供者著作权侵权免责的四个要点。

后 记

本教材是复旦大学出版社新推出的"网络与新媒体传播核心教材系列"丛书之一。

本教材的主编为黄瑚，复旦大学新闻学院教授、博士生导师。副主编为徐剑，上海交通大学媒体与传播学院教授、博士生导师；郑雯，复旦大学新闻学院教授、博士生导师。本教材的撰写人及分工情况如下：黄瑚，撰写导言、后记；徐剑，撰写第九章、第十章；邹军，南京师范大学新闻传播学院教授、博士生导师，撰写第一章、第二章；杨秀，重庆大学新闻学院副教授，撰写第四章、第七章；杨桃莲，东华大学人文学院副教授，撰写第五章、第六章、第十一章第六节；陈晓彦，厦门大学新闻传播学院副教授，撰写第十二章；郑雯，撰写第三章；孟笛，华东师范大学传播学院讲师，撰写第八章；吴静、胡欣立，香港恒生管理学院助理教授，撰写第十一章第一至五节。

本教材的出版，得到了复旦大学出版社章永宏、朱安奇两位编辑的支持、帮助与督促，在此致以衷心的感谢！

黄 瑚
2018 年 6 月

图书在版编目(CIP)数据

网络传播法规与伦理教程/黄瑚主编. —上海：复旦大学出版社,2018.9（2024.9重印）
（网络与新媒体传播核心教材系列）
ISBN 978-7-309-13913-6

Ⅰ.①网… Ⅱ.①黄… Ⅲ.①网络传播-传媒法-中国-教材②网络传播-伦理学-教材
Ⅳ.①D922.8②G206.2

中国版本图书馆 CIP 数据核字（2018）第 206871 号

网络传播法规与伦理教程
黄　瑚　主编
责任编辑/朱安奇

复旦大学出版社有限公司出版发行
上海市国权路 579 号　邮编：200433
网址：fupnet@fudanpress.com　　http://www.fudanpress.com
门市零售：86-21-65102580　　团体订购：86-21-65104505
出版部电话：86-21-65642845
上海新艺印刷有限公司

开本 787 毫米×960 毫米　1/16　印张 19.5　字数 294 千字
2024 年 9 月第 1 版第 8 次印刷

ISBN 978-7-309-13913-6/D・954
定价：46.00 元

如有印装质量问题,请向复旦大学出版社有限公司出版部调换。
版权所有　　侵权必究